AI新媒体运营

文案写作+图片创作+视频制作+营销推广

> 从入门到精通

全权 ◎ 编著

北京大学出版社

内 容 提 要

在 AI 技术颠覆内容产业的今天，你是否想成为掌握核心竞争力的 AI 新媒体运营师？本书以"工具＋技巧＋实战＋变现"为框架，助你高效掌握 AI 时代新媒体运营的全流程。

全书分为以下三大核心模块。

一、AI 工具矩阵实战：深度解析 DeepSeek、Kimi、豆包等 10 多个爆款 AI 工具，涵盖文案生成、图片设计、视频制作、音乐创作全场景。从 AI 写爆款标题到参数优化秘籍，手把手教你用提示词操控 AI 工具，快速产出专业级内容，涵盖抖音、小红书、微信公众号等平台，让你直接套用就能出爆款。

二、全链路运营指南：从账号定位到内容分发，从数据分析到流量转化，构建完整的 AI 运营体系。揭秘 AI 数字人矩阵搭建、运营策略、优化技巧等实战方法论，结合 AI 做头像壁纸号变现、AI 直播带货变现等多个案例，教你用 AI 突破流量瓶颈，实现商业增长。

三、财富变现生态构建：独创"AI+新媒体"十大变现路径，从知识付费到电商带货，从平台任务到品牌合作，提供完整的商业闭环解决方案。

本书适合广大新媒体从业者、内容创作者、市场营销人员、自媒体人员，以及对 AI 新媒体运营感兴趣的人群，还可作为学校相关专业的教材。

图书在版编目（CIP）数据

AI 新媒体运营：文案写作＋图片创作＋视频制作＋营销推广从入门到精通 / 全权编著. -- 北京：北京大学出版社，2025.6. -- ISBN 978-7-301-36178-8

I.G206.2-39

中国国家版本馆 CIP 数据核字第 202596JD63 号

书　　　名	AI 新媒体运营：文案写作＋图片创作＋视频制作＋营销推广从入门到精通 AI XIN MEITI YUNYING: WENAN XIEZUO + TUPIAN CHUANGZUO +SHIPIN ZHIZUO +YINGXIAO TUIGUANG CONG RUMEN DAO JINGTONG
著作责任者	全　权　编著
责任编辑	孙金鑫
标准书号	ISBN 978-7-301-36178-8
出版发行	北京大学出版社
地　　址	北京市海淀区成府路 205 号　100871
网　　址	http://www.pup.cn　新浪微博：@ 北京大学出版社
电子邮箱	编辑部 pup7@pup.cn　总编室 zpup@pup.cn
电　　话	邮购部 010-62752015　发行部 010-62750672　编辑部 010-62570390
印 刷 者	北京宏伟双华印刷有限公司
经 销 者	新华书店 787 毫米 ×1092 毫米　16 开本　12.25 印张　334 千字 2025 年 6 月第 1 版　2025 年 6 月第 1 次印刷
印　　数	1-4000 册
定　　价	79.00 元

未经许可，不得以任何方式复制或抄袭本书之部分或全部内容。
版权所有，侵权必究
举报电话：010-62752024　电子邮箱：fd@pup.cn
图书如有印装质量问题，请与出版部联系，电话：010-62756370

前　　言

写作驱动

嗨，亲爱的读者，你们好！我是本书的作者——全权！

当你翻开这本书时，或许正在地铁通勤途中，或许刚把孩子哄睡后打开台灯，又或许正为明天的生活而迷茫，还有的则是因账号迟迟不见起色而焦虑——这些场景我太熟悉了。4 年前，在北京的城中村出租屋中完成第一个短视频脚本时，我绝不会想到，自己这个出身普通的青年，能靠自媒体在大城市扎根，并孵化出多个垂类 IP 账号，还养活了两家专注于新媒体服务的 MCN 公司。

这些年，我见过太多令人痛心的案例：宝妈熬夜剪辑视频到凌晨 3 点，播放量始终卡在 500；大学生花 3000 元报课学运营，3 个月没接到一个商单；实体店主转型线上，发布精心制作的 20 条视频，涨粉不到 100。平台算法日益严苛，用户需求不断提升，传统的内容生产模式就像西西弗斯推石上山，创作者在流量焦虑中反复消耗自己。

但 2023 年 AI 工具的集体爆发，让我看到了破局的可能。当亲眼见证团队用豆包在 10 分钟内生成 30 条爆款标题，用可灵 AI 将产品图转化为电影级宣传片，用海绵音乐让文字自动生成适配 BGM（背景音乐）时，我突然意识到，新媒体行业的游戏规则正在被重构。现在，一个掌握 AI 工具矩阵的"素人"，创作效率可能是传统团队的 3 倍。

这正是我写这本书的初衷。在深度测试数十款国内外的 AI 工具，深度了解上百位靠 AI 成功转型的创作者后，我才下定决心梳理出这套 AI 新媒体运营实战框架。

本书特色

我国要加快建设教育强国、科技强国、人才强国，坚持为党育人、为国育才，全面提高人才自主培养质量。本书正是基于这一精神，积极响应国家创新驱动发展战略，致力于培养适应新时代要求的高素质、高技能人才，提供了一系列创新性的解决方案。

翻开目录你会发现，这不是一本炫技的工具说明书，而是真正经过商业验证的创收指南。

在第 2 章，你会掌握用 DeepSeek + Kimi 搭建爆款文案流水线的秘诀，让单条图文或视频内容的创作时间从 3 小时压缩到 20 分钟；在第 4 章会揭秘可灵 AI 与剪映的操作技巧，让新手也能批量生产电影级短视频；第 6 章的 AI 获客系统，曾帮助多个自媒体账号单月最多精准引流 5000 以上的私域用户；而第 9 章揭秘的 AI 变现玩法和策略，正是不少工作室团队单月创造 GMV（商品交易总额）达上百万元的核心武器。

更令人振奋的是，这些工具的使用门槛低到超乎想象。就像第 3 章会教你：不需要懂 Photoshop，用文心一格输入"国风仙女手持奶茶站在樱花树下"，就可以立刻获得可直接商用的海报；第 5 章演示的 AI 音乐制作，让完全不懂乐理的新手也能为视频搭配专属 BGM，甚至还能让喜欢音乐的你成为原创音乐人。这些曾经都是需要专业团队才能完成的工作，现在仅需一部手机或一台计算机就能搞定。

书中的案例主要源自现实生活中成功转型的实践。例如，被裁员的职场人通过 AI 工具，成功打造出本地探店头部账号；全职妈妈靠 AI 漫画解说，实现月入过万；甚至 60 岁的实体店老板都能学会用 AI 工具写自己的直播带货文案。他们中最快的 7 天起号成功，最慢的也不过 3 个月。在 AI 时代，慢本身就是一种战略失误。

或许你会质疑：AI 生成的内容真的能打动人吗？在第 7 章的数据分析中，我们用了数十个账号的对比实验证明：经过 AI 优化的人设账号，粉丝黏性提升了 63%，完播率提高了 2.8 倍。这种改变的关键不在于替代人性，而是用机器释放创意。工具进化的本质是让人更专注于做人该做的事。

此刻我正坐在办公室，外面是凌晨依旧灯火通明的创业园区。数个小时前，我们的 AI 系统自动生成了明天要发布的 20 条短视频脚本；两小时前，AI 数字人帮我们的合作主播完成了直播复盘报告。而当你读到这段文字时，或许成千上万的创作者正在用 AI 工具改写命运。

这个世界从不缺围观者，缺的是第一批吃螃蟹的勇者。10 年前微信公众号崛起时，我因为犹豫错过了红利期；5 年前抖音爆发时，我又花了半年研究才敢入场。这次 AI 革命，我不愿再看到任何人错过。本书最后一章展示了 7 个创收案例，包括 AI 做头像壁纸号变现、AI 做小说推广号变现、AI 做付费专栏运营变现等，每个案例都有专用工具的实操方法。

新媒体行业的铁律从未改变：第一批拥抱工具的人吃肉，跟风模仿的人只能喝汤。现在，请你深呼吸，暂时忘记那些贩卖焦虑的"3 天起号"神话，忘记那些华而不实的流量密码。接下来，本书帮你装配一套真实的 AI 创富系统——它可能不会让你暴富，但能让你在 3 个月后，笑着看那些还在手工"搬砖"的同行。

教学资源

本书提供的配套教学资源及数量如下表所示。

教学资源及数量

序号	教学资源	数量
1	电子教案	9 课
2	素材	17 个
3	提示词	55 条
4	效果	98 个
5	视频	162 集
6	PPT 课件	9 个

本书附赠资源可用微信扫一扫下方二维码，关注微信公众号，然后输入本书第 77 页资源下载码，根据提示获取。

博雅读书社

温馨提示

1. 本书涉及的软件和工具版本：DeepSeek 手机版为 1.0.14（53）版，Kimi 手机版为 2.0.0 版，剪映电脑版为 5.7.0 版，文心一言网页版为 V3.6.0 版。

2. 本书在编写的过程中，是根据软件和工具的当前最新版本截取的实际操作图片，但本书从编辑到出版需要一段时间，在此期间，这些工具的版本、功能和界面可能会有变动，请在阅读时，根据书中的思路，举一反三，进行学习。

3. 提示词也称描述词、文本描述、文本指令（或指令）等。需要注意的是，即使是相同的提示词，AI 工具每次生成的回复和效果也会存在差别，因此请将更多的精力放在提示词的编写和实际的操作步骤上。

4. 由于篇幅有限，AI 工具的回复内容只展示要点，详细的回复文案，请看随书提供的"效果"文件。

致谢

本书由全权编著，参与资源整理的还有吴梦梦，在此表示感谢。由于编写人员知识水平有限，书中难免有疏漏之处，恳请广大读者批评、指正。

目 录

第1章 从0到1：AI新媒体运营启航

1.1 AI新媒体运营基础全解 002
- 1.1.1 什么是新媒体 002
- 1.1.2 什么是AI 003
- 1.1.3 什么是AI运营 003
- 1.1.4 什么是AI运营师 004

1.2 5W1H解锁AI赋能 004
- 1.2.1 What：AI新媒体运营是什么 005
- 1.2.2 Why：为什么要用AI赋能新媒体运营 005
- 1.2.3 Who：AI新媒体运营适用于哪些人 006
- 1.2.4 When：何时使用AI赋能新媒体运营最合适 006
- 1.2.5 Where：在哪些场景使用AI赋能新媒体运营 007
- 1.2.6 How：如何高效应用AI赋能新媒体运营 007

1.3 运营工作内容全景图 008
- 1.3.1 AI内容创作：技术与艺术的融合 008
- 1.3.2 AI内容分发：精准与高效的平衡 011
- 1.3.3 AI活动策划：创意与执行的结合 012
- 1.3.4 AI账号运营：品牌与用户的互动 014
- 1.3.5 AI数据监控与分析：洞察与决策的支撑 015

1.4 核心技能速配指南 016
- 1.4.1 文案写作能力：文字的力量 016
- 1.4.2 视觉设计能力：视觉的表达 017
- 1.4.3 策划执行能力：方案的制订 018
- 1.4.4 用户运营能力：用户的获取 019
- 1.4.5 营销推广能力：品牌的传播 020
- 1.4.6 数据分析能力：数据的解读 021

本章小结 021
课后习题 022

第2章 文案创作：AI写作工具及技巧

2.1 AI写作工具 024
- 2.1.1 DeepSeek 024
- 2.1.2 Kimi 026

2.2 AI提示词技巧全攻略 030
- 2.2.1 明确核心目标：精准定位需求 030
- 2.2.2 匠心独运：精心设计内容策略 031
- 2.2.3 把握语言类型：选择合适的表达 032
- 2.2.4 指定输出格式：规范结果呈现 032
- 2.2.5 深度沟通：引导AI理解需求 033
- 2.2.6 巧设疑问：用问题引导AI 034
- 2.2.7 细节为王：提供详尽信息 034
- 2.2.8 正面表达：运用肯定语言引导 035
- 2.2.9 营造场景：提供具体情境辅助 036

2.3 DeepSeek文案定制 037
- 2.3.1 微博文案定制策略 037
- 2.3.2 短视频脚本文案创作 037
- 2.3.3 直播脚本文案定制 038
- 2.3.4 行业软文写作技巧 039

2.4 Kimi打造爆款文案 040
- 2.4.1 新媒体标题生成秘籍 040
- 2.4.2 小红书文案创作技巧 041
- 2.4.3 公众号文案撰写攻略 041
- 2.4.4 头条号文案定制策略 042

本章小结 043
课后实训 043

第3章 美图创作：AI图像生成与设计

3.1 AI图像生成工具 045
- 3.1.1 即梦AI 045
- 3.1.2 文心一格 046

3.2 AI图像生成的概述 047
- 3.2.1 AI图像生成的定义 047
- 3.2.2 AI图像生成的优势 048

3.3 精进AI图片创作提示词 048
- 3.3.1 构图魔法：掌控画面布局 049
- 3.3.2 摄影密语：捕捉光影瞬间 049
- 3.3.3 细节雕琢：刻画入微之美 050
- 3.3.4 风格密码：解锁多元视觉 051
- 3.3.5 出图秘籍：高效成像技巧 052

3.4 即梦AI图像创作 053
- 3.4.1 模板生图：快速成像模板 053
- 3.4.2 以文生图：文字变图像的魔法 055
- 3.4.3 参数设置：精准调控图像效果 057
- 3.4.4 以图生图：图像再创作的奥秘 058

目录

3.5　文心一格图像创作　060
　　3.5.1　以文生图：开启创意视觉之旅　060
　　3.5.2　参数调整：微调图像细节艺术　062
　　3.5.3　以图生图：拓展图像创作边界　063
本章小结　064
课后实训　064

第4章　超有吸引力的视频：AI视频制作与营销

4.1　AI视频生成工具　067
　　4.1.1　可灵AI　067
　　4.1.2　剪映　068
4.2　AI视频生成的概述　069
　　4.2.1　AI视频生成的原理　069
　　4.2.2　AI视频生成的优势　070
4.3　掌握AI视频创作提示词魔法　070
　　4.3.1　聚焦主体：描绘视频核心元素　071
　　4.3.2　场景搭建：构建视频空间背景　072
　　4.3.3　视角选择：确定最佳观看角度　073
　　4.3.4　景别设定：控制画面的范围　074
　　4.3.5　光线描绘：塑造视频的光影　074
　　4.3.6　技术与风格：定义视频的审美　076
4.4　可灵AI视频创作　077
　　4.4.1　模板生视频：套用模板，快速产出　077
　　4.4.2　文本生视频：文字变影像，创意呈现　078
　　4.4.3　图片生视频：图像变视频，动态叙事　080
　　4.4.4　首尾帧生视频：首尾生成，视频补全　082
4.5　剪映短视频速成　084
　　4.5.1　模板成片：模板套用，一键成片　085
　　4.5.2　图文成片：图文搭配，创意表达　087
本章小结　089
课后实训　089

第5章　声动人心：AI音乐创作与制作

5.1　AI音乐创作工具　092
　　5.1.1　豆包　092
　　5.1.2　海绵音乐　093
5.2　豆包音乐，一键生成　094
　　5.2.1　AI创作：歌词与歌曲的诞生　094
　　5.2.2　AI谱曲：歌词变旋律的魔法　095
5.3　海绵音乐，让创意无限　098
　　5.3.1　灵感触发：纯音乐创作　098
　　5.3.2　歌词编织：歌曲的诞生　099
　　5.3.3　图像启发：创作独特歌曲　101
本章小结　102
课后实训　103

第6章　流量翻倍：AI引流获客方法与实战

6.1　AI引流的核心价值　106
　　6.1.1　用户行为分析　106
　　6.1.2　内容个性化推荐　106
　　6.1.3　提升用户参与度和互动性　107
　　6.1.4　智能广告投放与优化　108
　　6.1.5　流量趋势预测与分析　108
6.2　风起，AI数字人矩阵引流　109
　　6.2.1　数字人矩阵引流的定义　109
　　6.2.2　数字人矩阵引流的实施步骤　111
　　6.2.3　数字人矩阵引流的注意事项　112
　　6.2.4　AI数字人的制作　112
6.3　拿到结果，多维引流实战与方法　116
　　6.3.1　个性化推荐引流法　116
　　6.3.2　创意内容引流法　118
　　6.3.3　评论互动引流法　119
　　6.3.4　关键词和SEO引流法　119
　　6.3.5　社群营销引流法　120
　　6.3.6　虚拟主播引流法　121
　　6.3.7　广告投放引流法　123
　　6.3.8　付费推广引流法　124
　　6.3.9　智能客服引流法　125
本章小结　126
课后习题　126

第7章　数据分析：AI新媒体运营利器

7.1　AI数据分析工具　128
　　7.1.1　文心一言　128
　　7.1.2　天工AI　129
7.2　及时有效，AI赋能数据分析　130
　　7.2.1　AI预测市场趋势与支持决策　130
　　7.2.2　AI加速数据自动化收集与整合　130
　　7.2.3　AI分析内容表现数据　131
　　7.2.4　AI模型预测关键指标　132
　　7.2.5　AI实时监控数据波动　133
7.3　文心一言：数据洞察案例　133
　　7.3.1　数据搜集与整理　133

7.3.2	信息查询与获取	135
7.3.3	数据对比与分析	136
7.3.4	数据可视化：思维导图的生成	137

7.4 天工AI：数据剖析案例   138
7.4.1	市场分析与洞察	138
7.4.2	客户分析与画像	139
7.4.3	销售分析与提升	140
7.4.4	财务分析与决策	141

本章小结   143
课后实训   143

第8章 业绩倍增：AI优化营销推广策略

8.1 AI营销推广工具   145
8.1.1	通义	145
8.1.2	智谱清言	146

8.2 AI营销的技巧   147
8.2.1	AI营销概述	147
8.2.2	AI助力营销推广	148

8.3 AI营销的策略   150
8.3.1	内容营销：AI驱动创作	150
8.3.2	广告营销：AI精准投放	151
8.3.3	病毒式营销：AI洞察传播	152
8.3.4	事件营销：AI把握热点	153

8.4 通义，营销方案定制案例   154
8.4.1	制订市场营销计划	154
8.4.2	提供营销策略建议	155
8.4.3	生成活动策划方案	156
8.4.4	进行4P营销分析	157

8.5 智谱清言，营销策略生成案例   158
8.5.1	生成产品推广计划	158
8.5.2	撰写大促活动邮件	159
8.5.3	提供广告投放策略	160
8.5.4	创作广告插播文案	161

本章小结   161
课后实训   162

第9章 多元变现：AI新媒体运营的机遇

9.1 多元变现模式   164
9.1.1	AI内容分发，一键发布到多平台	164
9.1.2	AI内容编辑，提升写作质量和效率	165
9.1.3	AI内容定制，独一无二	167
9.1.4	AI技术服务，灵活增收	167

9.2 AI助力新媒体变现的路径   168
9.2.1	实现自动化运营	168
9.2.2	开发AI应用程序	169
9.2.3	提供AI咨询服务	170
9.2.4	参与AI平台竞赛	170
9.2.5	教授AI定制课程	171
9.2.6	投放AI商业广告	172
9.2.7	打造爆款IP	173
9.2.8	开通知识付费业务	175
9.2.9	建立品牌合作	176
9.2.10	实现电商卖货	176

9.3 AI助力新媒体变现的案例   177
9.3.1	AI做头像壁纸号变现	177
9.3.2	AI做小说推广号变现	179
9.3.3	AI做付费专栏运营变现	181
9.3.4	AI写微头条内容变现	182
9.3.5	AI接平台任务变现	183
9.3.6	出售AI绘画作品变现	184
9.3.7	AI直播带货变现	185

本章小结   186
课后习题   186

第1章 从0到1：AI新媒体运营启航

在新媒体时代，内容的创造与传播融合了科技创新与智能化工具。随着AI（Artificial Intelligence，人工智能）技术的快速发展，它逐渐成为新媒体运营与推广的核心驱动力。本章将从初识新媒体、AI、AI运营开始，深入探讨AI对新媒体的帮助、AI新媒体运营的具体内容与需要具备的能力，帮助运营者掌握新媒体运营的精髓。

1.1 AI 新媒体运营基础全解

在互联网技术的迅速发展下，新媒体已经深刻改变了传统媒体的格局，成为各行各业进行运营与推广的重要平台，而 AI 技术正在成为新媒体运营中不可忽视的重要力量。本节将概述新媒体、AI、AI 运营及 AI 运营师，让运营者更加了解新媒体与 AI 运营，为后续的实际应用提供理论支持。

1.1.1 什么是新媒体

新媒体是相对于传统媒体而言的概念。传统媒体主要包括报纸、杂志、广播、电视等；新媒体则是利用数字技术、网络技术等新兴技术手段，通过互联网、移动通信等渠道，以及计算机、手机、数字电视机等终端，为用户提供信息和服务的媒体形态。

例如，社交媒体平台（如微博、微信）、视频平台（如抖音、B 站）、新闻资讯客户端（如今日头条）等多种形式都属于新媒体范畴。相对于报纸、杂志、广播、电视四大传统意义上的媒体，新媒体被形象地称为"第五媒体"。

新媒体在多个方面与传统媒体都有所不同，以下是新媒体的 5 个特点，如图 1-1 所示。

传播速度快	新媒体借助互联网的高速传输特性，信息可以在瞬间传遍全球。像一些突发事件，几分钟内相关信息就会出现在微博热搜榜上，全球各地的用户都能获取到这一信息，其传播速度远远超过传统媒体（需要经过采编、印刷、发行或者录制等一系列流程才能传播信息）的速度
传播范围广	由于互联网的无边界性，新媒体的内容可以覆盖全球范围内的用户。只要用户能够接入互联网，无论是身处偏远山区还是繁华都市，都可以接触到新媒体上的各种信息
互动性强	传统媒体往往是单向传播，受众只能被动地接受信息。而新媒体打破了传统媒体单向传播的局限，为用户提供了互动的渠道，用户不仅能够接收信息，还可以参与评论、分享，形成全民讨论的热点
个性化服务	传统媒体的传播内容较为统一，用户自主选择的空间有限。而在新媒体时代，信息内容多样化，用户可以根据个人兴趣和需求进行选择。新媒体运营者通过用户细分，提供定制化的服务和内容，强调个性化体验
形式多样化	新媒体带来的信息多为碎片化内容，而且内容形式多样，包括文字、图片、音频、视频等，为用户提供丰富的感官体验，这种多样化的形式能够满足不同用户的感知偏好

图1-1

1.1.2 什么是AI

AI是指由人类设计的具有一定智能的系统，能够通过感知并解析环境信息、从数据中学习规律、基于逻辑或统计模型进行推理，并在特定领域内做出决策或执行任务。其核心技术包括机器学习（如深度学习），应用涵盖自然语言处理、计算机视觉等领域，旨在模拟、延伸和辅助人类的智能行为。

AI的目标是通过构建能够执行复杂任务的机器，来实现感知［如视觉识别、自然语言处理（NLP）］、认知（如学习、推理、问题解决）、决策（如规划、自主行动）和创造等功能。

随着技术的不断进步和应用场景的日益丰富，学术界对于AI的分类标准也变得多样。例如，按技术类型可分为传统机器学习、深度学习、其他范式；按应用领域可分为感知交互、决策优化、自主系统等类别，具体落地场景涵盖医疗、金融、制造业等行业。

其中，基于智能水平的分类是理解AI最为直观和核心的方式之一，这一分类标准将AI划分为弱人工智能、强人工智能和超人工智能这三大类别，它们代表了AI发展的不同能力层级，具体内容如图1-2所示。

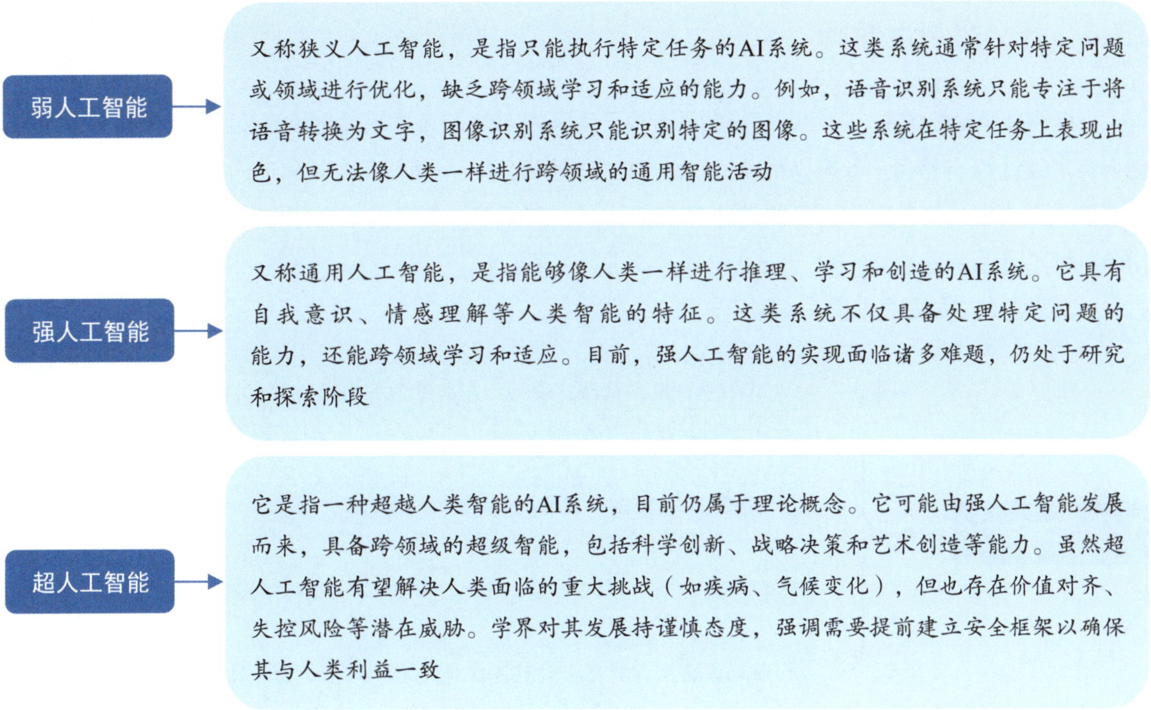

弱人工智能：又称狭义人工智能，是指只能执行特定任务的AI系统。这类系统通常针对特定问题或领域进行优化，缺乏跨领域学习和适应的能力。例如，语音识别系统只能专注于将语音转换为文字，图像识别系统只能识别特定的图像。这些系统在特定任务上表现出色，但无法像人类一样进行跨领域的通用智能活动

强人工智能：又称通用人工智能，是指能够像人类一样进行推理、学习和创造的AI系统。它具有自我意识、情感理解等人类智能的特征。这类系统不仅具备处理特定问题的能力，还能跨领域学习和适应。目前，强人工智能的实现面临诸多难题，仍处于研究和探索阶段

超人工智能：它是指一种超越人类智能的AI系统，目前仍属于理论概念。它可能由强人工智能发展而来，具备跨领域的超级智能，包括科学创新、战略决策和艺术创造等能力。虽然超人工智能有望解决人类面临的重大挑战（如疾病、气候变化），但也存在价值对齐、失控风险等潜在威胁。学界对其发展持谨慎态度，强调需要提前建立安全框架以确保其与人类利益一致

图1-2

1.1.3 什么是AI运营

AI运营是AI技术在运营领域的应用，它通过智能化的手段来提高运营效率、降低成本、提升用户体验和增加企业收益。具体来说，AI运营涉及利用AI技术，对运营数据进行挖掘、分析和应用，以实现精准营销、用户画像、智能推荐和自动化运营等功能。AI运营的核心在于利用算法和数据驱动决策，使运营工作更加精准、高效和智能化。

AI运营的应用场景主要有4个，如图1-3所示。

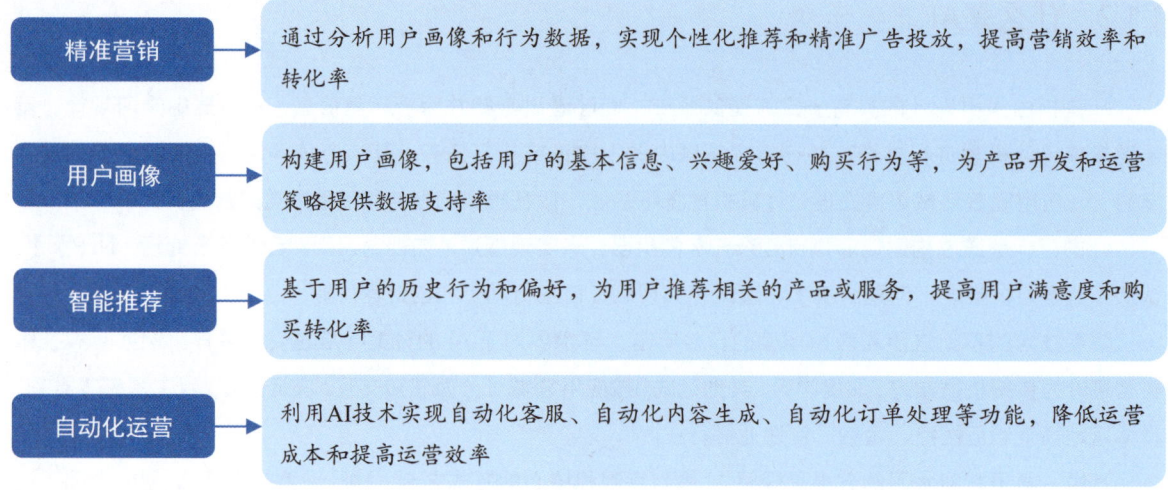

图1-3

1.1.4 什么是AI运营师

在新媒体运营领域中，AI 运营师指的是专注于运用 AI 技术与工具来优化和提升运营效果的专业人员。他们负责通过 AI 分析用户数据以精准把握用户的需求和偏好，从而制定个性化的内容策略，同时利用智能算法实现内容的高效创作，还能借助 AI 工具进行社群运营，最终实现新媒体平台的高效运营与业务增长。

AI 运营师的主要职责如图 1-4 所示。

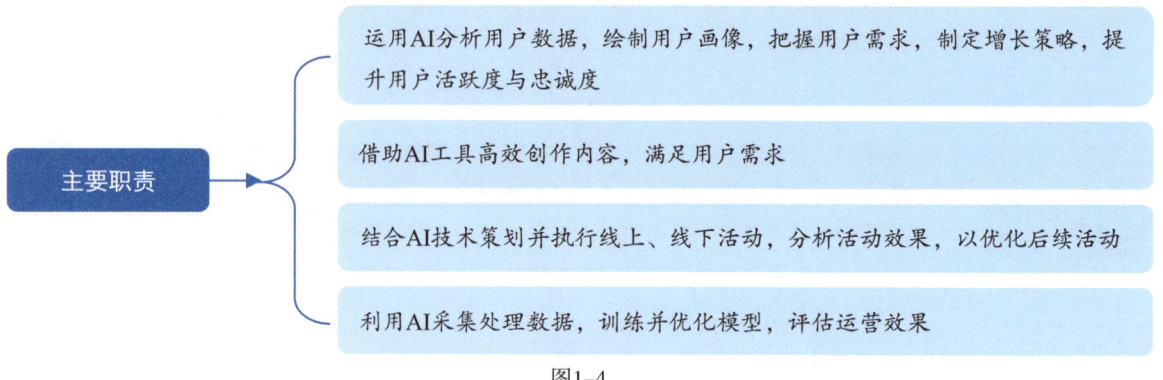

图1-4

1.2 5W1H 解锁 AI 赋能

为了更好地理解 AI 对新媒体运营的赋能，本节将采用 5W1H 的框架进行具体分析。

5W1H 分析法主要包括 6 个要素：What（对象），描述主题的基本信息或概念；Why（原因），解释该主题的重要性或原因；Who（人员），确定利益相关者或受众；When（时间），分析适合使用或考虑该主题的时机；Where（地点），识别相关的场景或环境；How（方法），探讨实施或操作的方法与步骤。

这一分析法能够帮助大家明确 AI 新媒体运营的定义、重要性、适用人群、最佳使用时机与应用场景，以及高效使用的策略。

1.2.1　What：AI新媒体运营是什么

AI 新媒体运营是指将 AI 技术应用于新媒体运营领域，利用 AI 技术对新媒体内容的创作、分发、互动和数据分析等环节进行优化和管理，以提高运营效率、优化用户体验、增强内容的传播效果、实现精准营销等目的。

AI 新媒体运营结合了 AI 的智能化、自动化特点与新媒体运营的交互性、传播性优势，为传统新媒体运营带来了革命性的改变。

例如，在内容创作方面，AI 写作工具可以快速生成新闻报道，如腾讯开发的 Dreamwriter，能够自动生成财经、体育等领域的新闻；在内容分发方面，AI 推荐系统能根据用户行为提供个性化内容，如今日头条的智能推荐系统；在用户互动方面，AI 驱动的聊天机器人（如微博的"微博机器人助手"）可以 24 小时在线响应用户咨询。

此外，AI 还用于数据分析，帮助媒体实时监测内容效果并优化策略。这些应用不仅提高了新媒体运营的效率，还增强了用户参与度和内容传播效果。

下面将介绍 AI 新媒体运营的主要优势，如图 1-5 所示。

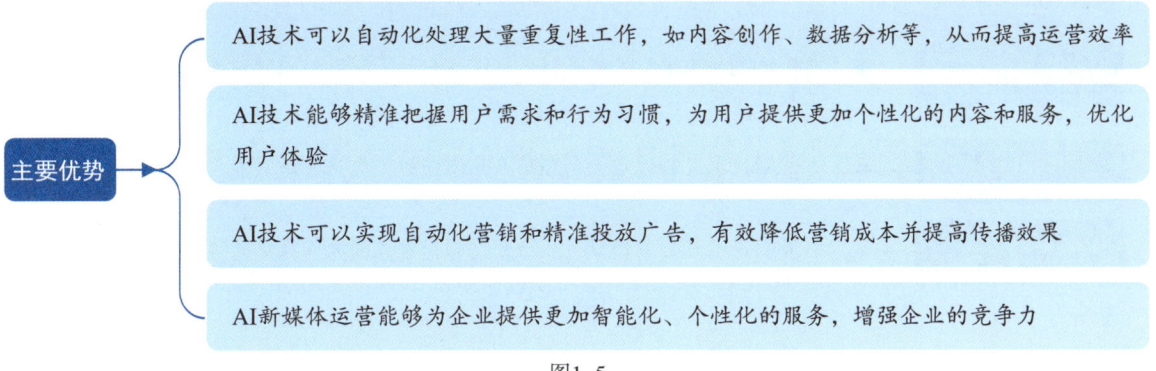

图1-5

1.2.2　Why：为什么要用AI赋能新媒体运营

在当今数字化时代，新媒体运营面临着海量信息、快速变化的受众需求及激烈的竞争环境。AI 赋能新媒体运营能够极大地提升效率和精准度。它可以通过数据分析和机器学习算法，精准洞察用户喜好，实现个性化内容推荐，从而增强用户黏性和提高用户参与度。

同时，AI 能辅助内容创作，生成文案、图片，甚至视频素材，帮助运营者快速产出高质量内容。此外，它还能实时监测舆情、优化广告投放策略，全方位助力新媒体在复杂多变的市场中脱颖而出。

总而言之，使用 AI 赋能新媒体运营的原因可以归结为以下几点，如图 1-6 所示。

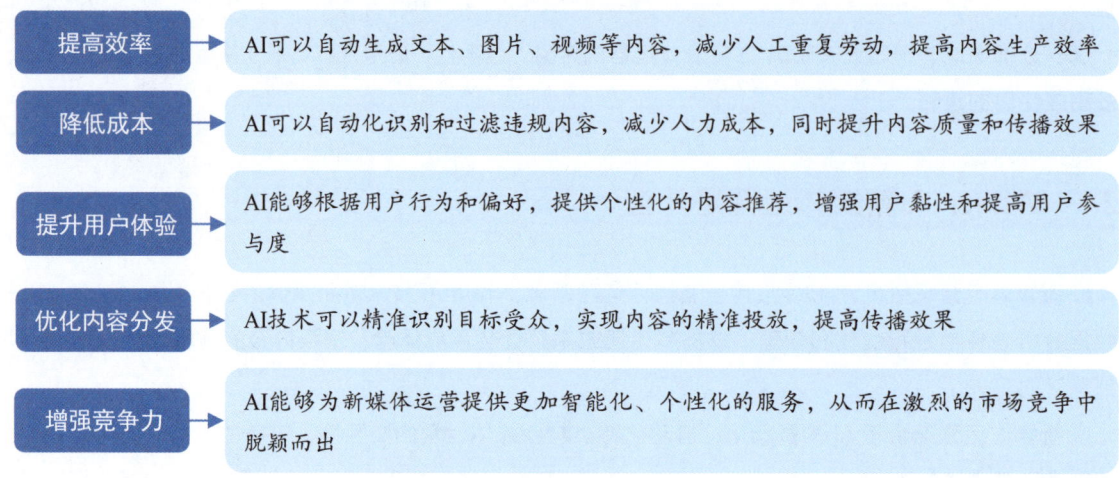

图1-6

1.2.3 Who：AI新媒体运营适用于哪些人

AI 新媒体运营的适用人群广泛，包括新媒体运营人员、内容创作者、市场营销人员和数据分析师等，具体如图 1-7 所示。

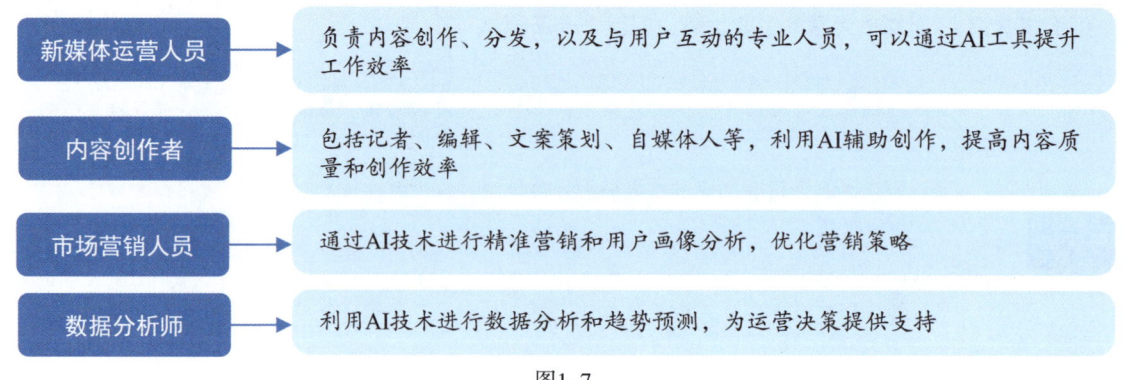

图1-7

1.2.4 When：何时使用AI赋能新媒体运营最合适

在最合适的时机使用 AI 赋能新媒体运营，这不仅能最大化利用 AI 在内容创作、数据分析、用户互动等方面的优势，还能确保运营策略紧跟市场趋势，及时捕捉用户兴趣点，从而在竞争激烈的市场环境中迅速抢占先机，有效提高品牌影响力和用户参与度。

在以下情况下使用 AI 赋能新媒体运营最为合适，如图 1-8 所示。

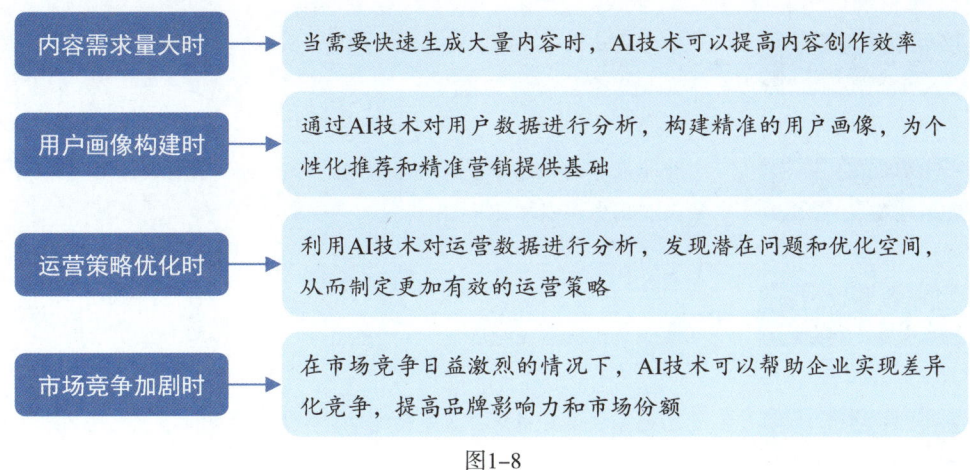

图1-8

1.2.5 Where：在哪些场景使用AI赋能新媒体运营

AI赋能新媒体运营的场景广泛而多样，几乎涵盖了各行各业。在以下几个主要场景中，AI的介入不仅提升了运营的效率，还提高了工作的质量，如图1-9所示。

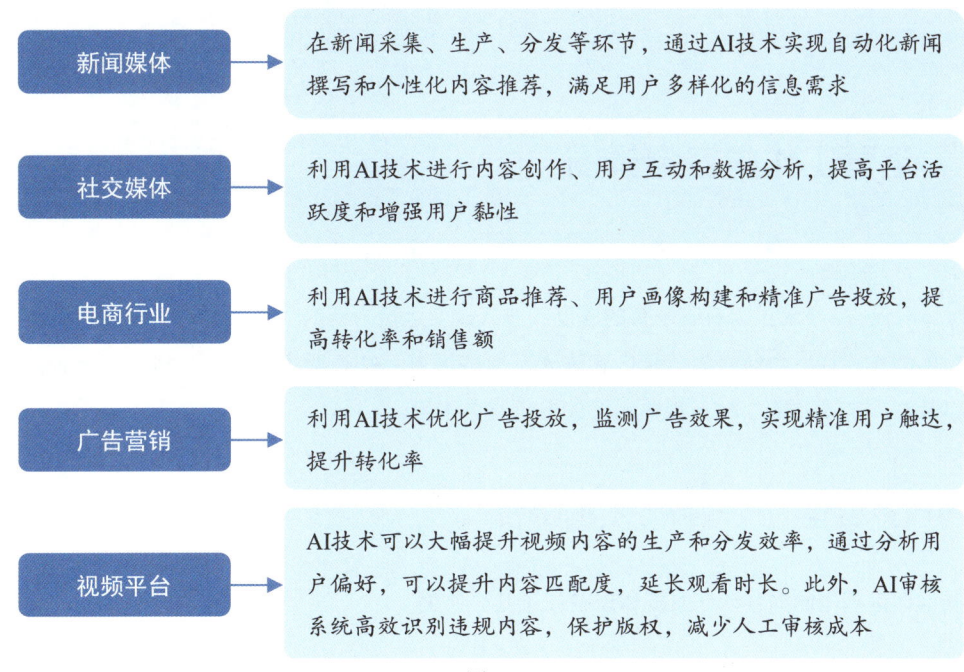

图1-9

1.2.6 How：如何高效应用AI赋能新媒体运营

要想高效地应用AI赋能新媒体运营，关键在于理解AI工具的工作原理、掌握其功能特点，并将其与个人或团队的工作流程紧密结合。图1-10所示为提高AI新媒体运营效率的策略。

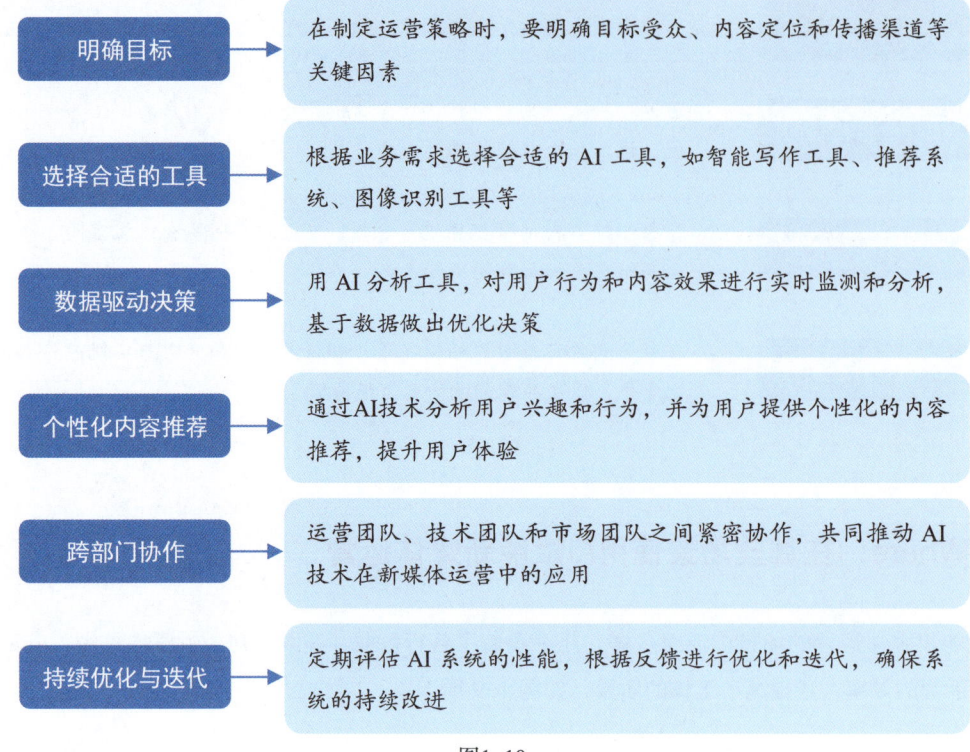

图1-10

1.3 运营工作内容全景图

在新媒体时代，AI技术正以前所未有的速度和方式改变运营内容的生态。AI技术不仅提高了创作效率，还开辟了新的创作路径，为新媒体运营内容注入了新的活力。AI在新媒体运营的多个方面都具有广阔的应用前景和潜力。本节将探讨AI新媒体运营的5项具体内容。

1.3.1 AI内容创作：技术与艺术的融合

AI在新媒体运营中的内容创作主要体现在以下几个方面。

1．文案生成

AI技术在文字创作领域的应用越来越广泛，它不仅提升了写作效率，还为新媒体创作带来了新的可能。AI能够快速生成软文、新闻报道、评论等文本内容，其质量可以与人类创作相媲美。通过分析和学习大量数据，AI还能够提供定制化的文案，这极大地节省了传统写作所需的时间和精力。

AI写作工具能够在短时间内处理和分析大量的信息，生成结构化和内容丰富的文本，这种技术的应用使运营者可以快速获得草稿，之后进行细化和个性化修改。同时，AI可以根据特定的风格、主题或数据集生成文章，从而满足不同的需求，为运营者提供强大的支持。

2. 图像生成

在新媒体平台上，视觉内容对于吸引和保持用户的注意力至关重要，图像处理技术成为提升视觉内容吸引力的关键。AI技术的应用使图像处理工作更加高效和智能化。AI技术的发展极大地推动了图像处理技术的创新，为运营者提供了强大的工具，以更快、更智能的方式完成图像编辑和增强任务。

AI图像处理工具能够自动化执行多种图像编辑任务，如自动剪裁图片以适应不同的社交媒体格式、去除图像中的水印或不需要的元素、降噪以提高图像清晰度，以及应用各种图像美化效果。此外，AI还能够进行智能补光和色彩校正，进一步提升图像的视觉质量。

除了基本的图像编辑功能，AI技术还可以实现基于内容的图像分类和推荐，以及通过光学字符识别（Optical Character Recognition，OCR）技术从图像中提取文本信息，从而增强图像的可搜索性。

3. 视频生成

AI技术在视频领域的应用越来越广泛，正在改变视频制作的流程，它能够根据给定的文字或素材自动生成精美的视频作品。AI视频制作工具通过分析视频内容的各种参数和素材，自动完成剪辑、添加特效和音乐等烦琐任务，生成符合要求的视频。

AI视频工具的自动化特性，极大地提高了视频制作的效率，使运营者可以在短时间内制作出高质量的视频内容，这种效率的提升为新媒体机构和个人运营者节省了大量的时间和资源。AI技术的应用不仅提高了创作效率，还拓宽了运营者的想象力和创作空间。AI可以提供创新的编辑建议和视觉效果，激发运营者的创意灵感，帮助他们实现更加复杂和具有创意的视频制作理念。

需要注意的是，尽管AI视频工具提供了许多便利，但它们在理解复杂的人类情感和创意意图方面仍有局限。因此，AI视频工具通常需要与人类的创意指导和后期微调结合，以确保最终视频作品的质量和情感表达满足要求。

AI技术在飞速发展，未来的AI视频工具有望为用户提供更加精准的编辑建议，甚至可能在完全自动化的基础上生成完整的视频。

4. 音频生成

AI技术在音频领域的应用越来越广泛，涵盖了音乐创作、音频处理、个性化推荐等多个方面。

（1）音乐创作

AI可以通过文本描述生成符合需求的音乐作品。例如，Udio是一个AI音乐生成器的制作平台，它允许用户创建不同风格的音乐，包括摇滚、电子、流行、爵士、古典、嘻哈、民谣等，用户可以自定义歌词，并使用该平台来制作自己的音乐，图1-11所示为Udio的页面。

此外，Suno也是一个AI音乐生成平台，专注于通过AI技术帮助用户创作音乐。Suno能够根据简单的文本提示生成包含声音、歌词和器乐的完整歌曲，这种能力使得Suno在音乐生成领域中脱颖而出，并且被称为"音乐界的ChatGPT"。

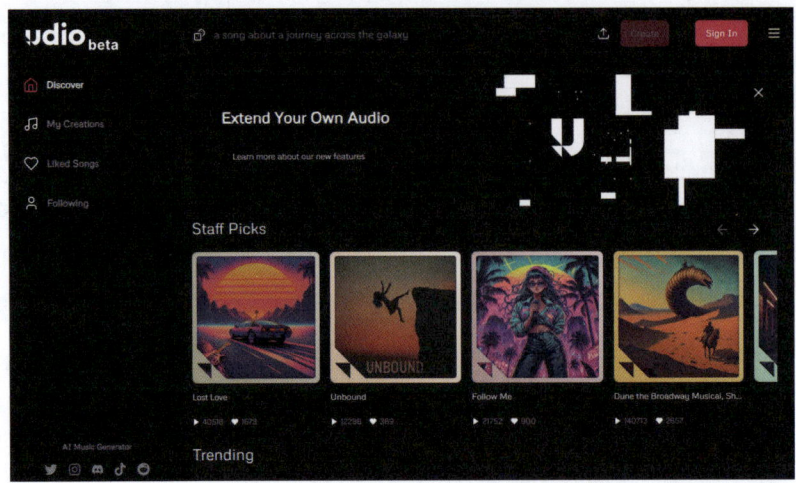

图1-11

（2）音频处理

在音频处理领域，AI技术发挥着重要作用。例如，讯飞智作是由科大讯飞推出的一站式内容创作平台，基于AI技术，为用户提供多种音频处理功能，如多人配音、局部变速、局部变调等。它能够识别并优化音频，提供高质量的音频输出，广泛应用于媒体、教育、企业宣传、短视频创作等领域，帮助用户提升音频创作效率。图1-12所示为讯飞智作的配音页面。

图1-12

此外，Ultimate Vocal Remover v5 也称 UVR5，是一款利用先进的 AI 技术从混合音频轨道中分离出人声和伴奏的音频软件，在音频处理和音乐制作领域具有广泛的应用。

（3）个性化推荐

AI工具能够根据用户的喜好、历史播放记录等信息，为用户推荐个性化的音乐作品。例如，Moodplaylist 是一款 AI 音乐推荐工具，旨在为用户提供一种无缝、个性化的音乐体验。它会根据用户的情绪和偏好，自动生成个性化的音乐播放列表。

此外，Evoke Music 是一个前沿的 AI 驱动平台，旨在革新商业和个人获取及利用音乐的方式。Evoke Music 能够根据用户的需求和偏好生成独特的音乐作品，基于用户的音乐偏好，该平台可以定制个性化的播放列表，提升用户的听歌体验。

AI技术在音频领域的应用不仅提升了音乐创作和音频处理的效率，还为用户提供了更加个性化和高质量的音乐体验。未来，随着AI技术的不断发展，音乐行业将迎来更多创新和变革。

1.3.2 AI内容分发：精准与高效的平衡

新媒体运营中的内容分发是指将创作好的内容通过各种渠道和平台推送给目标受众的过程。它是新媒体运营的核心环节之一，目的是扩大内容的传播范围、提高曝光度、吸引和留住用户，从而实现品牌推广、用户增长、流量变现等运营目标。

内容分发的关键在于选择合适的渠道、优化发布时间和方式，以及确保内容能够精准触达目标受众。常见的分发渠道包括社交媒体平台（如微信公众号、抖音、快手等）、内容平台（如知乎、小红书等）、新闻资讯平台（如今日头条、腾讯新闻等），以及其他垂直领域的专业平台。

而AI对新媒体运营的内容分发有着显著的帮助。通过智能分析用户行为和兴趣，AI能够实现内容的精准推送，提高信息的传播效果和用户的阅读体验。同时，AI还能跨平台整合媒体资源，实现内容的多元化传播，并实时监测内容的传播效果，为新媒体运营者提供有力的数据支持。

AI内容分发主要包括以下几个方面，如图1-13所示。

图1-13

综上所述，AI 内容分发是一个复杂而精细的过程，它涉及数据挖掘与分析、内容特征提取、智能匹配算法、内容优化调整、多平台同步分发及个性化定制服务等多个方面。这些方面的有机结合和协同作用，共同构成了 AI 内容分发的完整体系。

1.3.3　AI活动策划：创意与执行的结合

在数字化时代，新媒体成为企业与用户沟通的桥梁，而活动策划是指为了达成特定目标或效果，通过精心设计与规划的一系列行动方案的总和，是推动品牌与用户互动的核心手段。

新媒体运营中的 AI 活动策划是指利用 AI 技术来设计、执行和优化新媒体平台上的活动，以提高活动的吸引力、参与度和转化效果。它通过 AI 工具和算法，实现活动主题生成、用户分析、内容创作、互动设计、效果评估等一系列活动策划环节的智能化和自动化，从而提升活动的整体质量和运营效率。

1．AI 活动策划的组成部分

AI 活动策划的主要组成部分有以下 6 个。

（1）活动主题与创意生成

AI 活动策划的活动主题与创意生成具体包括以下几个方面。

1）热点挖掘：AI 工具通过分析社交媒体、搜索引擎和新闻平台的数据，快速捕捉当前热点话题和趋势，为活动主题提供灵感。

2）创意生成：AI 可以根据品牌定位和用户兴趣，生成新颖的活动创意和主题，帮助策划人员突破思维局限。

3）趋势预测：AI 分析历史数据和市场动态，预测未来可能流行的活动方向，提前布局活动主题。

（2）目标受众分析

目标受众分析主要从 3 个方面来探讨，如图 1-14 所示。

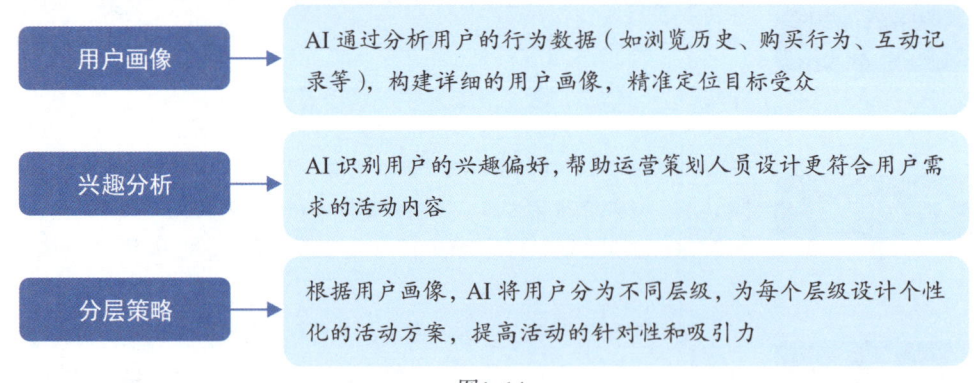

图1-14

（3）活动形式与渠道选择

AI 对活动形式与渠道选择的具体帮助如下。

1）活动形式设计：AI 根据目标受众的偏好和活动主题，推荐合适的活动形式，如线上抽奖、线下体验、互动直播等。

2）渠道选择：AI 分析不同渠道的用户活跃度和传播效果，为活动选择最佳的推广渠道，如社交媒体、短视频平台、电子邮件等。

3）多渠道协同：AI 帮助运营策划人员设计多渠道联动的活动策略，实现全方位的用户触达。

（4）活动内容创作

AI 对活动内容创作的帮助如下。

1）文案生成：AI 工具可以根据活动主题和风格，快速生成活动文案、宣传语、推文等内容，节省创作时间。

2）视觉设计：AI 可以生成活动海报、宣传广告等视觉内容，提升活动的视觉吸引力。

3）互动设计：AI 设计互动环节，如问答、投票、抽奖等，增强用户参与感。

AI 主要对活动前期的策划准备和一些视觉材料有所帮助，但对于整体活动内容的把控还需要运营策划人员来判断。

（5）活动推广与执行

AI 对活动推广与执行的帮助如图 1-15 所示。

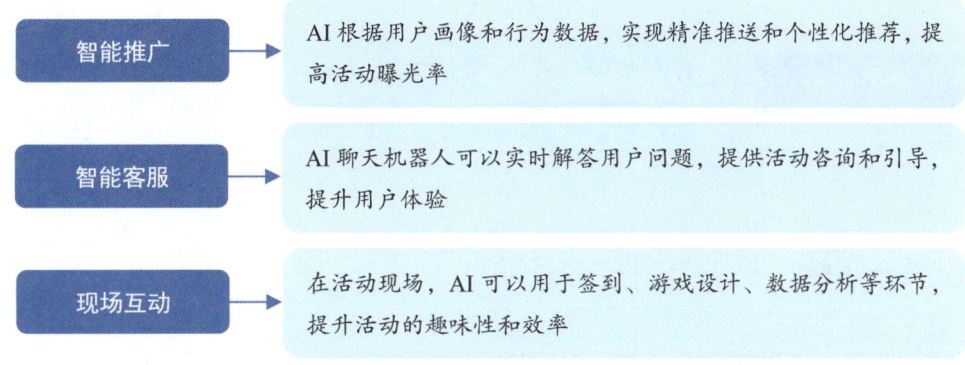

图1-15

（6）活动效果评估

AI 对活动效果评估的帮助如下。

1）数据分析：AI 实时收集和分析活动数据，包括用户参与度、转化率、留存率等，为活动效果评估提供数据支持。

2）反馈优化：AI 根据数据分析结果，生成活动总结报告，并提出优化建议，为后续活动提供参考。

3）动态调整：AI 可以根据实时数据反馈，动态调整活动策略，确保活动效果最大化。

2．AI 活动策划的优势

AI 参与活动策划的主要优势如图 1-16 所示。

3．AI 活动策划的应用场景

AI 活动策划的应用场景主要有以下 3 种。

（1）线上活动：电商促销活动、线上直播互动、社交媒体挑战赛等。

（2）线下活动：新品发布会、品牌体验活动、线下展会等。

（3）线上、线下联动：线上预热、线下体验、线上分享等混合模式的活动。

综上所述，AI 活动策划通过智能化的手段，优化活动策划的各个环节，提升活动的吸引力、参与度和转化效果，同时为用户提供更具创新性和个性化的体验。随着AI技术的不断发展，AI活动策划将在新媒体运营中发挥越来越重要的作用。

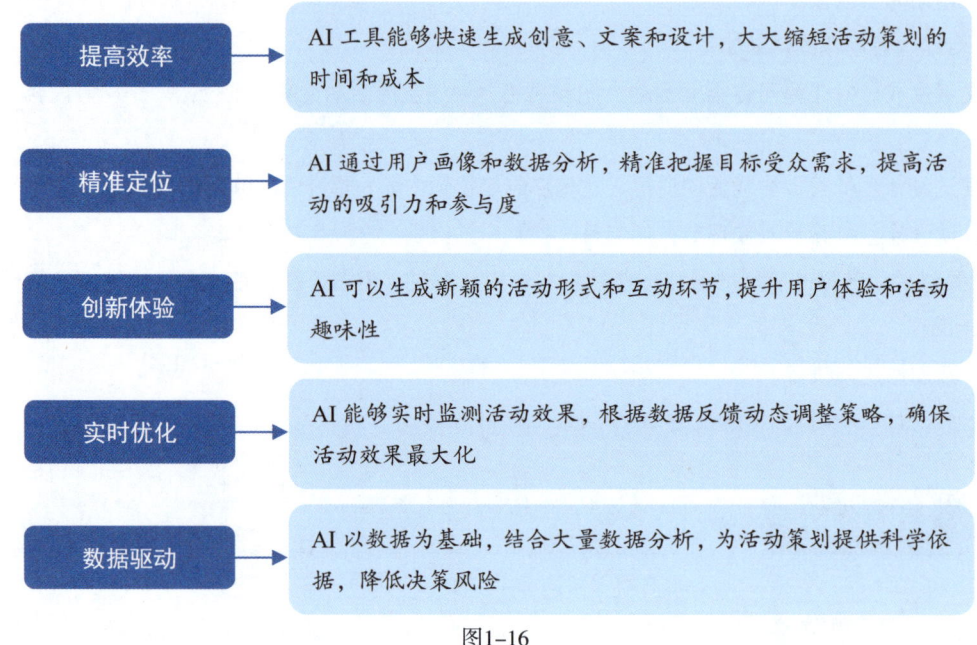

图1-16

1.3.4 AI账号运营：品牌与用户的互动

新媒体账号运营是指通过各种新媒体平台（如微信公众号、抖音、小红书、微博等）对账号进行系统管理和推广，以实现特定目标（如品牌推广、用户增长、内容传播、产品销售、商业变现等）的一系列活动。它涵盖了内容创作、用户互动、数据分析、账号定位、营销推广等多个方面，是一个综合性很强的工作。

下面将介绍AI账号运营的3个方面，包含平台选择、账号定位、用户互动与社群管理。

（1）平台选择：AI可以通过分析用户的目标受众、内容类型、预算及运营目标，结合不同新媒体平台的用户群体特征、传播优势和算法机制，为用户提供精准的平台推荐建议，帮助用户高效选择最适合自身需求的新媒体平台，从而最大化内容传播效果和营销价值。

（2）账号定位：AI通过分析用户的兴趣、技能、特长等信息，结合新媒体平台的特点和市场趋势，能够为用户提供个性化的账号定位建议。例如，AI可以生成详细的对标账号分析报告，包括内容方向、受众画像、昵称与简介优化建议等，从而帮助用户实现精准高效的账号定位。

（3）用户互动与社群管理：AI能够通过多种方式帮助用户实现高效互动与社群管理。例如，AI工具可以自动化处理用户数据，智能分析成员行为，通过数据挖掘算法分析出社群成员的兴趣、需求和行为模式。

此外，AI还可以完成自动化内容发布和互动任务，如点赞、评论、关注等，提升用户参与度。在社群管理方面，AI能够根据用户属性和行为自动分组，实现个性化推送和动态内容展示，同时监控社群内的舆论氛围，及时发现并处理异常行为。

1.3.5 AI数据监控与分析：洞察与决策的支撑

AI技术的应用使数据分析更加精准和高效，为运营者和营销人员提供了深刻的用户洞察。

在新媒体营销的复杂环境中，深入理解用户的兴趣、喜好和习惯是制定有效营销策略的关键。AI技术的应用为数据分析带来了革命性的改变，使得运营者能够更准确地把握用户需求，从而提升营销活动的针对性和效果。

AI技术能够从大量用户生成的内容中提取有价值的信息。这些分析结果可以帮助运营者了解用户的真实感受和偏好，优化内容创作和营销策略。

AI在新媒体数据分析中扮演着至关重要的角色，它通过高效的数据处理能力和深度学习算法，为新媒体内容创作和营销策略提供了深刻的洞察力。下面是AI在新媒体数据监控与分析中的主要作用，如图1-17所示。

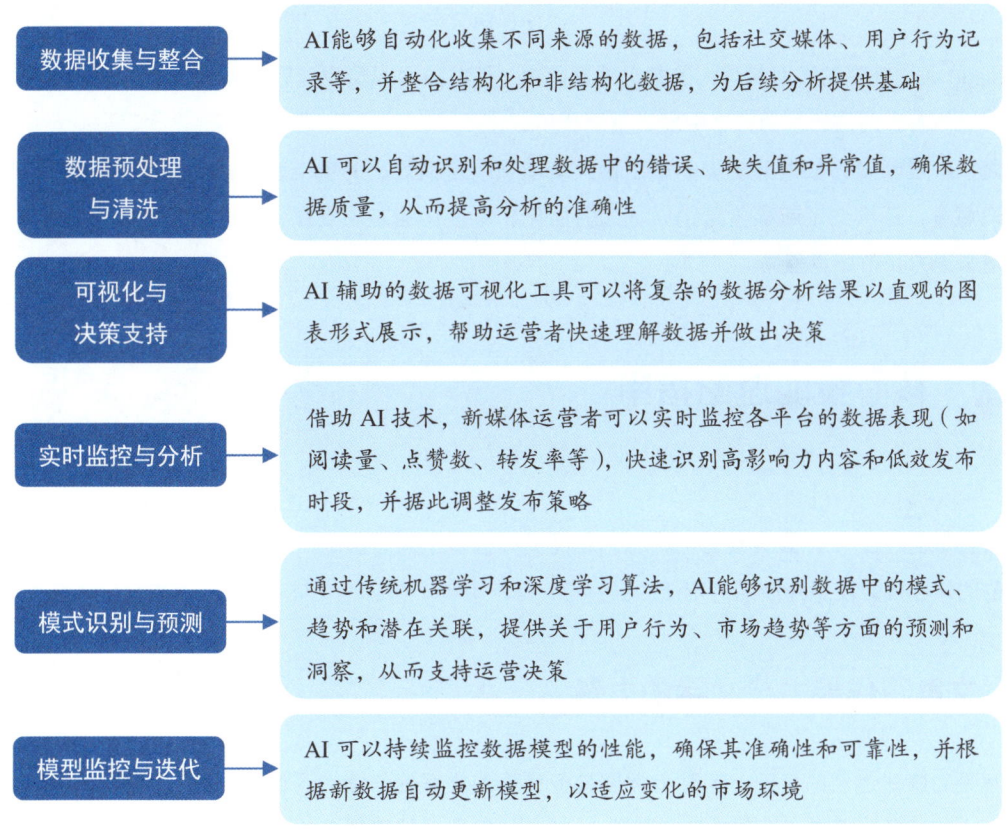

图1-17

通过这些功能，AI不仅能够提升新媒体运营的效率，还能帮助运营者更好地理解用户需求，优化内容策略，从而实现更精准的运营和增长。

例如，Tableau是一款强大的数据可视化工具，它结合了AI技术，通过其强大的可视化能力，用户能够通过直观的图表和仪表板快速理解复杂的数据集，相关示例如图1-18所示。Tableau的AI驱动分析功能可以帮助运营者识别数据趋势，预测用户行为，使数据分析更加精准，营销策略更加有效。

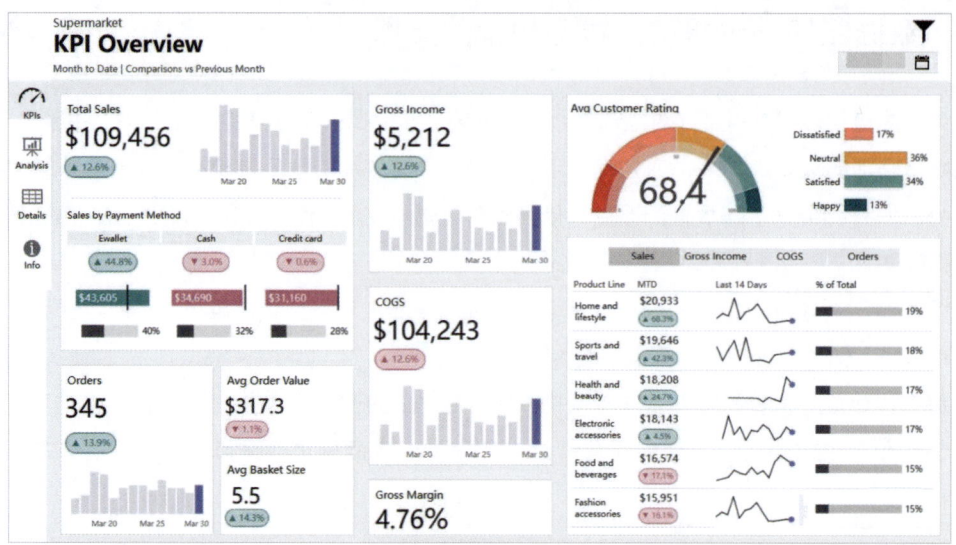

图1-18

Tableau 通过直观的界面和强大的数据处理能力,使非技术人员也能轻松创建复杂的数据可视化图表,从而在新媒体内容创作和营销策略中发挥重要作用。

总之,AI 在新媒体数据分析中的应用极大地增强了营销活动的精准性和效率,这不仅提升了用户参与度和满意度,还推动了新媒体营销向更加智能化、个性化的方向发展,同时为新媒体行业带来了前所未有的增长潜力和市场竞争力。

1.4 核心技能速配指南

运营者想要胜任 AI 新媒体运营的岗位,就需要具备多个核心技能,本节将为大家详细介绍 AI 新媒体运营岗位的核心技能及提升技能的方法。

1.4.1 文案写作能力:文字的力量

文案是新媒体运营的基础,运营者需要具备优秀的文案创作能力,能够根据不同平台和用户需求,撰写吸引人的标题、正文和互动文案。随着 AI 技术的发展,越来越多的 AI 文案生成工具如雨后春笋般冒出头来。面对烦琐的文字工作,运营者可以结合 AI 工具来提升文案写作的效率和质量。

运营者可以从以下几个方面提升和优化文案写作能力。

(1)高效的内容生成与创意激发:AI 工具(如 DeepSeek、ChatGPT、文心一言等)能够快速生成文案初稿,帮助运营人员在短时间内完成大量内容创作。例如,通过输入关键词或主题,AI 工具可以生成文章框架、创意标题或段落内容,为文案创作提供灵感。

(2)精准的内容优化与润色:AI 工具不仅可以生成文案,还能对内容进行润色和优化。例如,使用 AI 工具对文案进行改写、润色,调整语言风格以适应不同的平台和受众。此外,AI 工具还可以帮助检查语法错误、优化句子结构,提升文案的专业性和可读性。

（3）快速生成多种文案类型：AI 工具支持多种文案类型的生成，包括社交媒体文案、广告文案、新闻稿、博客文章等。例如，使用 AI 工具生成营销文案时，可以快速生成产品特性介绍、用户反馈和市场分析等内容。

1.4.2 视觉设计能力：视觉的表达

在视觉为王的新媒体时代，除了文字，还需要掌握图片、视频等多种内容形式的创作和编辑，一部精心制作的短视频宣传片，能够以最直观、最震撼的方式，将品牌精神、产品特性或服务理念深植人心。

（1）基础图片处理技能

新媒体运营人员需要掌握基本的图片处理能力，如裁剪、调色、添加水印、抠图等。这些技能可以通过简单的图片处理工具或在线设计平台来实现。

例如，Canva 是一个在线设计平台，专为非专业设计师打造，它集成了丰富的设计模板、图形编辑工具和直观的用户界面，使得用户无须具备复杂的设计技能就能轻松创建各种视觉设计作品，如社交媒体图片、演示文稿、海报等。

（2）创意设计与排版

AI 工具能够设计具有吸引力的海报、社交媒体封面、配图等，同时注重排版和色彩搭配，以提升内容的视觉冲击力。例如，即梦 AI 可以生成创意设计，支持海报、Logo（商标）等设计元素的生成。

（3）AI 图片和视频的生成

利用 AI 工具可以快速生成高质量的图片和视频内容。运营者需要熟练使用设计素材库和 AI 工具，用 AI 工具提供的丰富素材和模板，快速完成设计任务。例如，一帧秒创是一个智能 AI 内容创作平台，为创作者提供文字续写、文字转语音、文生图、图文转视频、AI 成片、数字人播报等创作服务。用户可以在该平台轻松实现视频、图像等内容的创作与编辑。

再如，稿定 AI 是一站式 AI 设计工具集合，包括 AI 商品图、AI 绘图、AI 素材、AI 文案等功能，页面如图 1-19 所示。它能够帮助用户轻松生成商品背景、拓展灵感边界，并提供了 AI 消除、AI 扩图等实用工具，助力用户高效完成设计工作。

图1-19

1.4.3 策划执行能力：方案的制订

在新媒体运营岗位中，策划执行能力是核心竞争力之一，它需要运营者结合热点话题、用户需求和企业定位，策划有趣、有料、有深度的内容活动，并能执行到位，确保活动效果。

活动策划作为营销和传播的重要环节，与 AI 的结合日益紧密，AI 技术以其独特的优势，为活动策划带来了崭新的变革与提升。下面将详细介绍 AI 如何为活动策划提供有力帮助及 AI 在活动策划与执行中担任什么样的角色。

1．AI 对活动策划的帮助

AI 不仅可以提高活动策划的效率，还可以精准定位目标受众，进行智能化运营与管理，这为活动策划提供了极大的帮助，具体如下。

（1）提高策划效率

AI 技术的自动化和智能化特性，使得活动策划的各个环节更加高效。例如，AI 可以自动生成任务流程图、场地选择方案及日程安排等，减轻了策划者的工作负担。

（2）精准定位目标受众

通过大数据分析，AI 能够精准把握目标受众的特征和需求，这为活动策划者提供了重要的参考依据，使他们能够制定出更加符合目标受众口味的活动方案。例如，在营销活动中，AI 可以分析潜在客户的兴趣爱好、购买行为等数据，为活动策划者提供精准的市场定位和营销策略。

（3）智能化管理与运营

AI 技术的应用还使活动策划的管理和运营更加智能化。例如，通过智能监控系统、人脸识别技术等手段，AI 可以对活动场地进行智能化管理，确保活动的顺利进行。同时，AI 还能实现自动化注册、登录和签到等功能，提升活动的管理效率。

2．AI 在活动策划与执行中担任的角色

AI 在活动策划与执行领域扮演着重要的角色，它不仅是运营者工作构思得力的辅助工具，还在活动中起到调控的领导作用。

（1）AI 辅助创意生成

在活动策划初期，创意是灵魂所在。AI 能够分析海量的市场数据、用户行为及行业趋势，从中挖掘出潜在的热点和受众偏好，基于这些数据，AI 能够生成一系列创意提案，为活动策划者提供灵感。这些提案可能包括活动主题、内容形式和互动环节等多个方面，帮助策划者打破思维定式，创造出更加符合市场需求和受众喜好的活动方案。

另外，AI 还能够通过自然语言处理、图像识别等技术，对已有的创意进行深度分析和优化，帮助策划者发现创意中的不足之处，并提供改进建议，使创意更加完善、更具吸引力。

（2）AI 优化活动流程管理

AI 能够自动化处理许多烦琐的流程任务，如日程安排、资源调配及任务分配等。通过智能算法，AI 能够根据活动的实际情况和需求，自动调整和优化流程安排，确保每个环节都能够按时、按质完成。同时，AI 能够实时监控活动的进展情况，及时发现并处理潜在的问题和风险，为活动的顺利进行提供有力保障。

另外，AI通过数据分析，可以为活动策划者提供流程优化建议。它还可以根据历史数据和当前情况，预测未来可能出现的问题和挑战，并提前制定相应的应对策略，这种前瞻性的管理方式，使活动策划者能够更加从容地应对各种复杂情况，确保活动举办成功。

（3）AI助力活动效果评估与反馈

活动结束后，效果评估与反馈是不可或缺的一环。通过评估活动的成果和效果，活动策划者可以了解活动的优点和待改进之处，为未来的活动提供改进方向。然而，传统的效果评估方式往往存在数据收集不全、分析不深入等问题，此时AI的引入为活动效果评估与反馈带来了全新的解决方案。

AI能够自动收集活动期间的各类数据，包括参与度、满意度和转化率等关键指标，通过智能分析这些数据，AI能够生成详尽的评估报告，为活动策划者提供全面的效果分析。

另外，AI还能够根据评估结果，为活动策划者提供有针对性的改进建议。它可以根据活动的实际情况和需求，提出优化方案和改进措施，帮助策划者不断提升活动的质量和效果，这种即时反馈机制，使活动策划者能够迅速调整策略，不断优化未来的活动方案。

1.4.4 用户运营能力：用户的获取

胜任新媒体运营岗位，用户运营能力是核心技能之一，而AI技术的应用可以显著提升用户运营的效率和效果。以下是关于用户运营能力的核心内容分析，如图1-20所示。

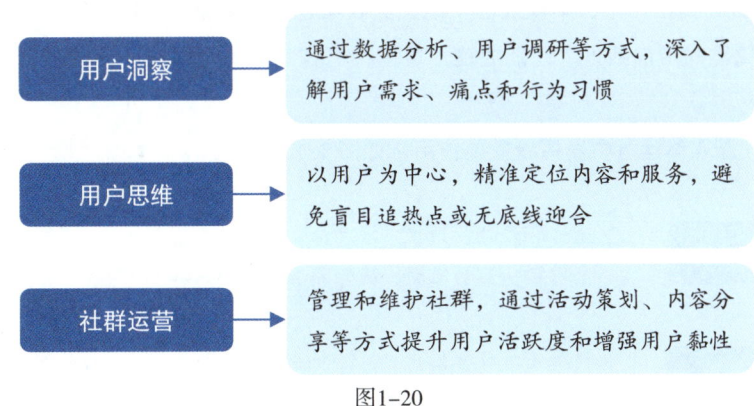

图1-20

AI对提升用户运营能力的帮助有以下几个方面。

（1）用户画像与精准定位

用户运营的基础在于精准了解用户需求和行为。AI可以通过数据分析和机器学习算法，快速构建用户画像，包括用户的兴趣偏好、行为习惯、地理位置等信息。

（2）个性化内容推荐

AI能够根据用户的行为和偏好，预测用户可能感兴趣的内容或产品，并进行精准推送。这种个性化内容推荐不仅能提高用户满意度，还能提升转化率。

（3）智能时机把握

AI技术可以分析用户的使用习惯和状态，找到最佳的推送时机，从而提高信息被关注的概率。例如，友盟+的"智能时机"服务通过大数据分析，帮助新媒体运营者从微观到宏观维度找到最佳推送时机，提高点击率。

（4）用户生命周期管理

AI 能够识别用户所处的生命周期阶段，并采取相应的策略。例如，对于新用户，AI 可以提供新手引导和优惠；对于老用户，AI 可以提供个性化服务和专属优惠，从而提高用户留存率，延长生命周期。

（5）自动化与智能客服

AI 可以实现用户运营的自动化，如通过智能客服机器人 24 小时无休地为用户提供服务，解决常见问题，提升用户体验和运营效率。

（6）多渠道用户触达

AI 可以帮助运营人员选择最适合的渠道进行用户触达。例如，针对关闭消息通知的用户，AI 可以建议通过应用内弹窗的方式进行信息传递，确保用户能在不同场景中获得所需信息。

在新媒体运营中，结合 AI 技术可以显著提升用户运营的效率和效果。AI 不仅能够帮助运营人员更好地了解用户需求，还能实现个性化内容推荐、智能时机把握和自动化服务，从而提高用户满意度和留存率。

1.4.5 营销推广能力：品牌的传播

营销推广能力在新媒体运营中具有极其重要的地位。它不仅是品牌建设和用户增长的核心驱动力，还是产品销售和用户留存的关键手段。通过精准的营销推广策略和数据驱动的决策支持，新媒体运营可以实现品牌与用户之间的高效连接，提升品牌的市场竞争力和用户关注度。

如今将 AI 应用到营销推广中，不仅能够帮助企业收集并分析海量的用户数据，从而构建出精细的用户画像，实现更加精准的用户细分，还能通过深度学习等技术，预测用户行为趋势，为个性化营销策略的制定提供科学依据。

营销推广能力在新媒体运营中发挥着重要作用，如图 1-21 所示。

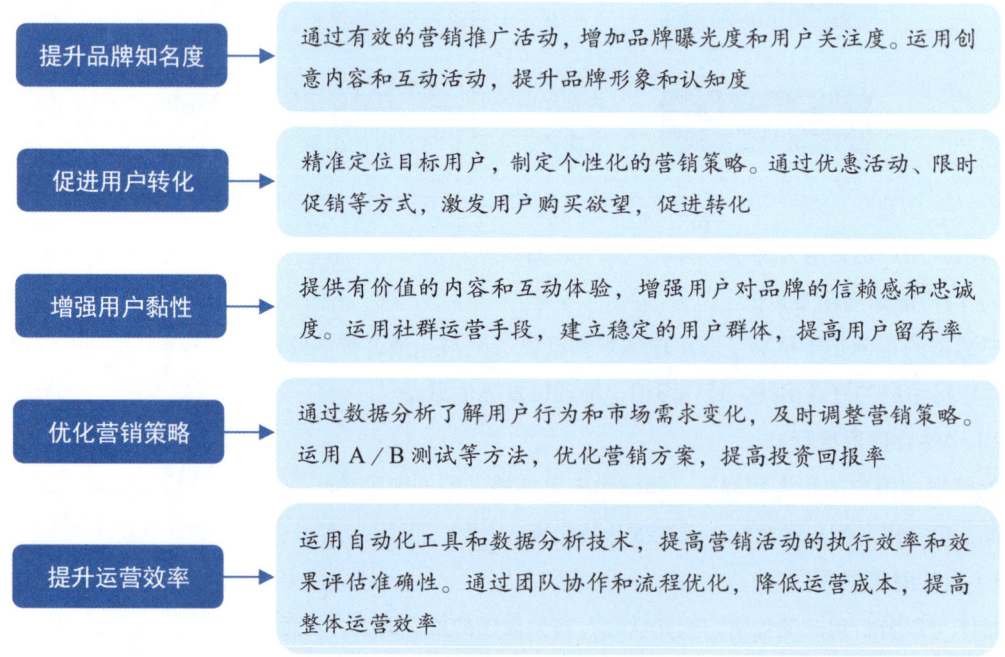

图 1-21

1.4.6 数据分析能力：数据的解读

新媒体运营岗位需要具备扎实的数据分析能力，以更好地理解用户行为、优化内容策略和提升运营效果。运营者需要通过分析用户数据、内容数据和运营数据，评估效果并优化策略，以达到数据分析与数据驱动决策的目的。以下是一些提升数据分析能力的方法。

（1）理解核心数据指标

新媒体运营者首先要理解核心数据指标，然后才能通过数据深度挖掘，找到内容优化的切入点，从而提升数据分析能力。图1-22所示为3个核心数据指标的概述。

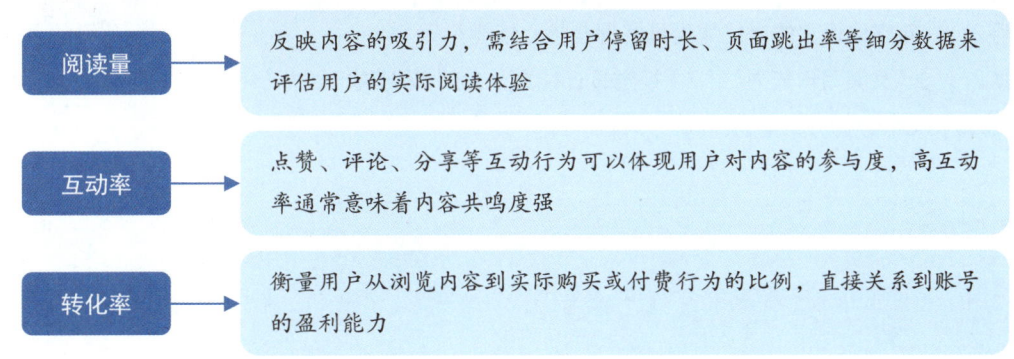

图1-22

（2）掌握工具的应用方法

新媒体运营者还需要认识一些数据分析工具，了解它们的基本功能和用法。例如，Power BI是微软推出的一款商业智能（BI）工具，旨在帮助企业和用户通过数据分析和可视化来做出数据驱动的决策，用户可以使用Power BI工具实现数据分析的可视化。

此外，新媒体运营者还需要熟悉并掌握几种基础的数据分析工具，如Excel、Google Sheets等，用于数据整理和基本统计分析；了解并尝试使用专业的数据分析平台，如百度统计、友盟+等，获取更全面、深入的数据分析。

（3）结合目标并持续学习

新媒体运营者在进行数据分析时，应紧密结合业务目标。通过结合业务目标进行数据分析，能够更有针对性地制定策略，实现业务增长。

数据分析是一个不断发展和变化的领域，新媒体运营者需要保持持续学习的态度。通过参加培训课程、阅读专业书籍、关注行业动态等方式，不断提升自己的数据分析能力和对AI技术的理解深度。

本章小结

本章先介绍了AI新媒体运营的基础知识，包括新媒体、AI、AI运营及AI运营师的概述；然后通过5W1H分析法介绍了AI对新媒体运营的帮助；接着介绍了AI新媒体运营包含的5项内容；最后介绍了AI新媒体运营岗位所需要的6个核心技能。

课后习题

鉴于本章知识的重要性，为了帮助读者更好地掌握所学知识，下面将通过课后习题，帮助读者进行简单的知识回顾。

问题1：AI新媒体运营包含的内容有哪些方面？

答案1：（1）AI内容创作；（2）AI内容分发；（3）AI活动策划；（4）AI账号运营；（5）AI数据监控与分析。

问题2：AI新媒体运营的岗位需要具备哪些核心技能？

答案2：（1）文案写作能力；（2）视觉设计能力；（3）策划执行能力；（4）用户运营能力；（5）营销推广能力；（6）数据分析能力。

第 2 章　文案创作：
AI 写作工具及技巧

在新媒体中，文案写作是内容创作的核心之一，它不仅关系到用户的关注度，还决定了传播效果与品牌形象的塑造。本章将深入探讨 AI 提示词的编写技巧及如何通过 AI 工具创作文案，从而提升新媒体文案创作的质量与效率。

2.1 AI 写作工具

随着 AI 技术的飞速发展，AI 写作工具应运而生，它不仅能够瞬间激发灵感，还能精准地满足各种文案创作需求，无论是广告宣传、品牌故事，还是日常文案撰写，都能轻松应对，为新媒体运营者节省了大量时间和精力。本节主要介绍 DeepSeek 和 Kimi 手机版与网页版的操作方法。

2.1.1 DeepSeek

DeepSeek 是由杭州深度求索人工智能基础技术研究有限公司开发的一款 AI 工具，集成了自然语言处理、机器学习等先进技术。通过精准的数据分析和智能推理，DeepSeek 能够为用户提供更为个性化和高效的服务。下面介绍 DeepSeek 手机版与网页版的操作方法。

1. 手机版

DeepSeek 的手机版，其界面设计简洁明了，用户友好性高，操作简单。无论是 iOS（苹果系统）还是安卓系统，用户都可以在应用商店轻松下载并安装。下面介绍安装 DeepSeek 手机版的操作方法。

步骤 01　在手机中打开应用市场 App，❶在搜索栏中输入"DeepSeek"；❷点击"搜索"按钮，如图 2-1 所示。

步骤 02　在搜索结果中点击相应应用右侧的"安装"按钮，如图 2-2 所示，即可下载并安装 DeepSeek 手机版。

步骤 03　安装完成后，点击相应应用右侧的"打开"按钮，如图 2-3 所示。

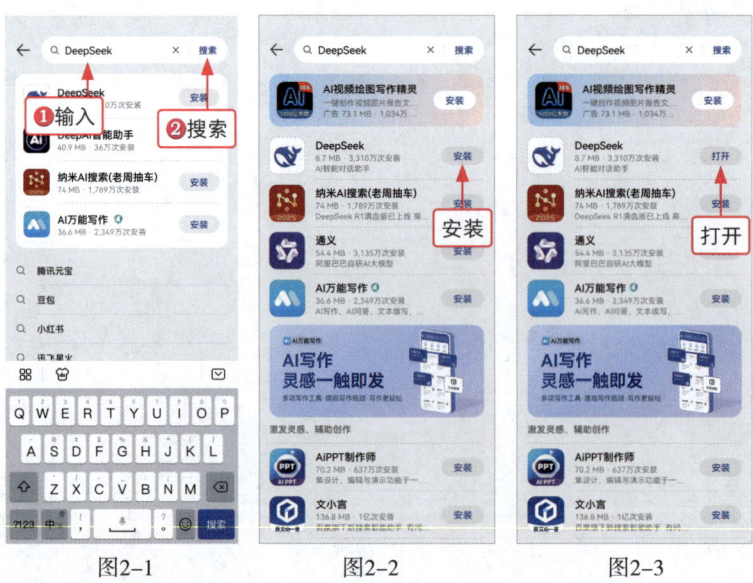

图2-1　　　　　　图2-2　　　　　　图2-3

步骤 04 执行操作后，进入 DeepSeek 手机版界面，在弹出的"欢迎使用 DeepSeek"对话框中，点击"同意"按钮，如图 2-4 所示。

步骤 05 进入登录界面，❶选中相应复选框；❷输入手机号和验证码；❸点击"登录"按钮，如图 2-5 所示。稍等片刻，用户即可使用手机号和验证码进行登录。用户还可以使用微信进行登录。

步骤 06 完成登录后，默认进入 DeepSeek 对话界面，如图 2-6 所示。

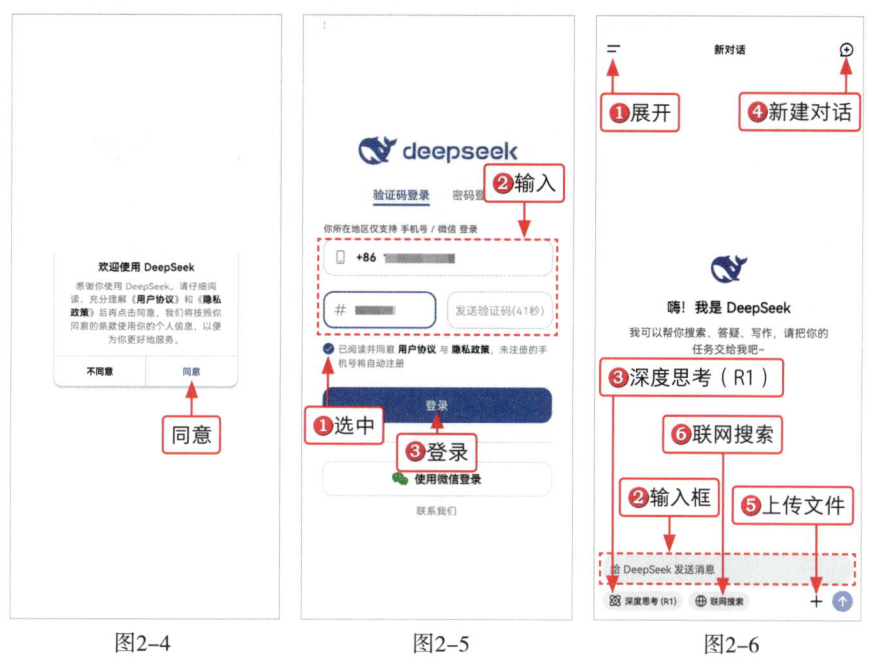

图2-4　　　　　　　图2-5　　　　　　　图2-6

下面对 DeepSeek 对话界面中的主要部分进行讲解。

❶ 展开 ☰：点击该按钮，即可展开最近 7 天内的对话记录和用户信息。

❷ 输入框：用户可以在这里输入提示词，以获得 DeepSeek 的回复。

❸ 深度思考（R1）：点击该按钮，打开"深度思考（R1）"模式，当用户提问时，可以观察 DeepSeek 如何逐步分析并解答问题，这有助于增加答案的透明度和可信度。

❹ 新建对话 ⊕：点击该按钮，会新建一个对话窗口，用户可以与 AI 讨论新的话题或让 AI 重新对上一个话题进行回复。

❺ 上传文件 ＋：点击该按钮，会弹出相应的面板。用户可以点击"拍照识文字""图片识文字"或"文件"按钮，要求 DeepSeek 识别其中的文字信息。

❻ 联网搜索：点击该按钮，即可打开"联网搜索"模式，在此状态下，DeepSeek 能够搜索实时信息，快速整合资料并给出详尽的回答，同时提供信息来源，确保对话的丰富性和准确性。

2．网页版

DeepSeek 网页版的功能丰富、操作页面简洁明了，以直观的方式呈现。无论是初次使用还是经验丰富的用户，都能迅速上手并找到所需功能。下面介绍登录 DeepSeek 网页版的操作方法。

步骤 01 在浏览器中搜索 DeepSeek 官方网址，打开官方网站，单击"开始对话"，如图 2-7 所示。

步骤 02 进入登录界面，❶选中相应复选框；❷输入手机号和验证码；❸单击"登录"按钮，如图 2-8 所示，稍等片刻，用户即可使用手机号和验证码进行登录。用户还可以使用微信扫码或邮箱进行登录。

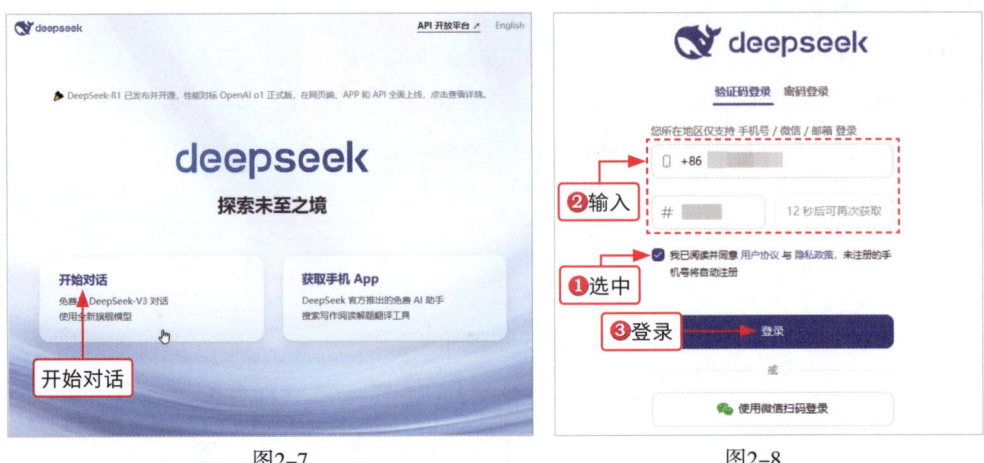

图2-7　　　　　　　　　　　图2-8

步骤 03 完成登录后，默认进入 DeepSeek 对话页面，如图 2-9 所示。

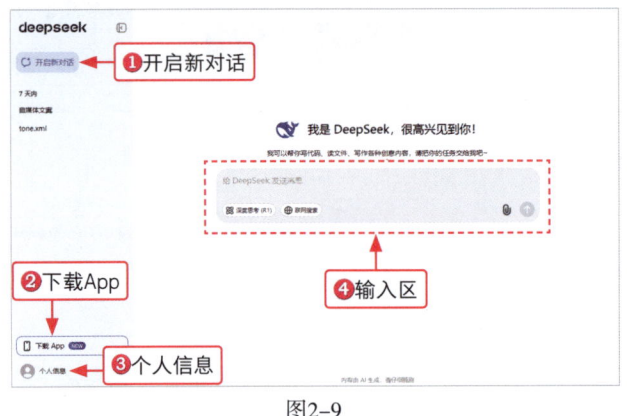

图2-9

下面对 DeepSeek 对话页面中的主要部分进行讲解。

❶ 开启新对话：单击"开启新对话"按钮，能为用户开启一个全新的、独立的对话窗口，使用户与 DeepSeek 的交流更加高效和清晰。

❷ 下载 App：单击该按钮，弹出二维码，用手机扫码即可下载 DeepSeek 的手机版。

❸ 个人信息：单击"个人信息"按钮，即可弹出相应面板，包括"系统设置""联系我们"和"退出登录"等按钮，用户可根据需要，单击相应按钮进行设置。

❹ 输入区：该区域主要包括输入框、"深度思考（R1）"和"联网搜索"3 个部分。其中，输入框是用户输入文字指令的位置；"深度思考（R1）"模式在逻辑推理和复杂问题处理方面表现出色，能够深入剖析问题的本质并给出有价值的解决方案；"联网搜索"模式能够搜索实时信息，快速整合并给出详尽的回答。

2.1.2　Kimi

Kimi 作为一款强大的智能助手，它不仅是一个简单的聊天机器人，还是一个多功能、多语言的 AI 助理，旨在通过先进的 AI 技术和用户友好的界面设计，为用户带来全新的文案写作体验。下面介绍 Kimi 手机版与网页版的操作方法。

1．手机版

Kimi 手机版，全称为"Kimi 智能助手"，它能够回答用户的问题、整理资料、辅助创作，旨在帮助用户拓展知识领域和提高工作效率。下面介绍下载和安装 Kimi 手机版的操作方法。

步骤 01 在手机中打开应用市场 App，❶在搜索栏中输入并搜索"Kimi 智能助手"；❷在搜索结果中，点击相应应用右侧的"安装"按钮，如图 2-10 所示。

步骤 02 安装成功之后，点击应用右侧的"打开"按钮，如图 2-11 所示。

步骤 03 执行操作后，即可打开 Kimi 手机版，进入会话界面，点击界面左上角的 ☰ 按钮，如图 2-12 所示。

步骤 04 弹出相应面板，点击"立即登录"按钮，如图 2-13 所示。

步骤 05 进入登录界面，用户可以选择使用微信或手机号完成登录。以微信登录为例，❶选中界面底部的相关协议复选框；❷点击"微信登录"按钮，如图 2-14 所示。

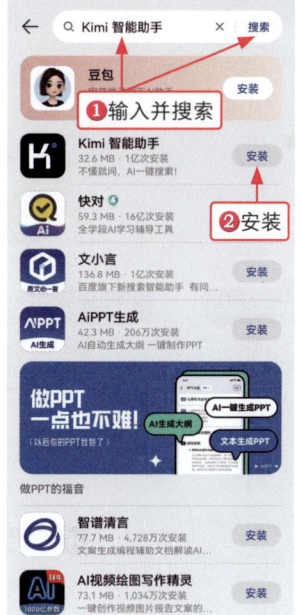

图2-10

图2-11

图2-12

图2-13

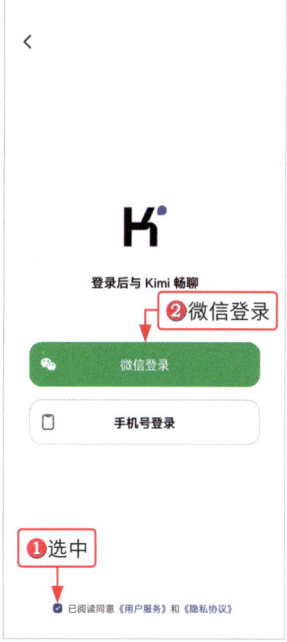

图2-14

步骤 06　进入Kimi的授权界面，点击"授权登录"按钮，如图2-15所示，即可完成授权，并跳转至相应界面。

步骤 07　点击界面中的"点此完成登录"按钮，如图2-16所示。

步骤 08　执行操作后，即可完成登录，返回Kimi的会话界面，如图2-17所示。

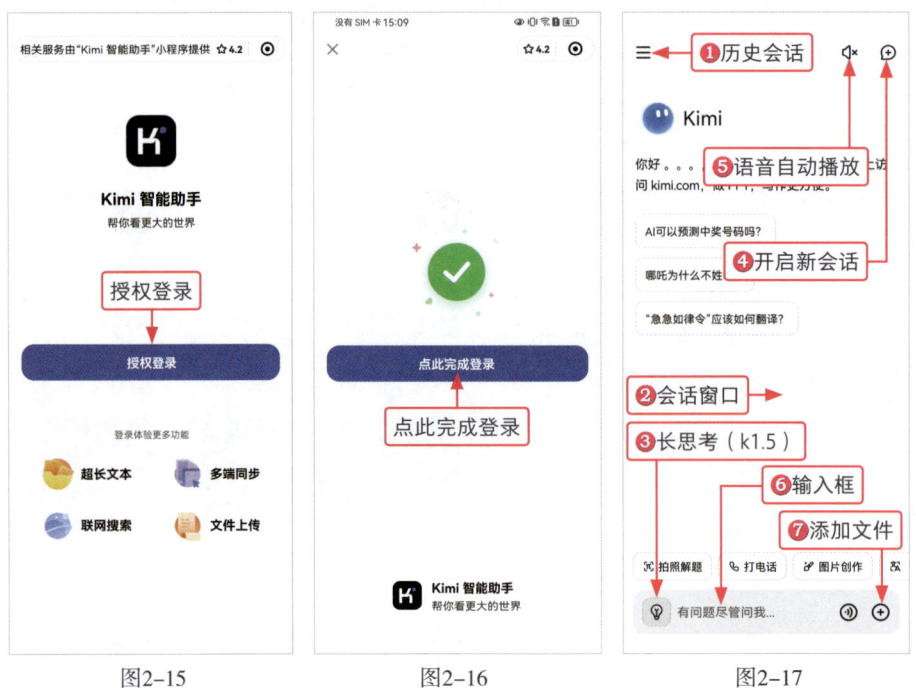

图2-15　　　　　　图2-16　　　　　　图2-17

下面对Kimi会话界面中的主要部分进行讲解。

❶ 历史会话：当用户登录Kimi账号后，点击左上角的☰按钮，将进入"历史会话"界面，这里可以查看之前的会话。

❷ 会话窗口：这是用户与Kimi进行交流的主要区域，用户可以在这个区域中查看自己提出的问题，以及Kimi生成的回答和反馈。

❸ 长思考（k1.5）：点击界面左下角的💡按钮，可以切换至长思考（k1.5）推理模式，模型能够记住更多的推理轨迹，进行更深入的思考、规划与反思。

❹ 开启新会话：点击⊕按钮，即可开启新会话，该功能允许用户与Kimi开始一个新的会话或交互过程。当需要解决一个与之前不同的问题或任务时，可以启动一个全新的会话，而不必继续在旧的会话中进行。

❺ 语音自动播放：点击界面上方的🔇按钮，可以设置是否使用语音自动播放Kimi生成的内容。

❻ 输入框：点击输入框，用户可以在其中输入指令，Kimi支持多种语言的对话，尤其是中文和英文。

❼ 添加文件：点击⊕按钮，用户可以上传TXT、PDF、Word文档、PPT幻灯片、Excel电子表格等文件，Kimi可以阅读这些文件内容后回复用户。

2．网页版

Kimi作为一款由月之暗面科技有限公司开发的智能助手，它具备简洁而全面的用户页面，使用户能够轻松上手并高效利用其功能。下面介绍登录Kimi网页版的操作方法。

步骤 01　在计算机中打开浏览器,输入 Kimi 的官方网址,打开官方网站,单击左侧工具栏中的"登录"按钮,如图 2-18 所示。

图2-18

步骤 02　弹出相应面板,❶在其中输入手机号与验证码信息;❷选中面板底部相应的复选框;❸单击"登录"按钮,如图 2-19 所示,即可登录 Kimi。此外,用户还可以通过微信扫一扫功能,扫描右侧的二维码进行登录。

图2-19

> **温馨提示**
> 如果用户是第一次登录 Kimi,最好选择手机登录的方式。因为在使用手机微信进行扫码后,还需要绑定手机号才能完成登录,而绑定的方式也是进行手机短信验证。因此,用户选择手机短信验证进行登录,只需要操作一次就能完成账号的注册和登录。

步骤 03　登录 Kimi 后,进入会话页面,如图 2-20 所示。

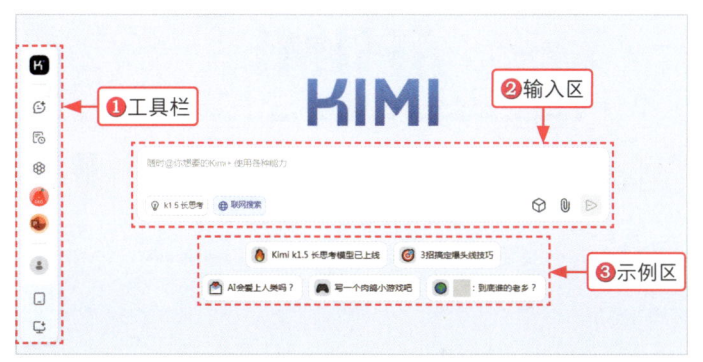

图2-20

下面对 Kimi 会话页面中的主要部分进行讲解。

❶ 工具栏：Kimi 左侧的工具栏中提供了多种功能，如用户通过单击 按钮，即可从 Kimi 的任意页面回到首页；单击 按钮，进入相应页面，其中内置了一些封装好的应用，如翻译通、PPT 助手、论文写作助手等，用户可以直接使用这些应用来快速解决特定问题。

❷ 输入区：这是一个多功能的交互区域，用户可以与 Kimi 在此进行交流，无论是提问、上传文件、发送链接还是进行其他形式的交互，都可以通过输入区来实现。

❸ 示例区：该区域中提供了多种会话示例，又被称为"Kimi + 提示词"，可以方便用户快速使用 Kimi 的特定功能。用户可以通过单击这些示例，快速启动 Kimi 的特定服务或功能，而无须自己编写详细的提示词。

2.2 AI 提示词技巧全攻略

学习 AI 文案的提示词编写技巧不仅能够帮助运营者更高效地利用 AI 工具生成高质量的内容，还能激发新的创意思维，从而提高内容的独特性和吸引力。通过掌握正确的提示词编写技巧，运营者可以更好地引导 AI 理解其需求，减少无效或重复的工作，同时确保产出的内容更加贴合目标受众的需求和偏好。

本节以 Kimi 网页版为例，主要介绍 9 个编写 AI 文案提示词的技巧，从而让 AI 工具生成的文案更符合需求。需要注意的是，下面介绍的技巧是通用的，除了在 Kimi 中适用，在其他 AI 写作工具中也能发挥作用。

2.2.1 明确核心目标：精准定位需求

在输入提示词之前，首先要明确提示词的核心目标与意图，即你想要得到什么样的结果。例如，想要让 Kimi 写一篇关于某个主题的文案，就要明确文案的主题、字数、写作风格等要求，具体操作方法如下。

步骤 01 登录并进入 Kimi 的会话页面，❶在页面的输入框中输入提示词；❷单击 按钮，如图 2-21 所示。

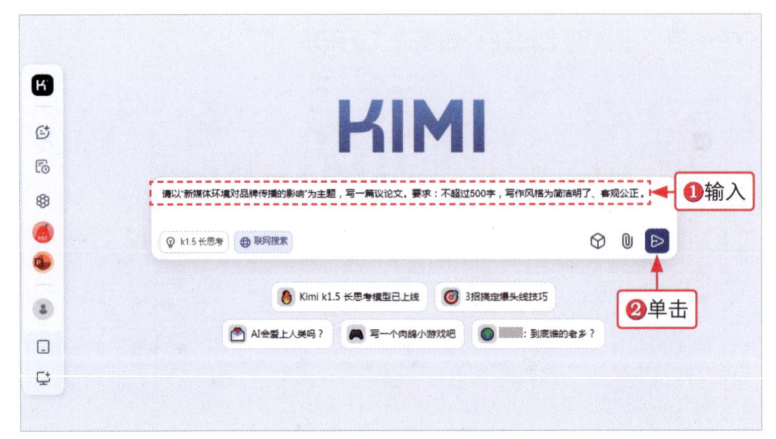

图 2-21

步骤 02　执行操作后，即可发送提示词，让 Kimi 生成相应的结果，相关提示词及回复内容如下。

> 请以"新媒体环境对品牌传播的影响"为主题，写一篇议论文。要求：不超过 500 字，写作风格为简洁明了、客观公正。

> **新媒体环境对品牌传播的影响**
>
> 　　在当今时代，新媒体如同汹涌浪潮，深刻地重塑了品牌传播的格局。它为品牌传播带来了前所未有的机遇。新媒体平台拥有海量用户，信息传播速度极快、范围极广，品牌能够突破传统媒介的时空限制，以极低的成本将信息瞬间传递到全球各地。例如，一个新兴的美妆品牌通过社交媒体的短视频分享，借助网红的推荐，短时间内就能获得数百万的曝光量，迅速提升知名度。
>
> 　　然而，新媒体环境也带来了诸多挑战。信息过载使得品牌信息容易被淹没，消费者的选择增多，注意力分散。品牌要在海量内容中脱颖而出，就必须不断创新传播形式，提升内容的吸引力和互动性。同时，新媒体的即时性和开放性也意味着品牌的一举一动都处于公众的放大镜下，负面信息一旦出现，会在瞬间引发广泛传播，对品牌形象造成严重冲击。
>
> 　　综上所述，新媒体环境对品牌传播既是机遇也是挑战。品牌需要充分利用新媒体的优势，同时谨慎应对其中的风险，才能在激烈的市场竞争中立于不败之地。

2.2.2　匠心独运：精心设计内容策略

在设计提示词的内容时，运营者要追求质量而非数量，尽可能提供详细、准确、具有启发性的信息，以激发 Kimi 的创造力。同时，还要避免提供过多的限制性信息，给 Kimi 留下一定的自由发挥空间。以 Kimi 网页版为例，相关案例如下。

> 主题：AI 对新媒体文案写作的作用。
> 结构：引言、AI 对新媒体文案写作的影响、AI 对新媒体文案写作的好处、结论。

> **引言**
> 　　在新媒体时代，文案写作是内容传播的核心环节，而 AI 技术的快速发展正在深刻改变文案创作的模式。AI 不仅提高了文案创作的效率，还为内容的个性化、精准化和质量提升带来了新的机遇。然而，AI 的应用也带来了诸多挑战，如内容同质化、情感表达不足等。本文将探讨 AI 对新媒体文案写作的影响，分析其带来的好处，并展望未来的发展趋势。
>
> **AI 对新媒体文案写作的影响**
> 　　提升创作效率
> 　　AI 写作工具能够在短时间内生成大量高质量文案，显著缩短创作周期。例如，AI 可以在几分钟内为体育赛事撰写初稿，让创作者有更多时间进行深度挖掘和创意构思。此外，AI 工具还可以根据用户输入的主题和要求，自动生成文章大纲和结构，帮助创作者快速了解主要内容和逻辑关系。
>
> 　　优化内容质量
> 　　AI 写作工具内置语法和拼写检查功能，能够确保输出内容没有常见错误。同时，AI 可以根据 SEO 策略优化

内容，帮助文案在搜索引擎结果页面上获得更高排名，从而提高可见性。

实现个性化与精准化

AI可以根据用户数据定制内容，生成符合用户兴趣和偏好的文案，从而提高用户参与度和满意度。在营销领域，AI文案技术能够基于用户行为分析生成更具针对性的内容，提升用户参与度。

……

> **温馨提示** 因为篇幅有限，AI工具回复的内容只展示要点，详细的回复文案，请看随书提供的效果完整文件。

2.2.3 把握语言类型：选择合适的表达

自然语言是指人类日常使用的语言，包括口语和书面语，是人类用来表述问题或需求的方式，具有普通可理解性；而计算机语言则是人们为了与计算机进行交互而设计的特定语言，需要专门学习才能掌握。

在与AI对话的过程中，运营者要尽量使用自然语言来编写提示词，避免使用过于复杂或专业的语言，这样可以让AI更好地理解运营者的需求，并生成自然、流畅的回答。以Kimi网页版为例，相关案例如下。

> 👤 请帮我生成5条关于智能手表的电商文案标题，结合产品特点、用户痛点和情感诉求，旨在激发消费者的购买欲望。

> 🅺 以下是5条结合产品特点、用户痛点和情感诉求的智能手表电商文案标题，旨在激发消费者的购买欲望。
>
> **1. 手腕上的全能管家，智能手表让你轻松掌控每一天！**
>   产品特点：全能功能，一表在手，万事不愁。
>   用户痛点：生活琐事多，需要一个随时提醒、随时管理的工具。
>   情感诉求：掌控感，让生活更有条理、更从容。
>
> **2. 运动、健康、时尚，智能手表助你成为更好的自己！**
>   产品特点：运动监测、健康数据、时尚外观。
>   用户痛点：健身计划难以坚持，健康数据难以管理，时尚需求难以满足。
>   情感诉求：自我提升，成为更好的自己，追求健康和时尚。
>
> **3. 告别频繁充电，智能手表超长续航，时刻在线不掉链！**
>   产品特点：超长续航能力。
>   用户痛点：智能设备续航短，充电频繁，使用不便。
>   情感诉求：便捷性，时刻在线，不耽误任何重要时刻。
>
> ……

2.2.4 指定输出格式：规范结果呈现

运营者可以明确指定AI输出的格式要求，如以列表形式回复、限定字数长度等，以便得到更精准的回复。以Kimi网页版为例，相关案例如下。

> 请用表格的形式，对比小红书平台和抖音平台，分析用户人群、发展目标、平台优势的异同。

以下是小红书平台和抖音平台在用户人群、发展目标、平台优势方面的异同对比表格。

对比维度	小红书	抖音
用户人群	以女性为主，占比约65%，用户年龄集中在35岁以下，二线及以上城市用户占比55.4%，高价值用户占比39.7%	核心用户为年轻人，年龄分布较广，三线及以下城市用户占比更高，高价值用户规模达1.65亿
发展目标	深度连接用户，深耕细分市场，建立品牌信任和用户忠诚度，注重长期品牌建设	快速行动和广泛触达用户，侧重快速转化和效果驱动，适合大规模品牌曝光和快速推广
平台优势	1. 内容深度：强调高质量、深度内容创作，如详尽的产品评测和使用心得，适合深度种草和分享 2. 社区氛围：基于信任和共同兴趣的社区环境，用户互动倾向于深度交流，口碑效应强 3. 种草属性：在美妆、时尚、生活方式等垂直领域具有更强影响力，适合品牌长期深耕	1. 内容传播速度：短视频形式，强调快速浏览和高频互动，适合快速传播和瞬间吸引大量用户注意 2. 算法推荐：高效的算法推荐系统，能迅速将精准内容推送给广大用户，实现快速的用户触达和广泛的市场覆盖 3. 直播带货：直播功能强大，适合快速实现销售转化，尤其在促销活动和新品推广方面表现突出

小红书和抖音各有优势，小红书更适合品牌在细分市场的深度种草和长期品牌建设，而抖音则更适合快速触达广泛用户群体，实现快速转化和大规模推广。品牌在选择平台时应根据自身营销目标和目标用户群体的特点来决定。

2.2.5 深度沟通：引导 AI 理解需求

运营者在提示词中可以给 Kimi 提供一些示例和引导，从而帮助 Kimi 更好地理解需求。例如，运营者可以提供一些相关的话题、字词或短语，也可以描述一个场景、故事，以便 Kimi 能够准确捕捉意图并生成符合要求的内容，以 Kimi 网页版为例，相关案例如下。

> 请生成一篇 600 字以内的短篇小说，关键词包括 [烈日炎炎、沙漠、绿洲]，场景描述为：骑着骆驼的商队途经一处荒无人烟的沙漠，此时天空中烈日炎炎，他们陷入了缺水的困境中。

在一片无垠的沙漠中，天空如同一块巨大的蓝色玻璃，烈日炎炎，无情地炙烤着大地。沙丘起伏，仿佛金色的波浪，一望无际。在这片荒芜之地，一支商队正艰难地前行。

商队由十几头骆驼组成，每头骆驼都驮着沉重的货物。商人们穿着厚重的长袍，戴着头巾，以抵御烈日的炙烤和风沙的侵袭。他们的脸上布满了灰尘，嘴唇干裂，眼神中透露出疲惫和焦虑。

"水，我们快没水了！"一个年轻的商人嘶哑地喊道，他的声音在干燥的空气中显得格外刺耳。商队的领队，一个经验丰富的老者，皱着眉头，抬头望了望天空。太阳高悬，没有一丝云彩，他知道，这场困境远未结束。

"大家坚持住，我记得地图上标记着附近有一处绿洲。"老者的声音虽然沙哑，但依然充满了坚定。他从骆驼上取下一张破旧的地图，仔细查看着。商人们虽然疲惫，但听到绿洲的消息，眼中闪过一丝希望。

商队继续前行，烈日如火，仿佛要将他们吞噬。骆驼的脚步越来越沉重，每一步都像是在与命运抗争。汗水湿透了商人们的衣服，但他们不敢停下，因为停下就意味着放弃。

> 终于,在经历了数小时的煎熬后,远处的地平线上出现了一抹绿色。那是一片绿洲,如同沙漠中的一颗明珠,闪耀着生命的光芒。商人们欢呼起来,疲惫的身体仿佛重新注入了力量。

2.2.6 巧设疑问:用问题引导AI

运营者可以采用问题的形式,提出希望AI回答或讨论的内容,如"什么是新媒体运营及其应用领域"。注意,问题要明确具体,不要太宽泛,避免用"告诉我关于新媒体运营的全部内容"这样过于开放式的问题。另外,运营者还可以使用"如何""为什么""怎样"等提问词来构建提示词。以Kimi网页版为例,相关案例如下。

> 社交媒体对青少年产生了怎样的影响?根据传播学与新媒体理论,请具体阐述社交媒体对青少年自我认同构建的影响。

社交媒体对青少年自我认同构建的影响

一、社交媒体对青少年自我认同构建的积极影响

1. 提供展示自我的平台

社交媒体为青少年提供了丰富的自我展示机会。通过发布照片、文字、视频等内容,青少年能够获得他人的点赞和好评,从而增强自信心和自我价值感。例如,一位热爱绘画的青少年在网上展示自己的作品,收获众多同龄人的赞扬,从而更加确认自己在艺术领域的价值和潜力。

2. 拓展社交网络和视野

社交媒体打破了传统社交的时空限制,青少年可以轻松地与来自不同地区、不同背景的人建立联系。这种广泛的社交互动不仅拓宽了青少年的视野,还帮助他们在多元文化中找到自己的位置。

3. 增强群体归属感

在社交媒体的粉丝社群或兴趣小组中,青少年通过与志同道合的人互动,形成基于群体归属感的身份认同。例如,"××明星粉丝团"成员的身份让他们感受到被群体接纳,从而增强自我认同。

4. 促进心理健康和情感支持

对于那些在现实生活中可能感到孤立或边缘化的青少年,社交媒体可以成为他们获得情感支持的重要渠道。通过分享自己的经历和感受,青少年能够获得理解和同伴支持,从而增强心理韧性。

……

2.2.7 细节为王:提供详尽信息

运营者在提示词中提供具体、详细的信息,可以帮助Kimi更好地理解需求,从而生成更准确、具体的回复。以Kimi网页版为例,相关案例如下。

> 双十一期间，我的小红书账号接到一条××洗面奶的品牌宣传广告，请你根据以下信息帮我写一篇宣传营销笔记。
> 【品牌信息】：××洗面奶是一款专注于自然护肤的领先品牌，有山茶花、积雪草、洋甘菊3种香型，提供多种规格选项，如20g试用装、200g袋装、300g瓶装等。
> 【关键词】：天然植物精华，滋润保湿，价格实惠。
> 【品牌方要求】：从大学生消费群体的使用体验出发，真实客观。

> **小红书宣传营销笔记**
>
> 宝子们，双十一囤货季来啦！今天我要给大家安利一款超适合大学生的洗面奶——××洗面奶！
>
> 作为大学生，由于经常熬夜、吃外卖，皮肤状态真的超级糟糕。再加上钱包紧巴巴的，买护肤品时总是精打细算。不过，我发现了这款宝藏洗面奶，真的让我爱不释手！
>
> **天然植物精华，温和不刺激**
>
> ××洗面奶真的是天然护肤的典范！它添加了山茶花、积雪草、洋甘菊3种天然植物精华，用起来超级温和，完全不会刺激皮肤。对于我们大学生来说，皮肤敏感问题真的太常见了，这款洗面奶简直就是我们的救星！
>
> **滋润保湿，洗后不紧绷**
>
> 每次用完××洗面奶，皮肤都感觉超级滋润，完全不会像其他洗面奶那样洗完后紧绷绷的。它在温和清洁的同时，还能保持皮肤的水分，让皮肤在干燥的秋冬季节也能保持水润。
>
> **价格实惠，学生党专宠**
>
> ××洗面奶的价格真的超级亲民！有20g试用装、200g袋装和300g瓶装，满足不同需求。对于我们大学生来说，性价比超高！
>
> **3种香型，满足不同喜好**
>
> ……

2.2.8 正面表达：运用肯定语言引导

在提示词中使用肯定的语言，可以最大限度地激发AI积极回应，提高提示词的有效性，从而让AI生成更符合要求的结果。以Kimi网页版为例，相关案例如下。

> 你非常擅长化妆，请根据我的喜好为我推荐两种适合参加同学聚会的妆容。
> 我的喜好：淡雅、清新、整洁。

> 好的！根据您喜欢的"淡雅、清新、整洁"的风格，以下是两种适合参加同学聚会的妆容推荐。这些妆容都非常自然，适合日常和聚会场合，能够让您看起来精神又美丽。
>
> **1. 清新素颜妆**
>
> 特点：
>
> 整体妆容自然清新，仿佛没有化妆，但又显得皮肤状态超好。
>
> 步骤：
>
> 底妆：选择一款轻薄的粉底液，用美妆蛋或化妆刷均匀推开，重点遮瑕黑眼圈和痘印。可以搭配一款轻薄的

遮瑕膏，点涂在需要遮瑕的部位。

　　眉毛：选择接近发色的眉笔或眉粉，轻轻勾勒出自然的眉形，不要过于浓重。

　　眼妆：使用米色的眼影打底，轻轻扫在眼窝处。用深棕色眼影在眼尾轻轻晕染，增加层次感。画一条细细的内眼线，让眼睛更有神，但又不会显得夸张。可以选择一款自然的睫毛膏，轻轻刷在睫毛上，增加睫毛的浓密度。

　　腮红：选择粉色的腮红，轻轻扫在颧骨上方，营造自然的红润感。

　　唇妆：选择裸色的口红，轻轻涂抹在嘴唇上，可以用手指轻轻晕染，让唇妆更加自然。

　　……

2.2.9　营造场景：提供具体情境辅助

　　运营者可以设定一个角色并提出问题，为 AI 提供更明确的情境。需要注意的是，角色设定要具体和明确，如学生、医生或运营专家等，避免过于泛泛的角色设定。同时，背景情境要尽量描述充分，帮助 Kimi 更好地理解该角色的视角，另外，角色的请求要尽量用第一人称表达，增加代入感和逼真度。以 Kimi 网页版为例，相关案例如下。

> 我是一名短视频穿搭博主，请帮我设计一个针对女装测评的运营方案，要注重目标用户的选择、服装风格的选择及服装购买渠道的选择。

> 以下是一个针对女装测评的短视频运营方案，涵盖目标用户的选择、服装风格的选择及购买渠道的选择。
> **一、目标用户的选择**
> **用户画像：**
> 年龄：18 ~ 35 岁，这个年龄段的女性对时尚敏感度高，且消费能力较强。
> 职业：学生、上班族、自由职业者等，涵盖不同生活场景的穿搭需求。
> 消费习惯：注重性价比，喜欢通过社交媒体获取时尚信息和购买建议。
> 兴趣爱好：关注时尚博主，喜欢尝试不同风格的穿搭，热衷于分享自己的穿搭心得。
> **用户定位：**
> 核心用户：20 ~ 30 岁的年轻女性，追求时尚与个性，对穿搭有较高要求。
> 潜在用户：18 ~ 20 岁的学生群体，注重性价比和流行趋势；30 ~ 35 岁的上班族，追求品质和舒适。
> **二、服装风格的选择**
> **风格分类：**
> 清新甜美型：适合日常和约会场景，如碎花裙、雪纺衫、浅色牛仔裤等。
> 休闲自然型：适合日常出行和休闲时光，如 T 恤、牛仔裤等。
> 知性优雅型：适合职场和正式场合，如连衣裙、西装外套等。
> 街头潮流型：适合追求个性和时尚感的用户，如宽松卫衣、破洞牛仔裤、运动风外套等。
> ……

2.3 DeepSeek 文案定制

如今，新媒体已成为个人及品牌宣传的重要渠道，而 AI 在新媒体内容生成方面具有广阔的应用前景和潜力。通过不断学习和掌握新技术，运营者可以更好地利用 AI 技术提高新媒体内容的创作效率和质量，为受众提供更优质的阅读体验。本节将以 DeepSeek 为例，介绍 4 个 AI 新媒体应用案例。

2.3.1 微博文案定制策略

微博是一个用户实时分享信息、传播话题、讨论与交流的社交媒体，能够满足用户关注实时资讯、即时分享、交友互动的需求，而微博文案是指发布于微博平台的文字内容。

需要注意的是，如果微博文案的字数比较多，那么部分文案会被折叠，从而不能直接阅读，影响文案的传播效果。因此，新媒体运营者在让 DeepSeek 生成微博长条情感文案时，最好对字数进行限制，尽量用比较简短的话语传达主题，相关操作如下。

步骤 01 打开 DeepSeek App，进入对话界面，点击界面下方的输入框，如图 2-22 所示。
步骤 02 在弹出的输入框中，输入提示词，如图 2-23 所示。
步骤 03 点击右下角的 ↑ 按钮，便可以得到 DeepSeek 生成的结果，如图 2-24 所示。

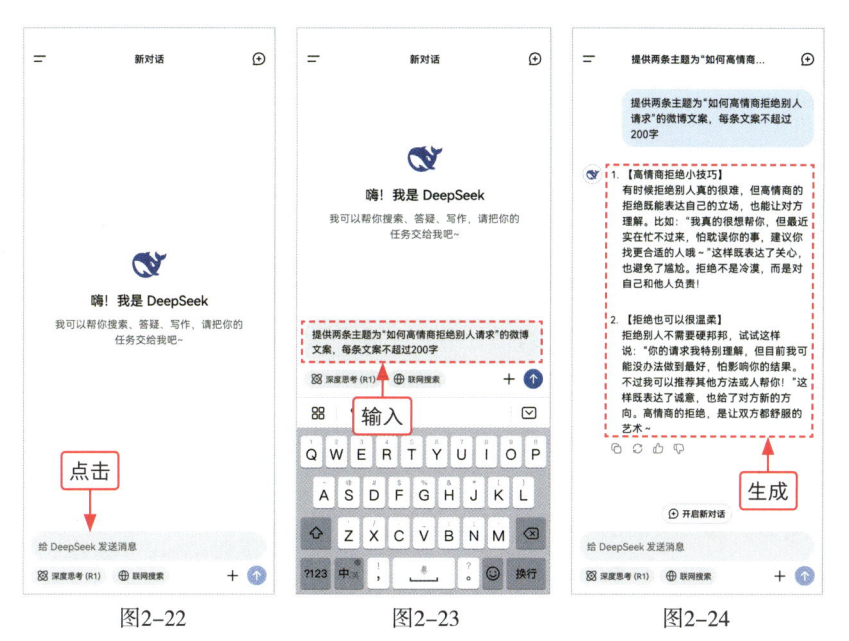

图2-22　　　　　图2-23　　　　　图2-24

2.3.2 短视频脚本文案创作

在新媒体时代，一部精心制作的宣传片短视频，能够以最直观、最震撼的方式，将品牌精神、产品特性或服务理念深植人心。宣传片脚本的撰写，不仅是文字的堆砌，还是一场视听盛宴，是情感共鸣的起点，以及品牌故事的讲述者。DeepSeek 具有撰写引人入胜的宣传片短视频脚本的能力，能够通过创意文案和视觉叙事，为宣传主体打造难忘的第一印象，相关案例如下。

打开 DeepSeek App，进入对话界面，点击下方的输入框，在输入框中输入相应的提示词，点击右下角的↑按钮，发送提示词，便可以得到 DeepSeek 回复的结果，相关提示词及回复内容如下。

> 你是一名热爱摄影和旅游的抖音博主，请为 [湖心亭] 做一个抖音宣传片脚本，视频时长 1 分钟左右，脚本的具体要求是：
> 1. 有转场、旁白、场景拍摄及背景音乐（请根据主题给出适配的音乐名称）；
> 2. 整体能吸引人的眼球，开头 5 秒要能抓住观众。

> 湖心亭抖音宣传片脚本（1 分钟版）
>
> 视频时长：1 分钟
>
> 背景音乐：《晨雾》——纯音乐版（轻柔而神秘的旋律，适合展现湖心亭的静谧与美丽）
>
> 开头 5 秒（黄金吸引点）
>
> 画面：晨雾缭绕的湖面，隐约可见湖心亭的轮廓，阳光透过云层洒在湖面上，波光粼粼。
>
> 旁白（低沉而神秘的女声）："在晨雾的轻抚下，有一处仙境正等待你去探索……"
>
> 转场：使用溶解效果，从晨雾缭绕的湖面过渡到清晰可见的湖心亭全景。
>
> 第一部分（5～30 秒）
>
> 画面：
>
> 环绕镜头：从湖面缓缓升起，环绕湖心亭，展现其古朴而精致的构造。
>
> 特写镜头：荷花在微风中摇曳，露珠从荷叶上滑落，滴入湖中，激起一圈圈涟漪。
>
> ……

2.3.3　直播脚本文案定制

直播脚本文案是指对直播活动中的各个流程进行合理规划而形成的文稿，这类文案能够帮助运营者有秩序地进行直播活动，从而顺利地完成直播任务。一般来说，直播活动分为游戏直播、泛娱乐直播和电商直播 3 种，运营者运用 DeepSeek 生成直播脚本文案时，可以结合直播活动的类型来编写提示词，相关操作如下。

步骤 01　登录并进入 DeepSeek 的对话页面，❶在页面的输入框中输入提示词；❷单击↑按钮，如图 2-25 所示。

图 2-25

步骤 02 执行操作后，即可发送提示词，让 DeepSeek 生成相应的结果，相关提示词及回复内容如下。

> 假如我在淘宝开了一家专门卖配饰的店铺，现在为了更好地促进销量，打算策划一场主题为"璀璨饰界，点亮你的美——时尚配饰专场"的直播活动，请根据电商带货直播的流程，帮我生成一份直播脚本，字数在350字以内。

> **淘宝配饰店铺直播脚本**
>
> 直播主题：璀璨饰界，点亮你的美——时尚配饰专场
>
> 直播时长：2 小时
>
> 直播流程：
>
> 一、开场（0：00 ~ 0：10）
>
> 主播开场白："宝子们，欢迎来到'璀璨饰界'直播间！我是你们的主播小美。今天，我们带来了一场超美的时尚配饰专场，每一款都是精心挑选的，绝对能让你美出新高度！"
>
> 互动环节："宝子们，今天直播间有超多福利哦！只要点赞满1000，我就给大家抽一款神秘配饰，绝对超值！"
>
> 二、产品介绍与展示（0：10 ~ 1：30）
>
> ……

2.3.4　行业软文写作技巧

行业软文是指围绕不同行业的产品或服务进行宣传推广、信息分享等的文字内容。常见的行业软文有汽车类软文、数码类软文、房产类软文、旅游类软文等。

在使用 DeepSeek 写行业软文时，首先需要确定发布的新媒体平台，不同的平台用户的喜好不同，并且有不同的语言风格和排版需求；其次是尽量使用简洁、有说服力的语言，能起到良好的宣传效果；最后是定期更新产品的宣传资料，让用户了解最新的动态。以 DeepSeek 网页版为例，相关案例如下。

> 请作为一名专业的市场营销总监，写一篇关于智能手环的公众号软文。要求：紧扣主题，体现产品的设计、特点及功能。

> **智能手环：你的健康与时尚新伙伴**
>
> 在现代快节奏的生活中，我们常常忽略了身体的细微变化。但别担心，一款智能手环就能帮你轻松掌握健康，同时成为你时尚穿搭的点睛之笔。
>
> 这款智能手环采用了轻巧的机身设计，无论是运动还是日常佩戴都毫无压力。它拥有高清触控屏幕，操作流畅，信息一目了然。而且，多种表带颜色可供选择，无论是活力的运动风还是优雅的商务风，都能完美适配。
>
> 在功能上，它更是强大到令人惊叹。24 小时心率监测，时刻守护你的心脏健康；睡眠监测功能，能精准分析你的睡眠质量，让你睡得更安心；还有多种运动模式，无论是跑步、游泳还是做瑜伽，都能为你提供专业的数据支持。
>
> ……

2.4 Kimi 打造爆款文案

通过不断学习和掌握新技术，运营者可以更好地利用 AI 技术提高新媒体内容的创作效率和质量，为受众提供更优质的阅读体验。本节将以 Kimi 为例，介绍 4 个 AI 新媒体应用案例。由于篇幅有限，本书的手机版案例只在第 2 章体现，其他 AI 工具的操作相似，大家可以根据本章内容举一反三。

2.4.1 新媒体标题生成秘籍

在这个信息爆炸的时代，新媒体标题如同一道美味的前菜，能够迅速吸引读者的注意力，并激发他们进一步探索的欲望。使用 Kimi 可以轻松地生成具有吸引力的新媒体标题，让每一篇文章都能在竞争激烈的内容市场中脱颖而出。以 Kimi 手机版为例，相关操作如下。

步骤 01　打开 Kimi App，进入会话界面，点击下方的输入框，如图 2-26 所示。

步骤 02　在输入框中输入提示词，如图 2-27 所示。

步骤 03　点击右下方的 ↑ 按钮，便可以得到 Kimi 生成的结果，如图 2-28 所示。

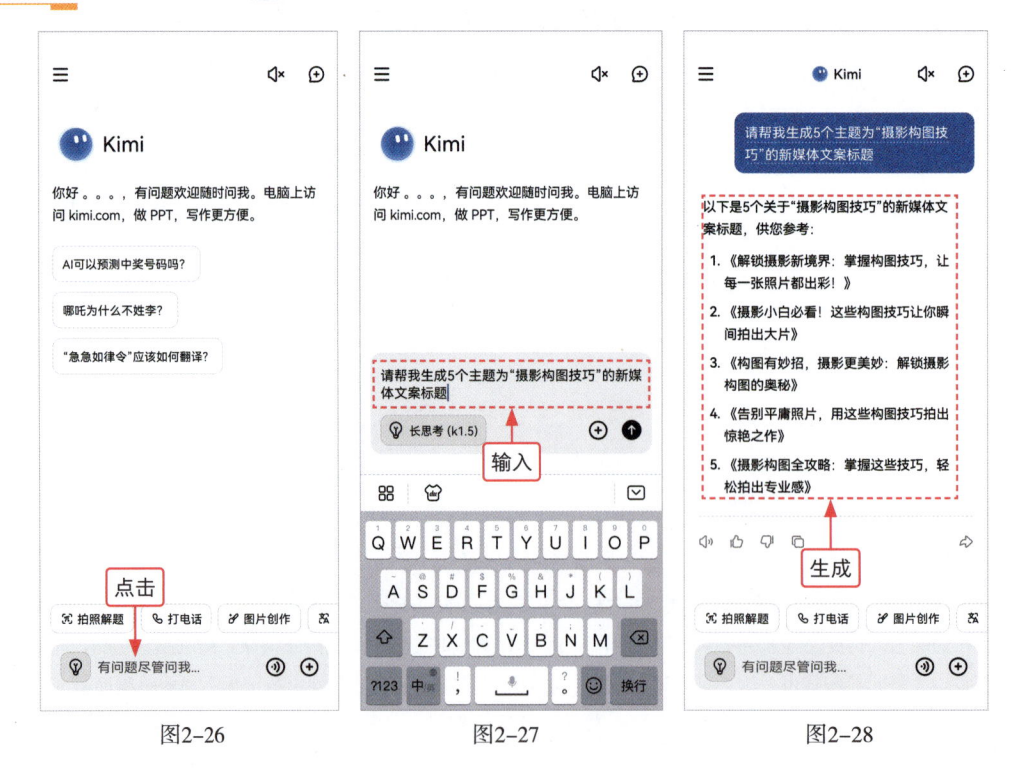

图 2-26　　　　图 2-27　　　　图 2-28

2.4.2 小红书文案创作技巧

小红书主要以笔记的形式传递信息、传播观点，是很受欢迎的新媒体平台之一。在特定主题的提示词下，Kimi 也可以生成小红书笔记，从而让运营者能够轻松运营账号和持续更新。以 Kimi 手机版为例，相关案例如下。

> 假设我是一名刚加入小红书的美食博主，现在要写一篇有吸引力的美食新媒体文案，以"重庆特色小吃"为主题，创作一篇小红书爆款笔记。

> 标题：【舌尖上的麻辣狂欢】|重庆小吃大揭秘！辣得过瘾，香得醉人
> 正文：
> 　　小伙伴们大家好～今天要带你们一起去那个让人欲罢不能的美食天堂——重庆！在这里，每一口小吃都是对味蕾的极致宠爱，准备好，我们要开动啦！
> 　　1. 小面界的扛把子：重庆小面
> 　　说到重庆，怎能不提小面？一碗热腾腾的小面，红油浮面，辣而不燥，面条筋道滑爽，再撒上一把葱花、蒜末，还有那必不可少的香菜，吸溜一口，那个鲜、香、麻、辣，直击灵魂深处！吃小面，一定要找那种藏在老街巷子里的小店，老板的手艺沉淀了几十年，那味道，才叫一个地道！
> 　　2. 串串香的诱惑：麻辣签签的狂欢盛宴
> 　　走进一家地道的串串香店，就像打开了美食的潘多拉魔盒。各式各样的串串在滚烫的红汤里翻滚，有嫩滑的牛肉、鲜美的虾球、Q 弹的鱼丸……自己动手，丰衣足食，每一口都是对味觉的全新挑战。记得，最后一定要来碗冰粉，那清甜冰凉的口感，简直是解辣神器！
> 　　3. 软糯 Q 弹：山城小汤圆
> 　　吃辣吃多了？别怕，山城小汤圆来救场！一颗颗晶莹剔透的小汤圆，搭配醪糟、枸杞、红枣，甜而不腻，暖胃又暖心。坐在江边的小摊上，一边欣赏嘉陵江的美景，一边品尝这碗甜蜜，仿佛时间都慢了下来。
> 　　……

2.4.3 公众号文案撰写攻略

在新媒体领域，公众号文章是一大阵地，对于传播思想、传达信息和分享干货等具有重要的作用。创作一篇公众号文章需要经过选题、大纲、初稿、修改、定稿等环节，运营者往往会花费大量的时间和精力，而在 Kimi 的帮助下，运营者可以获得更多的选题灵感，从而提高文章写作的效率，更好地发挥公众号文章的作用。以 Kimi 网页版为例，相关案例如下。

> 假如你是一名新媒体运营岗位的职员，负责公司公众号的运营管理，现在需要写一篇公众号文章，主题为"副业探索：业余时间创收的 5 大创意路径"，从用户角度出发，结合现实并加入真实的案例，增强观点的信服力，字数在 800 字以内。

> **副业探索：业余时间创收的 5 大创意路径**
>
> 在快节奏的生活中，副业已成为许多人增加收入、实现自我价值的重要途径。以下为你推荐 5 个适合利用业余时间开展的副业方向，每个方向都附有真实案例，希望能给你带来启发。
>
> 1. AI 辅助内容创作
>
> AI 工具的普及为内容创作带来了新机遇。你可以利用文心一言、Kimi 等工具生成文案、视频脚本或设计素材。例如，为中小企业代运营社交媒体账号，或为网文平台创作短篇小说。
>
> 2. 远程协助与虚拟助理
>
> 如果你擅长办公软件且做事细致，可以尝试成为远程助理，为企业或个人提供日程管理、数据整理等服务。例如，为跨境电商处理订单或为网红管理粉丝社群。
>
> 3. 社交媒体代运营
>
> 利用业余时间成为本地生活分享博主，也是一种不错的选择。比如念念同学，她从大学时期开始在小红书分享生活照片，后来逐渐成为本地生活方式分享博主。她通过探店和合作变现，每月副业收入约两千元。你可以从自己熟悉的城市或领域入手，分享美食、美景等，吸引粉丝并获得合作机会。
>
> 4. 知识付费与内容分享
>
> 如果你在某个领域有专业知识或经验，可以尝试知识付费。比如一位宝妈通过公众号分享育儿经验，建立了自己的粉丝群体，并通过付费专栏和资料库变现，一个月收入超过五万元。你可以将自己的技能或经验包装成课程、资料库等形式，通过线上平台进行销售。
>
> ……

2.4.4　头条号文案定制策略

今日头条是一个提供新闻资讯和社交的新媒体平台，而头条号文章就是发布于今日头条平台上的文字内容。头条号文章的内容主要以新闻资讯为主，但运营者也可以发布其他符合今日头条社区规范，并且有信息量、主题鲜明、逻辑严谨或图文并茂的新媒体内容。

运营者在使用 Kimi 生成头条号文章时，要明确文章的主题，并在提示词中提供相关信息，方便 Kimi 围绕主题进行创作。以 Kimi 网页版为例，相关案例如下。

> 请根据客观的实际情况写一篇资讯类文章，要求以今日头条平台的文章风格为基准，主题为"人工智能在医疗诊断中的应用取得突破性进展"，内容包括：吸引人的开头、人工智能对医疗诊断的帮助、结尾展望未来，字数在 800 左右。

> **人工智能在医疗诊断中的应用取得突破性进展**
>
> 在医疗领域，人工智能（AI）正以前所未有的速度改变着诊断和治疗的面貌。从精准诊断到个性化治疗，AI 技术的应用正在为患者带来更高效、更精准的医疗服务。
>
> **AI 助力医疗诊断：更快更准**
>
> AI 技术在医疗诊断中的应用已经取得了显著进展。例如，在首都医科大学附属北京天坛医院，急性脑卒中智能影像决策平台已经成功落地。该平台能够为脑卒中患者提供"一站式"病情评估和诊断决策，通过分析上千张影

像检查图片，快速识别颅内出血和缺血情况，辅助医生制订治疗方案。此外，AI 在医学影像诊断中的应用也日益广泛，如早期肺癌筛查的准确率已提升至 95% 以上。

多模态 AI 的创新应用

AI 技术已超越单一的影像分析，在多模态医疗领域展现出巨大潜力。例如，在皮肤科，AI 系统通过深度学习算法，能够自动检测皮肤癌，其准确性甚至超过了普通医生。此外，AI 还能够整合电子病历、基因数据等多维度信息，为复杂疾病提供个性化诊疗方案。

……

本章小结

本章先介绍了两款 AI 写作工具，分别是 DeepSeek 和 Kimi，讲解了它们的手机版与网页版的操作方法；然后介绍了 AI 提示词的 9 个编写技巧；接着介绍了使用 DeepSeek 定制文案的 4 种类型；最后介绍了使用 Kimi 打造爆款文案的 4 个应用案例。本章通过多个案例讲解，帮助大家快速掌握文案创作的技巧。

课后实训

鉴于本章知识的重要性，为了帮助读者更好地掌握所学知识，下面将通过课后实训，帮助读者进行简单的知识回顾。

实训任务 使用 DeepSeek 网页版写 5 条有吸引力的微信公众号标题文案，公众号主题为书单推荐，相关案例如下。

> 请帮我写 5 条有吸引力的微信公众号标题文案，公众号主题为"本月书单推荐，拓宽你的知识边界"，标题字数在 20 字左右。

1. 本月必读书单：5 本书带你突破认知边界！
2. 知识升级指南：5 本书让你本月脱胎换骨！
3. 拓宽视野的秘诀：本月书单推荐，速来领取！
4. 读书改变人生：本月精选书单，助你快速成长！
5. 知识边界拓展计划：5 本书让你本月收获满满！

第 3 章　美图创作：
AI 图像生成与设计

在新媒体运营中，图片不仅是视觉吸引力的关键，还是传播信息与引发用户共鸣的重要载体。随着 AI 技术的快速发展，图片创作的效率和质量得到了前所未有的提升。本章将深入探讨如何运用 AI 图像生成工具，打造既符合市场需求又具有高度吸引力的图片。

3.1 AI 图像生成工具

AI 图像创作能够自动分析并学习成千上万张图像的特征，进而生成全新的、风格独特的艺术作品，为运营者提供无限的灵感与创意。本节将对即梦 AI 和文心一格这两个 AI 工具进行介绍。

3.1.1 即梦 AI

即梦 AI 是由字节跳动公司抖音旗下的剪映团队推出的一款生成式人工智能创作平台。它支持文生图、图生图等多种创作方式，能够满足各种场景的创作需求。

即梦 AI 的页面设计简洁清晰，功能十分强大，主要包括图片生成、智能画布、视频生成、故事创作等，这些功能共同为用户提供了一个一站式的 AI 创作平台，旨在降低用户的创作门槛，激发无限创意，其页面如图 3-1 所示。

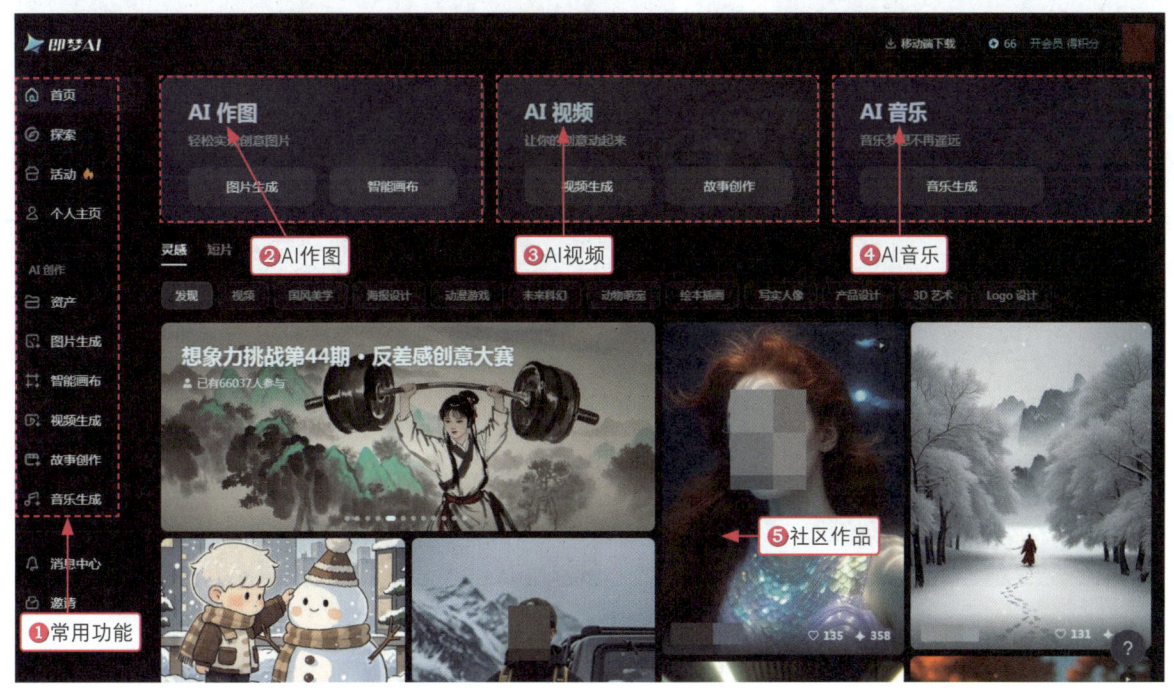

图3-1

下面对即梦 AI 的主要功能进行讲解。

❶ 常用功能：在该列表中，包括"探索""活动""图片生成""智能画布""视频生成""故事创作"等常用功能，选择相应的选项，即可跳转到对应的页面。

❷ AI 作图：在该选项区中，包括"图片生成"与"智能画布"两个按钮，单击相应的按钮，可以生成 AI 绘画作品。

③ AI 视频：在该选项区中，包括"视频生成"与"故事创作"两个按钮，单击相应的按钮，可以生成 AI 视频作品。

④ AI 音乐：在该选项区中，单击"音乐生成"按钮，可以生成 AI 音乐。

⑤ 社区作品：在该区域中，包括"灵感"和"短片"两个选项卡，其中展示了其他用户所创作和分享的 AI 作品，单击相应作品可以放大预览。

3.1.2 文心一格

文心一格是百度推出的 AI 艺术和创意辅助平台，其操作页面简洁、友好，运营者只需输入一段文字描述，文心一格就能快速生成符合要求的新媒体图片或画作。这项技术的出现极大地拓展了创意设计的可能性，降低了艺术创作的门槛，旨在让更多的运营者能够享受创作的乐趣。

在文心一格的主页中，单击顶部导航栏中的"AI 创作"标签，即可切换至"AI 创作"页面，如图 3-2 所示。其中，运营者通过输入关键词、选择画面类型、调整画幅比例、设置生图数量等步骤，即可轻松实现自己的创意绘画想法。

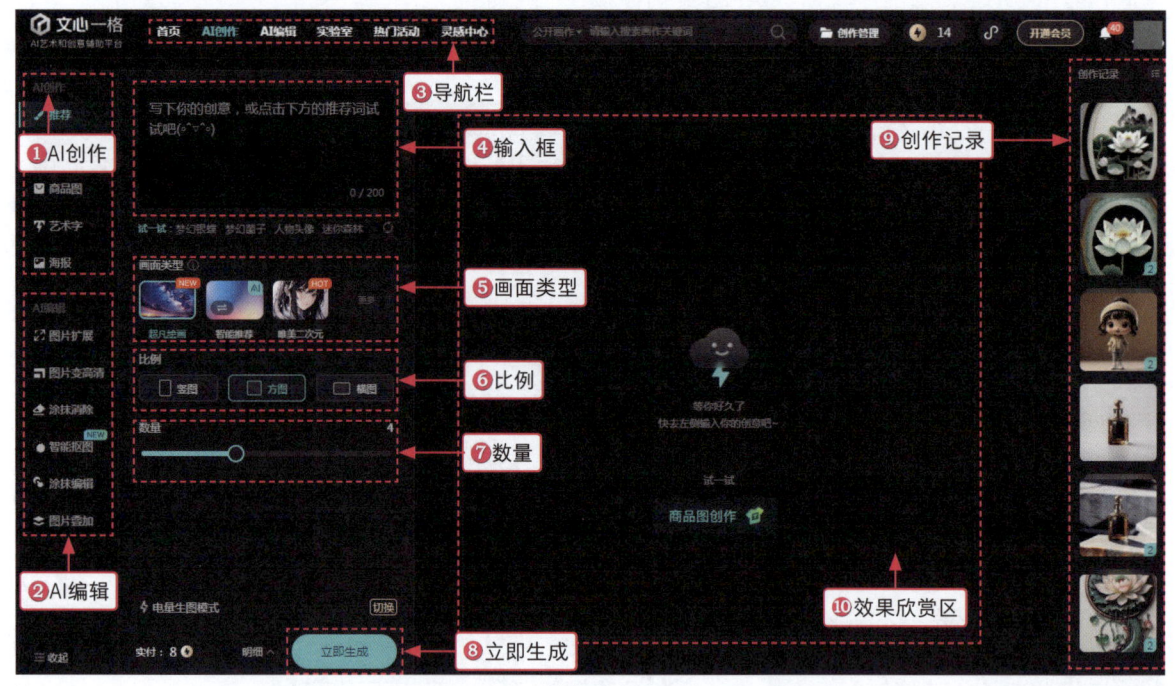

图3-2

下面对"AI 创作"页面中的主要功能进行讲解。

❶ AI 创作：这是文心一格"AI 创作"页面的核心功能，包括推荐、自定义、商品图、艺术字、海报等，利用 AI 技术可以自动生成相关的创意画作。

❷ AI 编辑：允许用户对生成的画作进行调整和优化，包括图片扩展、图片变高清、涂抹消除、智能抠图及涂抹编辑等，允许用户进一步提升画作质量。

③ 导航栏：位于页面顶部，包括首页、AI创作、AI编辑、实验室、热门活动及灵感中心等标签，帮助用户轻松导航至所需页面。

④ 输入框：这是用户与AI创作功能交互的关键入口，用户可以在此输入与画作主题相关的文字描述，如"海底的海星""冬日梅花"等，这些描述将成为AI生成画作的基础，引导AI理解用户的创作意图。

⑤ 画面类型：文心一格提供了多种画面类型，如超凡绘画、唯美二次元、中国风、艺术创想等，用户可以根据创作需求为画作选择合适的风格。

⑥ 比例：允许用户为生成的画作指定画幅比例，如竖图、方图或横图。这一功能有助于用户根据使用场景（如社交媒体分享、广告海报制作等）调整画作的布局和视觉效果。

⑦ 数量：允许用户指定希望生成的画作数量。在文心一格中，用户可以通过拖曳滑块来确定生成画作的数量。请注意，每生成一幅画作需要消耗一定的资源，因此建议用户根据实际情况选择适当的数量。

⑧ 立即生成：完成所有设置后，用户单击"立即生成"按钮，即可启动AI创作过程。

⑨ 创作记录：允许用户查看和管理自己之前生成的作品，用户可以在该面板中找到之前创作的所有画作，进行查看、编辑、下载、分享或删除等操作。这一功能有助于用户整理自己的创作成果，并方便日后回顾和复用。

⑩ 效果欣赏区：可以预览生成的画作效果，供用户查看和编辑。

3.2 AI图像生成的概述

对于运营者来说，图片创作是避不开的话题。合适的图片可以为文章增光添彩，不合适的图片会拉低整篇文章的质量，从而导致一部分流量的流失。本节将介绍新媒体图片的相关知识，先了解AI图像生成的定义及优势，帮助大家更好地设计图片。

3.2.1 AI图像生成的定义

AI图像生成是指利用AI技术和算法，尤其是深度学习模型，来自动创建或合成图像的过程。这种技术不依赖于传统的手工绘图或摄影，而是通过学习大量图像数据的特征和规律，生成具有相似或全新风格的图像。这些生成的图像可以是完全原创的，也可以是基于用户输入的文本描述、草图或其他图像进行创作。

AI图像生成技术的应用领域广泛，包括艺术创作、娱乐、设计、医学影像增强及科学可视化等。它不仅能够提高图像创作的效率，还能够拓展创作的边界，实现传统方法难以达到的艺术效果和创意表达。

下面是AI图像生成技术的6个关键点，如图3-3所示。

AI图像生成技术正在迅速发展，为新媒体领域带来了新的可能性，同时也引发了关于版权、伦理和真实性的讨论。随着技术的不断成熟，我们可以期待在未来看到更多创新的应用出现。

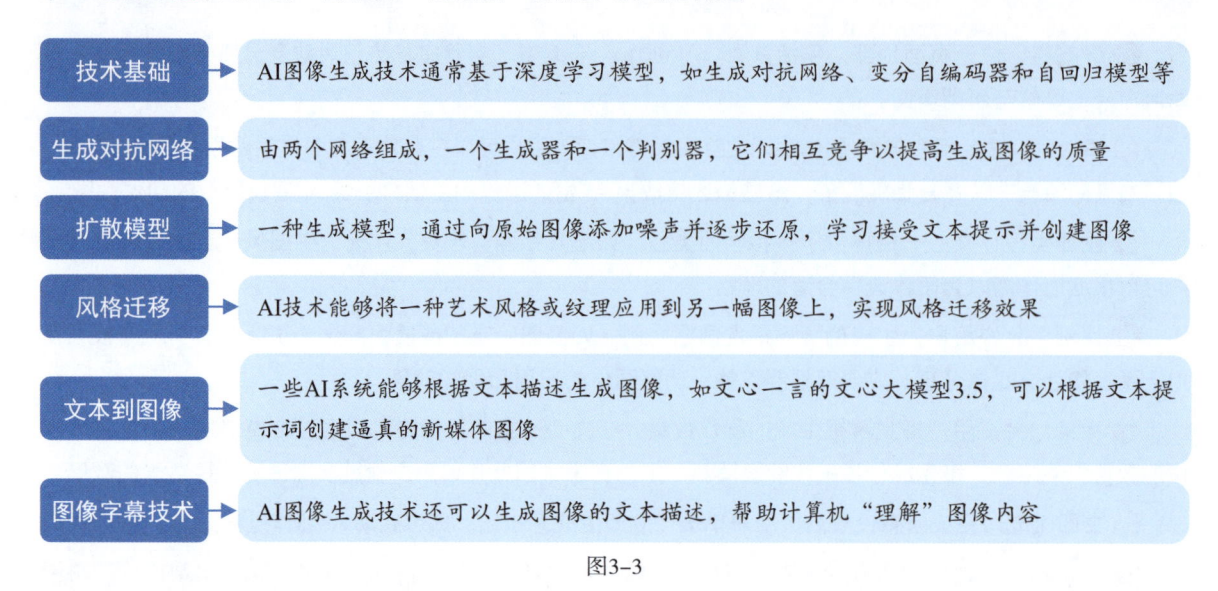

技术基础	AI图像生成技术通常基于深度学习模型，如生成对抗网络、变分自编码器和自回归模型等
生成对抗网络	由两个网络组成，一个生成器和一个判别器，它们相互竞争以提高生成图像的质量
扩散模型	一种生成模型，通过向原始图像添加噪声并逐步还原，学习接受文本提示并创建图像
风格迁移	AI技术能够将一种艺术风格或纹理应用到另一幅图像上，实现风格迁移效果
文本到图像	一些AI系统能够根据文本描述生成图像，如文心一言的文心大模型3.5，可以根据文本提示词创建逼真的新媒体图像
图像字幕技术	AI图像生成技术还可以生成图像的文本描述，帮助计算机"理解"图像内容

图3-3

3.2.2 AI图像生成的优势

在视觉艺术与技术的交汇点上，AI正以其独特的优势重塑新媒体图片内容创作领域。AI在图片内容创作中的优势主要体现在以下几个方面，如图3-4所示。

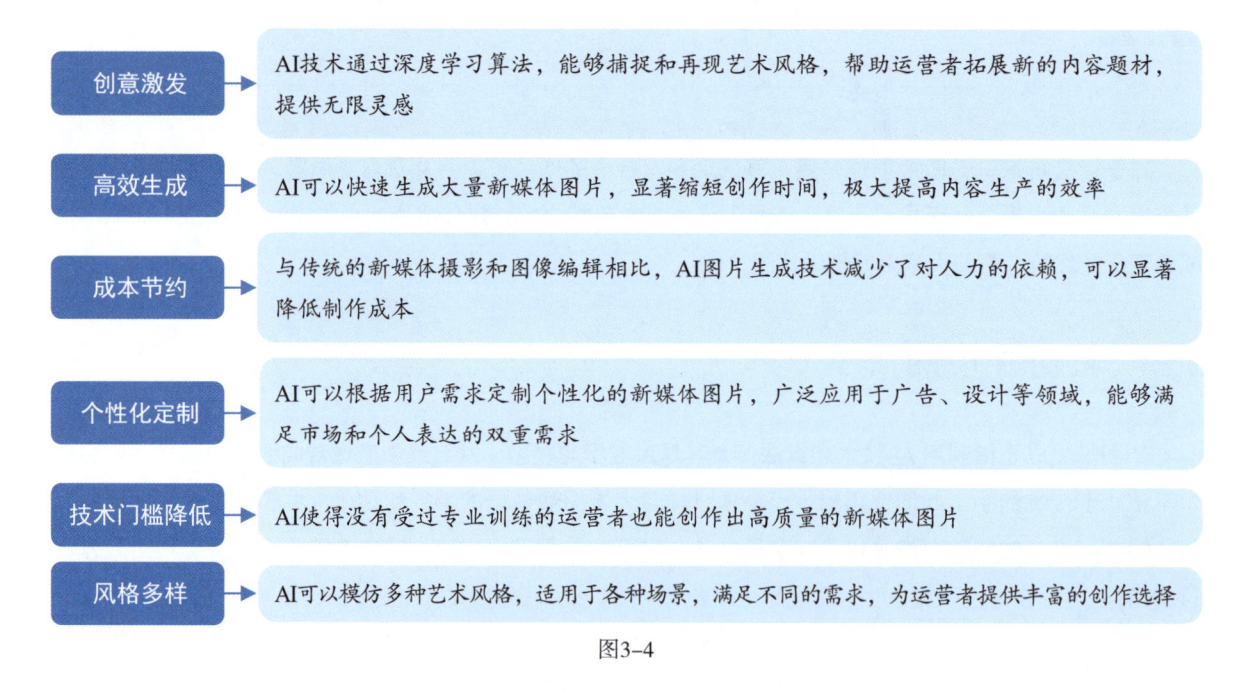

创意激发	AI技术通过深度学习算法，能够捕捉和再现艺术风格，帮助运营者拓展新的内容题材，提供无限灵感
高效生成	AI可以快速生成大量新媒体图片，显著缩短创作时间，极大提高内容生产的效率
成本节约	与传统的新媒体摄影和图像编辑相比，AI图片生成技术减少了对人力的依赖，可以显著降低制作成本
个性化定制	AI可以根据用户需求定制个性化的新媒体图片，广泛应用于广告、设计等领域，能够满足市场和个人表达的双重需求
技术门槛降低	AI使得没有受过专业训练的运营者也能创作出高质量的新媒体图片
风格多样	AI可以模仿多种艺术风格，适用于各种场景，满足不同的需求，为运营者提供丰富的创作选择

图3-4

3.3 精进AI图片创作提示词

本节将深入探讨如何利用AI技术创造引人注目的新媒体图像内容。从构图提示词到风格提示词，再到出图提示词，将逐一解析这些方法如何帮助运营者提升图片的美感、真实感、质感和个性化特征。

3.3.1 构图魔法：掌控画面布局

构图是传统摄影创作中不可或缺的部分，它主要通过有意识地安排画面中的视觉元素来增强图片的感染力和吸引力。在 AI 绘画工具中使用构图提示词，可以描述取景方式，增强画面的视觉效果，传达独特的观感和意义，创作出精美的新媒体图片。

例如，中心构图是指将主体对象置于画面的中心位置，通过聚焦中心来吸引观众的注意力，形成一种稳定、直接且易于理解的画面效果，这样的布局往往能够突出主题，增强视觉冲击力，效果如图 3-5 所示。

图3-5

再如，对称构图是指将被摄对象平分成两个或多个相等的部分，在画面中形成左右对称、上下对称或者对角线对称等不同形式，从而产生一种平衡和富有美感的画面效果，具体效果如图 3-6 所示。

图3-6

3.3.2 摄影密语：捕捉光影瞬间

在使用 AI 绘画工具时，运营者需要输入一些与所需绘制画面相关的提示词，以帮助 AI 模型更好地确定主题和激发创意，创作出符合需求的新媒体图片。

例如，焦距是指镜头的光学属性之一，表示从镜头光学中心到成像平面的距离，它会对照片的视角和放大倍率产生影响。35 毫米是一种常见的标准焦距，视角接近人眼所见，适用于生成人像、风景、街景等 AI 摄影新媒体作品，效果如图 3-7 所示。

图3-7

再如，曝光是指相机在拍摄过程中接收到的光量，它由快门速度、光圈大小和感光度 3 个要素共同决定，曝光可以影响照片的整体氛围和情感表达。正确的曝光可以保证照片具有适当的亮度，使主体和细节清晰可见。

例如，利用 AI 绘画工具生成玻璃瓶照片时，可以添加"过曝""曝光补偿"等提示词，确保主体和细节在海上拍摄场景中得到恰当的曝光，使主体在海面上呈现出更明亮、更清晰的效果，如图 3-8 所示。

图3-8

3.3.3　细节雕琢：刻画入微之美

光线与色调都是 AI 绘画中非常重要的细节元素，它们可以呈现出很强的视觉吸引力，传达出运营者想要表达的情感。

例如，侧光是指从主体的左侧或右侧射来的光线，能够形成明显的明暗对比。在 AI 绘画工具中，使用提示词"侧光"可以营造出强烈的视觉层次感和立体感，让物体轮廓更加分明、清晰，效果如图 3-9 所示。

再如，糖果色调是一种鲜艳、明亮的色调，常用于营造轻松、欢快和甜美的氛围感。糖果色调主要是通过增加画面的饱和度和亮度，同时减少曝光度来达到柔和的画面效果，通常会给人一种青春跃动和甜美可爱的感觉。

图3-9

在 AI 绘画工具中，提示词"糖果色调"非常适合生成建筑、街景、儿童、食品、花卉等类型的照片。例如，在生成建筑图片时，添加提示词"糖果色调"，生成的图片给人一种童话世界般的感觉，色彩丰富又不刺眼，效果如图 3-10 所示。

图3-10

3.3.4　风格密码：解锁多元视觉

在 AI 绘画工具中使用风格提示词，描述创意和艺术形式，可以让生成的新媒体图片更具有美学风格和个人创造性。

例如，极简主义是一种强调简洁、减少冗余元素的艺术风格，旨在通过精简的形式和结构来表现事物的本质和内在联系，让画面更加简洁。在 AI 绘画工具中，极简主义风格的提示词包括：简单、简洁的线条、极简色彩、负空间、极简静物等，效果如图 3-11 所示。

图3-11

再如，印象主义是一种强调情感表达和氛围感受的艺术风格，通常选择柔和、温暖的色彩和光线，在构图时注重景深和镜头虚化等视觉效果，以创造出柔和、流动的画面感，从而传递给用户特定的氛围和情绪，效果如图 3-12 所示。

图3-12

除此之外，还有以中国元素为表达形式的古典风格，以及富有鲜明色彩的动漫风格，它们营造出充满想象力和视觉冲击力的独特视觉效果。

3.3.5 出图秘籍：高效成像技巧

在使用 AI 绘画工具绘制新媒体图片时，运营者可以输入一些出图的提示词，描述图片的品质和渲染类型，以帮助 AI 更好地激发创意。

例如，使用提示词"8K 分辨率"，可以让 AI 新媒体绘画作品呈现出更为清晰流畅、真实自然的画面效果，并为用户带来更好的视觉体验。

在提示词"8K 分辨率"中，"8K"表示分辨率为 7680 像素 × 4320 像素的超高清晰度，"分辨率"则用于再次强调高分辨率，从而让画面有较高的细节表现能力和视觉冲击力。使用提示词"8K 分辨率"生成的新媒体图片效果，如图 3-13 所示。

图3-13

再如，使用"超高清晰"提示词，能够为 AI 绘画作品带来超越高清的极致画质和更加清晰、真实、自然的视觉感受。

•第 3 章• 美图创作：AI 图像生成与设计

在提示词"超高清晰"中，"超高"表示超级或极致，"清晰"则代表图片的清晰度或细节表现能力。该提示词不仅可以让新媒体图片呈现出非常锐利、清晰和精细的效果，还能细致入微地展现出更多的细节和纹理，效果如图 3-14 所示。

图3-14

3.4 即梦 AI 图像创作

在新媒体时代，AI 图像生成工具正以其独特的魅力和创新能力，重塑着新媒体图片内容创作的方式。本节将带领大家探索如何利用即梦 AI 进行绘画，实现从灵感到视觉艺术的快速转换，提升新媒体内容生产效率。

3.4.1 模板生图：快速成像模板

效果展示 在即梦 AI 的"灵感"库中有许多模板，运营者使用"做同款"功能就能快速创作出与选定产品图片风格相似的图像，这种功能特别适用于产品展示、广告设计、电子商务等领域，效果如图 3-15 所示。

图3-15

下面介绍在即梦 AI 中使用"做同款"功能生图的操作方法。

步骤 01 在浏览器中打开并进入即梦 AI 官网，在首页的左侧，选择"探索"选项，如图 3-16 所示。

053

图3-16

步骤 02 切换至"探索"页面,在"灵感"选项区中,❶切换至"产品设计"选项卡;❷将光标移至合适的模板上方,单击"做同款"按钮,如图 3-17 所示。

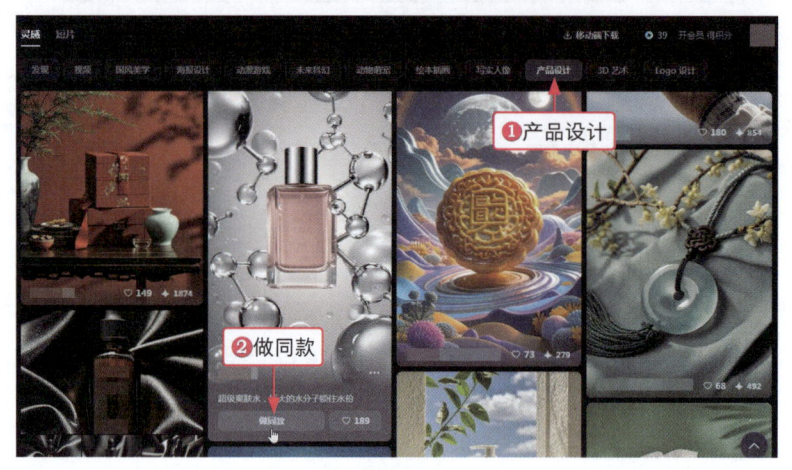

图3-17

步骤 03 在页面右侧弹出"图片生成"面板,其中自动显示了这幅作品所需的提示词描述,❶在"比例"选项区中,选择"1:1"选项;❷单击"立即生成"按钮,如图 3-18 所示。

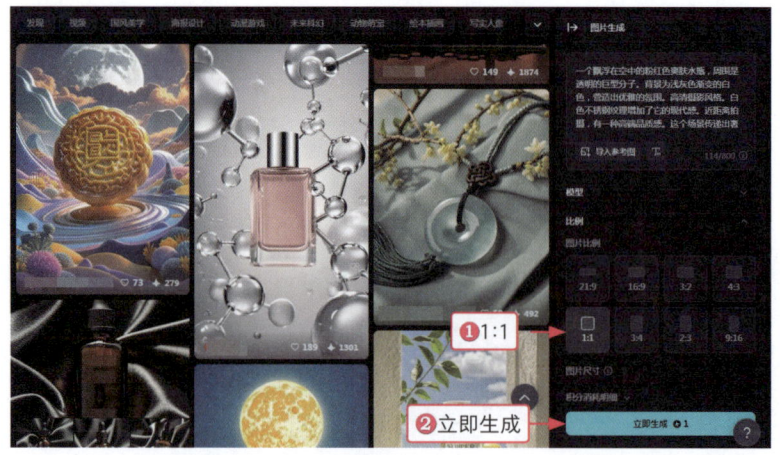

图3-18

步骤 04 执行操作后,进入图片生成页面,AI 开始解析文本描述内容并将其转化为视觉元素,稍等片刻,即可生成 4 幅 AI 作品,如图 3-19 所示。

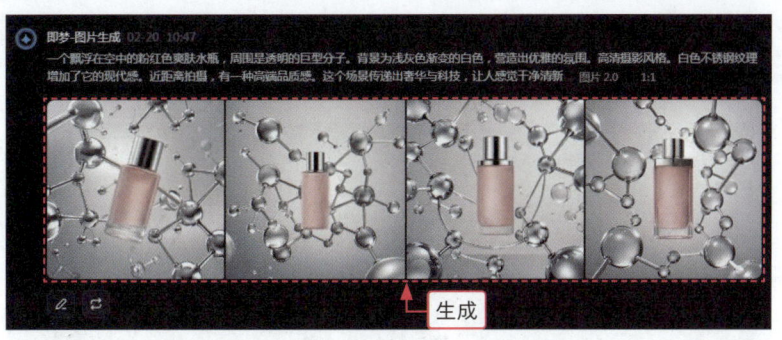

图3-19

3.4.2 以文生图：文字变图像的魔法

效果展示 "以文生图"技术是指根据给定的文本描述生成相应的图像，这种技术通常涉及自然语言处理和计算机视觉的结合，它能够将文本信息转换为视觉内容。在即梦 AI 的"AI 作图"选项区中，通过"图片生成"功能，运营者可以让 AI 生成符合自己需求的图像，效果如图 3-20 所示。

图3-20

下面介绍在即梦 AI 中输入提示词生成图片的操作方法。

步骤 01 在浏览器中打开并进入即梦 AI 官网，在首页的"AI 作图"选项区中，单击"图片生成"按钮，如图 3-21 所示。

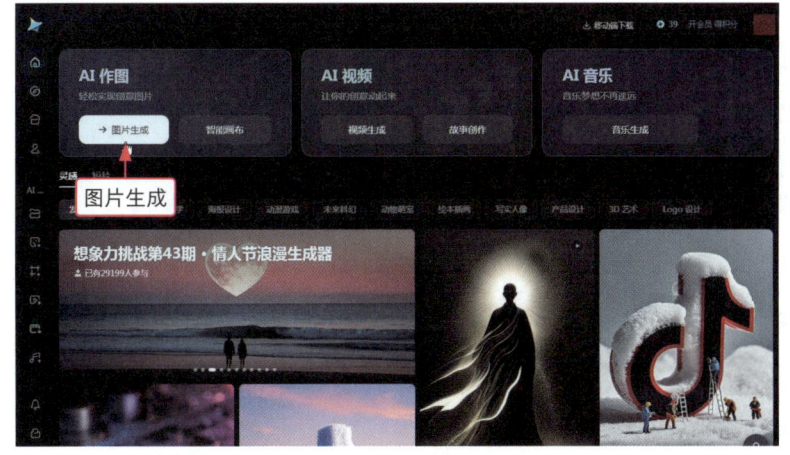

图3-21

步骤 02　进入"图片生成"页面,在页面左上方的输入框中,❶输入 AI 绘画的提示词;❷单击"立即生成"按钮,如图 3-22 所示。

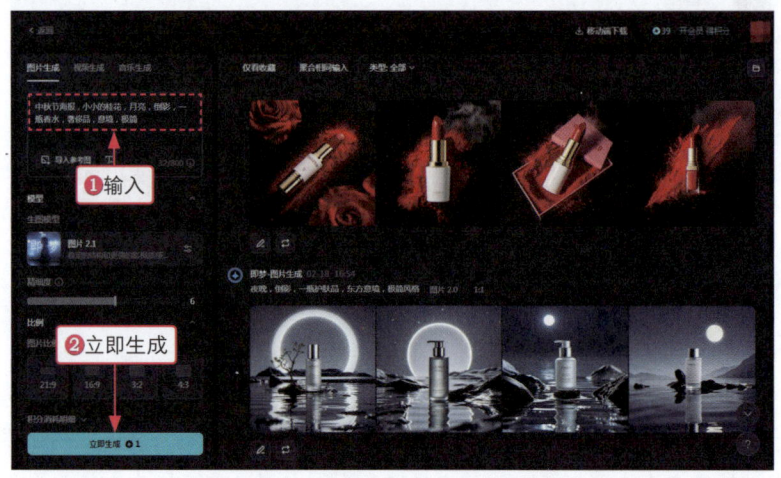

图3-22

步骤 03　稍等片刻,即可生成 4 幅相应的图片,在第 1 张图片上的工具栏中,单击"超清"按钮 HD,如图 3-23 所示。

图3-23

步骤 04　执行操作后,即可生成一张超清晰的 AI 图片,在图片的右上角单击"下载"按钮,如图 3-24 所示。

步骤 05　弹出"新建下载任务"对话框,❶设置名称与保存位置;❷单击"下载"按钮,如图 3-25 所示,即可下载自己喜欢的 AI 图片。

图3-24 　　　　　图3-25

3.4.3 参数设置：精准调控图像效果

效果展示 在即梦 AI 中生成图像时，合理使用品质参数提示词可以帮助运营者指导 AI 模型生成更高质量的图像，满足运营者对图像质量的要求。通过设置参数，运营者可以更精确地控制 AI 绘画的结果，实现个性化和高质量的艺术创作，效果如图 3-26 所示。

图3-26

下面介绍在即梦 AI 中设置参数生成图片的操作方法。

步骤 01 在即梦 AI 的"图片生成"页面中，❶输入提示词；❷单击"生图模型"右侧的"修改"按钮，如图 3-27 所示。

步骤 02 在弹出的"生图模型"列表框中，选择"图片 2.0"模型，如图 3-28 所示。

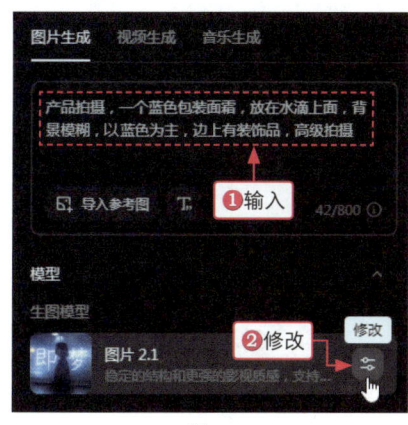

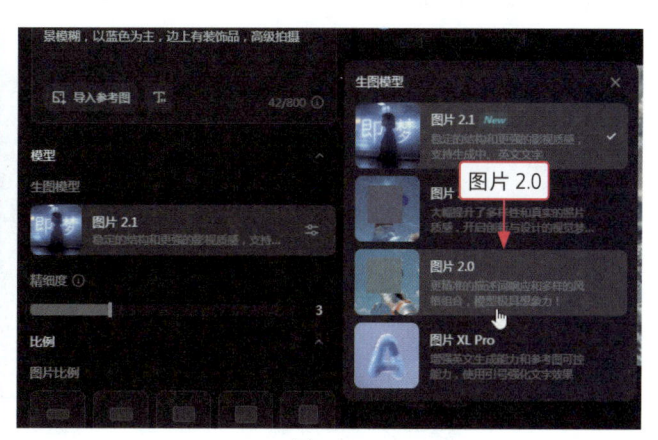

图3-27　　　　　　　　　　　图3-28

步骤 03 在"模型"选项区中，拖曳"精细度"下方的滑块，设置"精细度"参数为 8，提高图片的质量，如图 3-29 所示。

步骤 04 在"比例"选项区中，❶选择"3:4"选项，更改图片尺寸；❷单击"立即生成"按钮，如图 3-30 所示。

步骤 05 稍等片刻，即可生成 4 幅相应的 AI 图片，如图 3-31 所示。

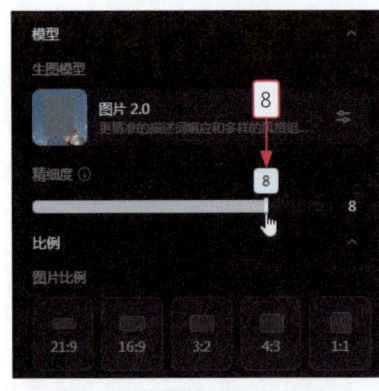

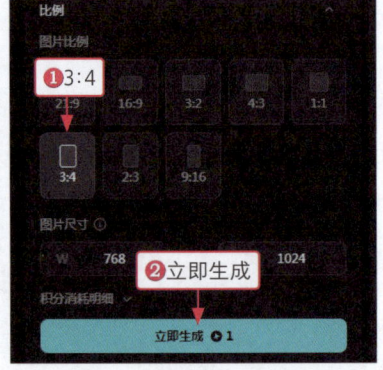

图3-29

图3-30

图3-31

3.4.4 以图生图：图像再创作的奥秘

效果对比 在即梦的"参考图"功能中，可以参考图片主体来生成 AI 图片。AI 首先会识别参考图片中的主要对象或视觉焦点，然后分析图片的风格和视觉特征，保持图片中的主体内容不变，同时对背景或其他元素进行创意变化，原图与效果图对比如图 3-32 所示。

图3-32

下面介绍在即梦 AI 中上传参考图生成图片的操作方法。

步骤 01 在即梦 AI 的"图片生成"页面中，单击"导入参考图"按钮，如图 3-33 所示。

步骤 02 弹出"打开"对话框，❶选择需要上传的参考图；❷单击"打开"按钮，如图 3-34 所示，即可导入参考图，并弹出"参考图"对话框。

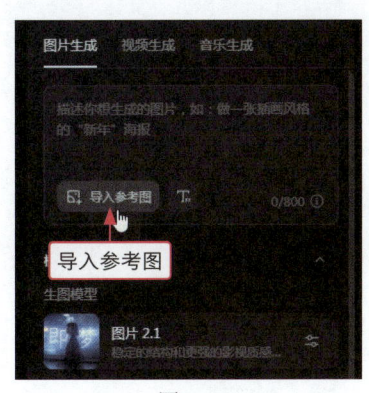

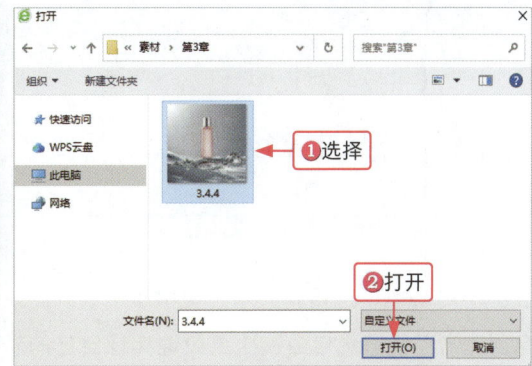

• 第 3 章 • 美图创作：AI 图像生成与设计

图3-33

图3-34

步骤 03 在"请选择你要参考的图片维度"选项区中，❶选中"主体"单选按钮，AI 会参考图片风格进行创作；❷单击"保存"按钮，如图 3-35 所示，保存设置的参数。

步骤 04 执行操作后，返回"图片生成"页面，❶在输入框中输入提示词；❷单击"立即生成"按钮，如图 3-36 所示。

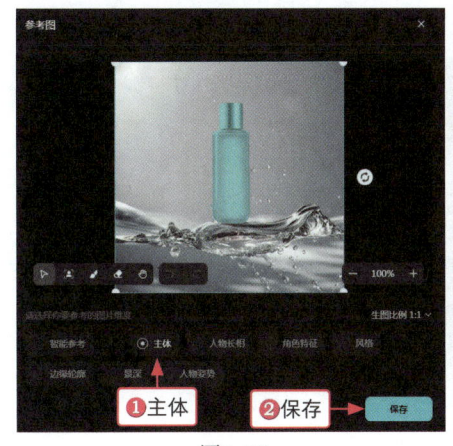

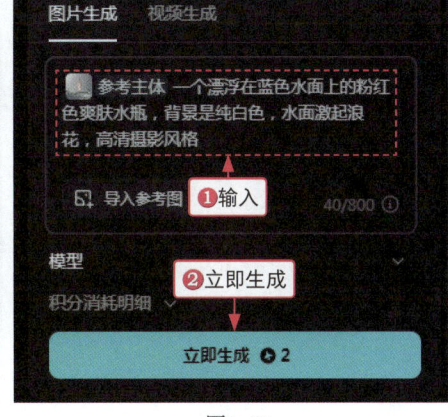

图3-35

图3-36

> **温馨提示**
> 用户在使用即梦 AI 创作的过程中，需要注意，无论是以文生图还是以图生图，即使是相同的提示词，即梦 AI 每次生成的图片效果也会不一样。

步骤 05 稍等片刻，即可让 AI 根据参考图和提示词生成 4 张图片，如图 3-37 所示。

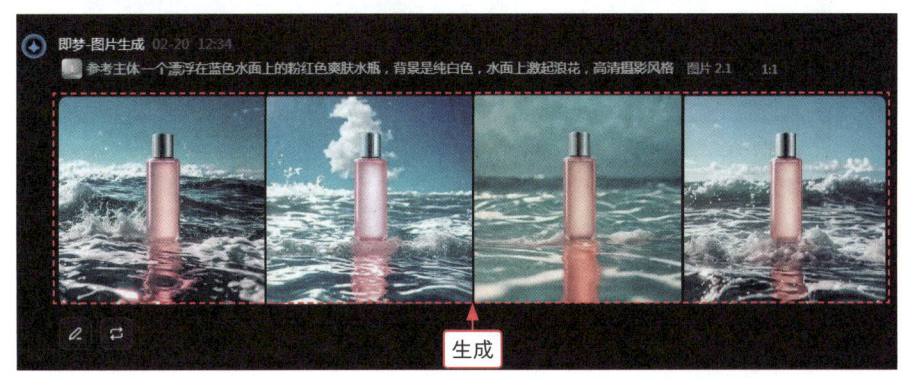

图3-37

059

3.5 文心一格图像创作

文心一格通过 AI 技术的应用，为用户提供了一系列高效、具有创造力的 AI 创作工具和服务，让用户在艺术和创意创作方面能够更自由、更高效地实现自己的想法。本节将介绍使用文心一格网页版进行 AI 绘画的方法。

3.5.1 以文生图：开启创意视觉之旅

效果展示 对于新手来说，可以直接使用文心一格的"推荐"AI 绘画模式，只需输入提示词，即可让 AI 自动生成画作，效果如图 3-38 所示。

图3-38

下面介绍在文心一格中输入提示词生成图片的操作方法。

步骤 01 在计算机中打开浏览器，输入文心一格的官方网址，打开官方网站，进入首页，单击"AI 创作"按钮，如图 3-39 所示。

图3-39

步骤 02 切换至"AI 创作"页面，在输入框中输入相应的提示词，指导 AI 生成特定的图像，如图 3-40 所示。

步骤 03　❶在下方设置"数量"为 2；❷单击"立即生成"按钮，如图 3-41 所示。

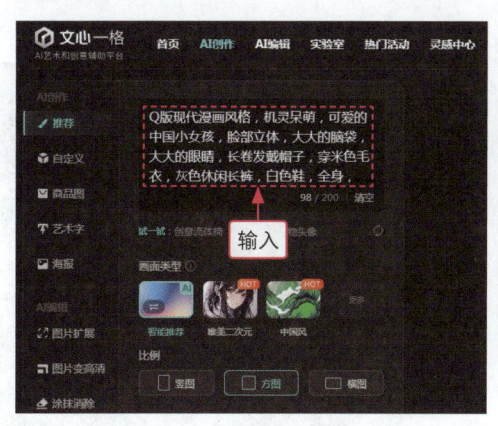

图3-40 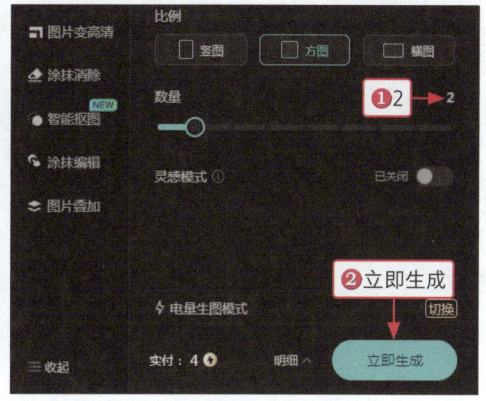　　　　　　　　　　图3-41

步骤 04　执行操作后，即可生成两幅 AI 图片效果，单击第 1 幅图片，如图 3-42 所示。

图3-42

步骤 05　执行操作后，即可放大预览图片效果，单击右侧的"下载"按钮，如图 3-43 所示，即可下载图片。

步骤 06　弹出"新建下载任务"对话框，❶设置名称与保存位置；❷单击"下载"按钮，如图 3-44 所示，即可下载自己喜欢的 AI 图片。

图3-43 　　　　　　　　　　图3-44

3.5.2 参数调整：微调图像细节艺术

效果展示 在文心一格中，运营者可以通过调整数量、比例等参数，让 AI 生成不同效果的图片，效果如图 3-45 所示。

下面介绍在文心一格中调整参数生成图片的操作方法。

步骤 01 打开文心一格官方网站，切换至"AI 创作"页面，在"推荐"选项卡中，输入相应的提示词，如图 3-46 所示。

步骤 02 ❶在下方设置"比例"为"竖图"，"数量"为 2，调整相应参数；❷单击"立即生成"按钮，如图 3-47 所示。

步骤 03 执行操作后，即可生成两幅 AI 图片效果，如图 3-48 所示。

图3-45

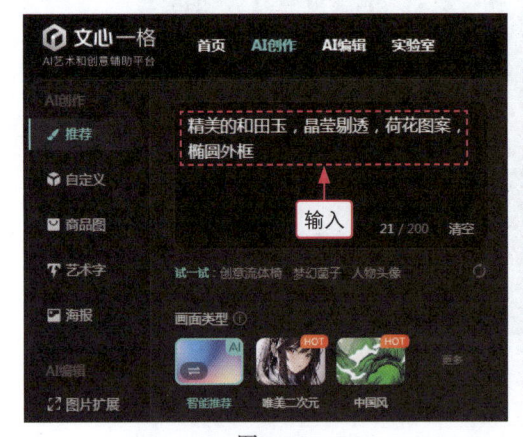

图3-46

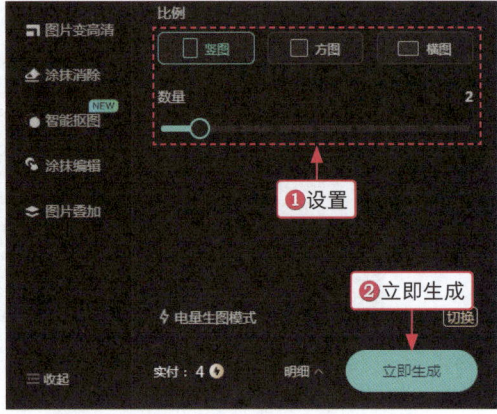

图3-47

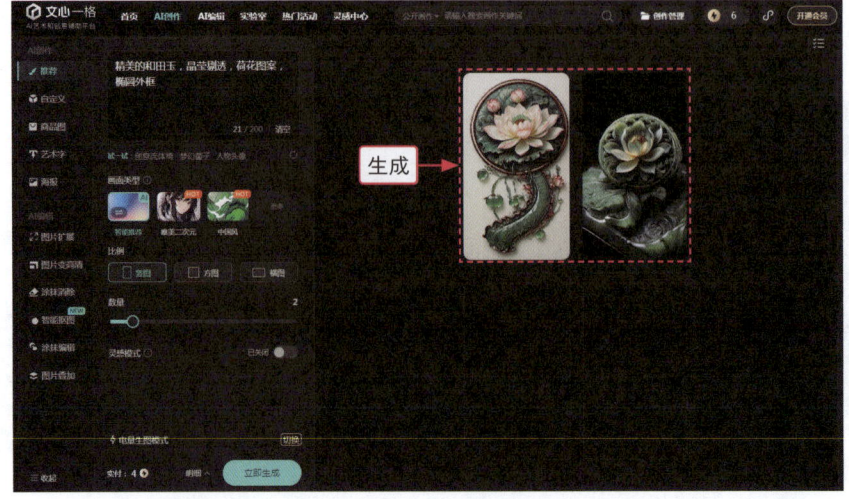

图3-48

3.5.3 以图生图：拓展图像创作边界

效果对比 使用文心一格的"上传参考图"功能，用户可以上传任意一张图片，通过文字描述想修改的地方，实现以图生图的效果，原图与效果图对比如图 3-49 所示。

下面介绍在文心一格中上传参考图生成图片的操作方法。

图3-49

步骤 01 打开文心一格官方网站，进入"AI 创作"页面，❶切换至"自定义"选项卡；❷单击"上传参考图"下方的 ➕ 按钮，如图 3-50 所示。

步骤 02 执行操作后，弹出"打开"对话框，❶选择相应的参考图；❷单击"打开"按钮，如图 3-51 所示，即可上传参考图。

图3-50 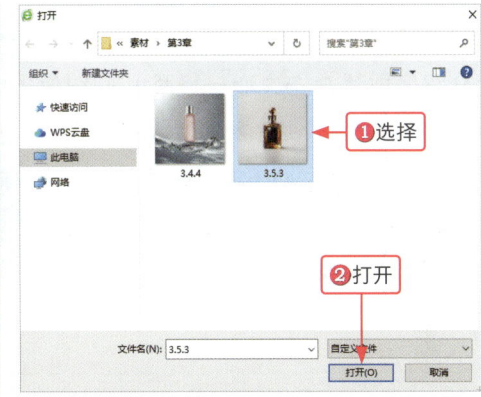　　　　　　　　图3-51

步骤 03 返回 AI 创作页面，❶在输入框中输入相应的提示词；❷设置"影响比重"参数为 5，如图 3-52 所示，增加参考图对生图效果的影响。

步骤 04 ❶设置"数量"参数为 2，调整图片数量；❷单击"立即生成"按钮，如图 3-53 所示。

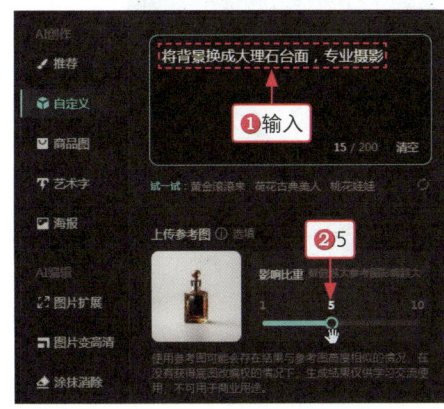

图3-52 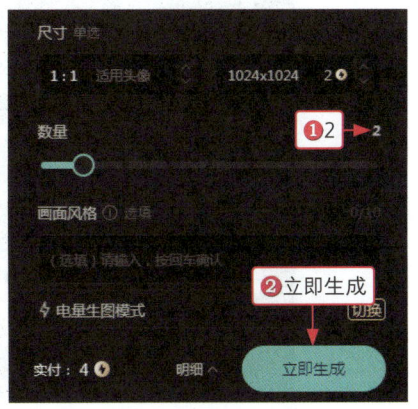　　　　　　　　图3-53

步骤 05 稍等片刻，即可生成两幅 AI 图片效果，如图 3-54 所示。

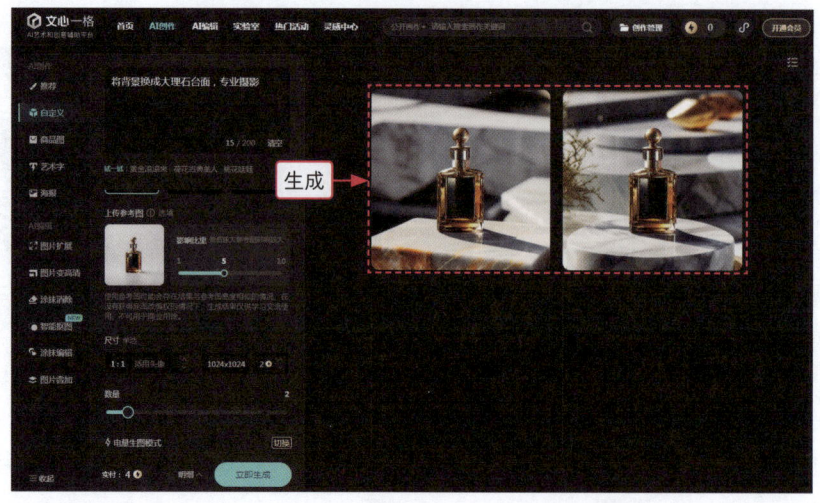

图 3-54

本章小结

本章主要介绍了即梦 AI 与文心一格两大 AI 图像生成工具。先介绍了两种 AI 工具的页面，以及 AI 图像生成的相关知识；然后介绍了用即梦 AI 生成图片的 4 种方法，包括模板生图、以文生图、参数设置及以图生图；最后介绍了用文心一格生成图片的 3 种方式，包括以文生图、参数调整及以图生图。本章通过多个案例帮助大家掌握图片创作的技巧。

课后实训

鉴于本章知识的重要性，为了帮助读者更好地掌握所学知识，下面将通过课后实训，帮助读者进行简单的知识回顾。

实训任务 在即梦 AI 中，使用"做同款"功能制作一组海报，效果如图 3-55 所示。

图 3-55

下面介绍在即梦 AI 中生成海报的操作方法。

步骤 01 在浏览器中打开并进入即梦 AI 官网,在"灵感"选项区中,❶切换至"海报设计"选项卡;❷将光标移至合适的模板上方,单击"做同款"按钮,如图 3-56 所示。

图3-56

步骤 02 在页面右侧弹出"图片生成"面板,其中自动显示了这幅作品所需的提示词描述,单击"立即生成"按钮,如图 3-57 所示。

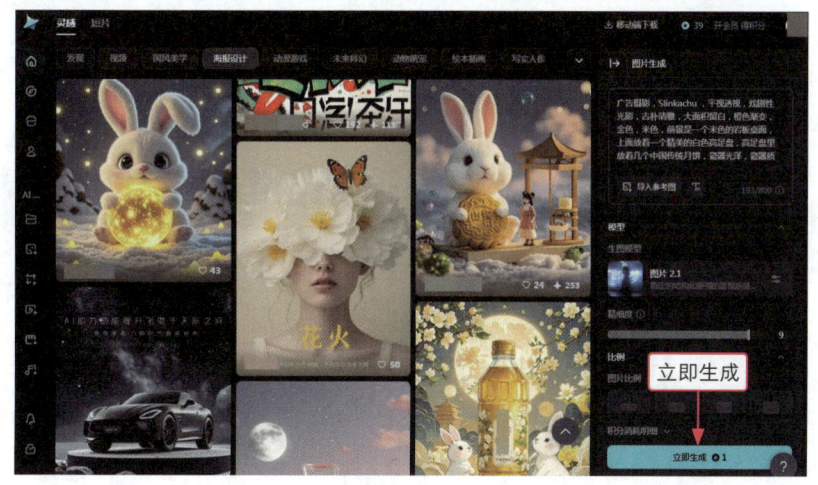

图3-57

步骤 03 稍等片刻,即可生成相应的 AI 作品,如图 3-58 所示。

图3-58

第 4 章 超有吸引力的视频：AI 视频制作与营销

在新媒体运营与推广的新时代，视频已成为不可或缺的内容形式。尤其是短视频，它以快速传播和强大的吸引力成为用户注意力争夺战的主战场。本章将深入探讨如何通过 AI 技术助力新媒体视频的制作，从 AI 视频生成的相关知识到 AI 提示词的编写技巧，再到实际操作中 AI 工具的应用，帮助运营者在激烈的市场竞争中占据一席之地。

4.1 AI 视频生成工具

AI 视频指的是利用 AI 技术，特别是深度学习和生成式 AI 技术，来自动生成视频内容，运营者可以通过输入文本或上传图片轻松实现视频生成。本节将对可灵 AI 和剪映这两个 AI 工具进行介绍。

4.1.1 可灵 AI

可灵 AI 是快手推出的新一代 AI 创意生产力平台，它基于快手自研的可图大模型和可灵大模型，提供全球领先的视频及图像生成能力。它支持文生图、图生图、文生视频和图生视频等多种功能，并设有创意圈供用户交流创作灵感。

用户在可灵 AI 网页版的"首页"页面中单击"AI 视频"按钮，即可进入"AI 视频"页面，如图 4-1 所示。

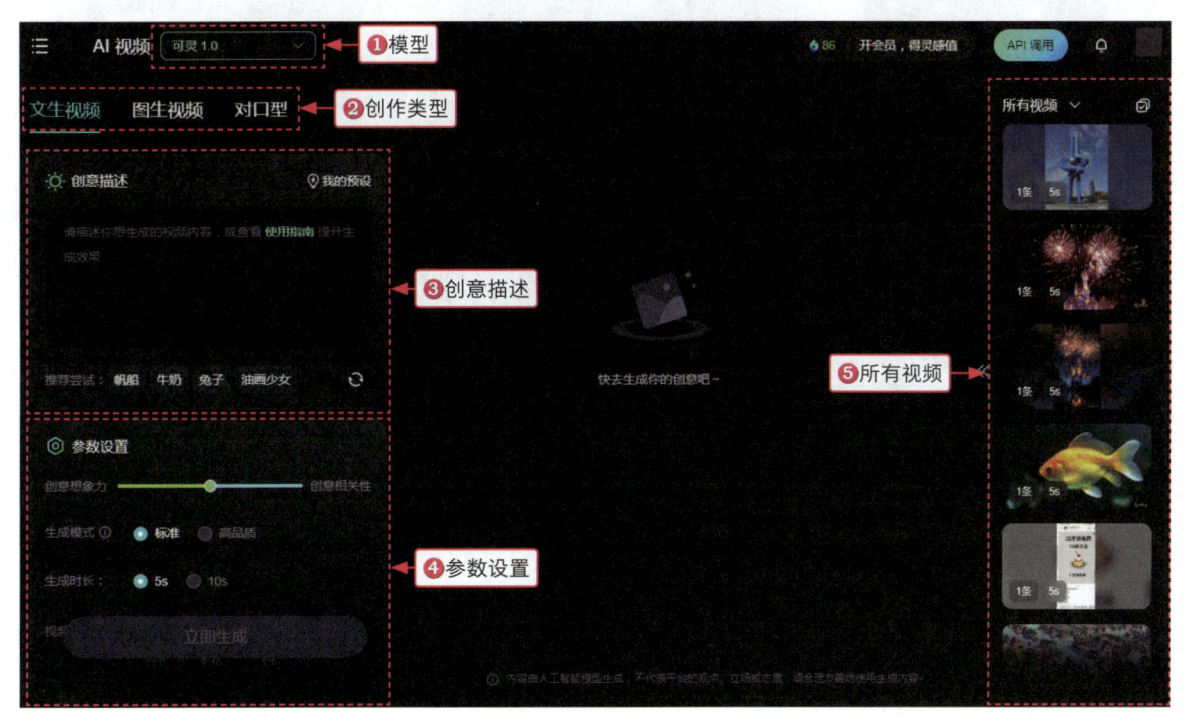

图4-1

下面对"AI 视频"页面中的主要部分进行讲解。

❶ 模型：可灵 AI 推出了"可灵 1.0""可灵 1.5"等视频生成模型，它们支持的功能和生成质量各不相同，用户可以选择合适的模型进行生成。

❷ 创作类型：用户可以单击"文生视频"或"图生视频"按钮，切换至对应的选项卡进行视频的生成。

❸ 创意描述：在"文生视频"选项卡中，用户需要在此输入文字提示词或使用系统推荐的提示词，以进行视频的生成。

❹ 参数设置：在该板块中，用户可以对创意想象力和创意相关性的侧重参数，以及视频的生成模式、时长和比例等参数进行设置。另外，在"参数设置"板块的下方，还有"运镜控制""不希望呈现的内容"等板块，以满足用户更具体、更详细的视频需求。

❺ 所有视频：用户可以在该区域中随时查看所有 AI 短视频的生成记录。

4.1.2 剪映

剪映专业版，即为电脑版，目前是非常受欢迎的剪辑软件之一，它具备多轨编辑、丰富素材库、智能辅助功能、高质量输出、强大字幕编辑、精准音频处理等多项功能，提供了简洁明了的操作界面，其首页界面如图 4-2 所示。

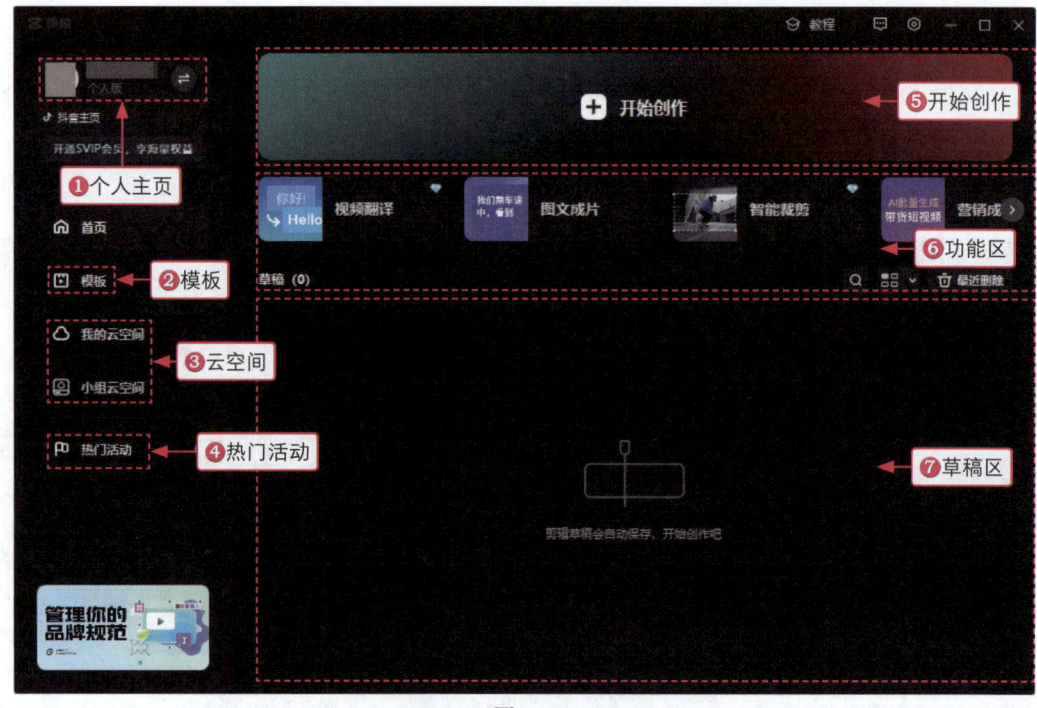

图4-2

下面对剪映电脑版界面中的主要部分进行讲解。

❶ 个人主页：进入个人主页后，用户可以查看素材和收藏的内容，以及发布素材。

❷ 模板：单击该按钮，进入"模板"界面，用户可以根据自身需求，选择相应的模板，使用其进行视频制作。

❸ 云空间：云空间包括"我的云空间"和"小组云空间"这两个板块，用户将视频上传至"我的云空间"，可以将视频进行云端备份；而"小组云空间"则是一个专为团队协作设计的功能，可以用于团队协作与共享、存储空间与扩容等。

❹ 热门活动：单击该按钮，将打开"热门活动"界面，用户可以参与各类投稿活动。

❺ 开始创作：这是剪映首页的主要功能之一，单击"开始创作"按钮，即可进入创作页面，用户可以开始内容创作。

❻ 功能区：这是剪映的功能专区，具备丰富的功能，如视频翻译、图文成片、智能剪裁、营销成片、

创作脚本等，单击相应按钮，即可体验对应的功能。

❼ 草稿区：这是草稿专区，用户剪辑的视频都会自动保存在此处，但仅限于本地保存，如果用户重新安装该应用或者换计算机设备登录，将无法看到这些本地视频草稿。

4.2 AI 视频生成的概述

在当今这个信息爆炸的时代，AI 技术的飞速发展，为新媒体视频内容的生成带来了前所未有的变革。本节将深入探讨 AI 视频生成技术的原理及优势。

4.2.1 AI 视频生成的原理

AI 视频生成技术是一种利用 AI 算法，从文本、图像、音频或其他模态数据自动生成视频内容的技术。它通常涉及以下几个关键点，如图 4-3 所示。

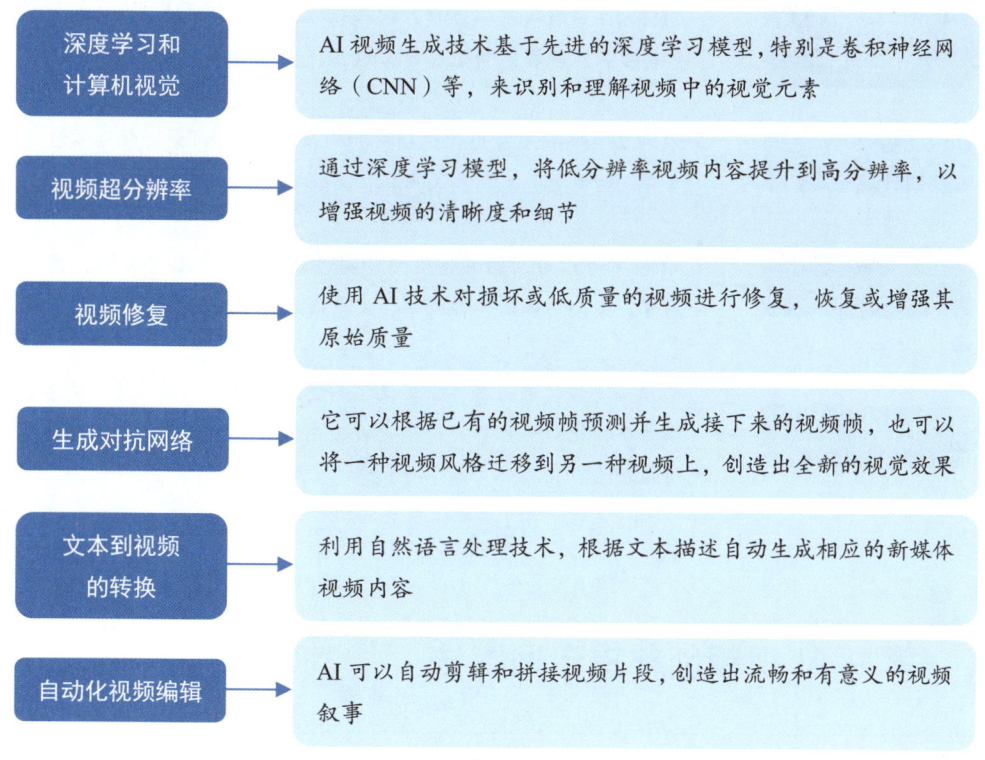

深度学习和计算机视觉	AI 视频生成技术基于先进的深度学习模型，特别是卷积神经网络（CNN）等，来识别和理解视频中的视觉元素
视频超分辨率	通过深度学习模型，将低分辨率视频内容提升到高分辨率，以增强视频的清晰度和细节
视频修复	使用 AI 技术对损坏或低质量的视频进行修复，恢复或增强其原始质量
生成对抗网络	它可以根据已有的视频帧预测并生成接下来的视频帧，也可以将一种视频风格迁移到另一种视频上，创造出全新的视觉效果
文本到视频的转换	利用自然语言处理技术，根据文本描述自动生成相应的新媒体视频内容
自动化视频编辑	AI 可以自动剪辑和拼接视频片段，创造出流畅和有意义的视频叙事

图4-3

AI 视频生成技术为新媒体视频生成提供了强大的技术支持，改变了新媒体视频内容的创作方法，帮助运营者更轻松、更高效地创作高质量的新媒体视频内容。

AI 视频生成有两种方式，分别是文生视频和图生视频。

文生视频是指通过 AI 技术，将文本描述转换成视频内容的过程。这里的文本描述可以是一个简短的故事情节、场景描述或者一系列的动作提示词。AI 系统会根据这些文本信息，生成与之对应的视频画面，

069

包括场景、角色、动作、颜色、光影等元素。

图生视频是指利用一张或多张静态图片作为输入内容，通过 AI 技术生成动态视频的过程。这种技术通常涉及对图片中物体、人物或场景的运动轨迹进行预测和模拟，从而生成连贯的视频画面。

4.2.2　AI 视频生成的优势

AI 视频生成技术正成为新媒体领域的重要工具，帮助运营者以更高效、更低成本的方式创作出高质量的新媒体视频内容，增强其在竞争激烈的媒体环境中的竞争力。AI 在视频内容创作中的优势主要体现在以下几个方面，如图 4-4 所示。

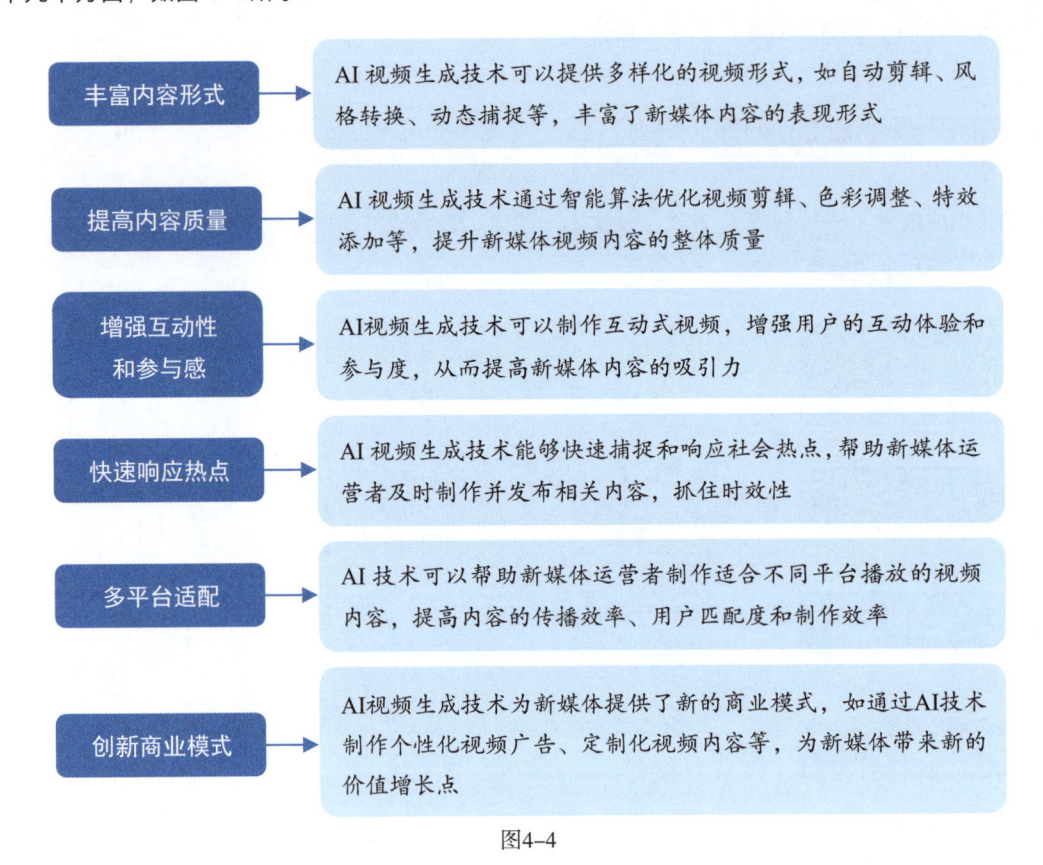

丰富内容形式	AI 视频生成技术可以提供多样化的视频形式，如自动剪辑、风格转换、动态捕捉等，丰富了新媒体内容的表现形式
提高内容质量	AI 视频生成技术通过智能算法优化视频剪辑、色彩调整、特效添加等，提升新媒体视频内容的整体质量
增强互动性和参与感	AI 视频生成技术可以制作互动式视频，增强用户的互动体验和参与度，从而提高新媒体内容的吸引力
快速响应热点	AI 视频生成技术能够快速捕捉和响应社会热点，帮助新媒体运营者及时制作并发布相关内容，抓住时效性
多平台适配	AI 技术可以帮助新媒体运营者制作适合不同平台播放的视频内容，提高内容的传播效率、用户匹配度和制作效率
创新商业模式	AI 视频生成技术为新媒体提供了新的商业模式，如通过 AI 技术制作个性化视频广告、定制化视频内容等，为新媒体带来新的价值增长点

图 4-4

4.3　掌握 AI 视频创作提示词魔法

在 AI 视频生成过程中，提示词扮演着至关重要的角色。它们是 AI 系统理解和创造视频内容的基石，决定了视频的主题、风格、情节发展乃至情感表达。通过精准、具体且富有创意的提示词，AI 能够生成更加丰富、多样且与预期高度匹配的视频内容，从而提升视频的整体质量和用户的观看体验。

掌握提示词编写技巧的作用在于，它能够帮助运营者更好地驾驭 AI 视频生成的过程。一方面，可以使运营者更准确地传达自己的意图，让 AI 生成的视频更加贴近预期效果，减少后期修改的成本和时间。

另一方面，通过巧妙地组合和运用提示词，运营者可以激发 AI 的创造力，探索出更多新颖、独特的视频表现形式，从而在竞争激烈的视频内容市场中脱颖而出。

本节以可灵 AI 为例，主要介绍 6 个编写 AI 视频提示词的技巧，帮助运营者提升自身的表达能力和创意水平，为视频创作带来更多的灵感和可能性。

4.3.1 聚焦主体：描绘视频核心元素

在 AI 视频创作的世界里，主体提示词是描述视频主角或主要元素的重要词汇，它们能够帮助模型理解和创造出符合要求的视频内容。主体不仅能够为视频注入灵魂，还能够提供视觉焦点和引发观众的情感共鸣，效果如图 4-5 所示。

图4-5

为了帮助运营者更好地明确视频主体，下面介绍一些常见的视频主体类别，如表 4-1 所示。

表4-1 常见的视频主体类别

类别	示例
人物	名人、模特、演员、公众人物
动物	宠物（猫、狗）、野生动物、地区标志性动物
自然景观	山脉、海滩、森林、瀑布
城市风光	城市天际线、地标建筑、街道、广场
交通工具	汽车、飞机、火车、自行车、船
食物	美食制作过程、餐厅美食、饮料调制
产品展示	电子产品、时尚服饰、化妆品、家居用品
教育内容	教学视频、讲座、实验演示、技能培训
娱乐	搞笑短片、喜剧表演、魔术表演
运动和健身	体育赛事、健身教程、运动员训练
音乐和舞蹈	音乐视频、现场演出、舞蹈表演
艺术和文化	艺术作品展示、文化节庆、历史遗迹介绍
游戏和电子竞技	电子游戏玩法、电子竞技比赛、游戏评测

续表

类别	示例
商业和广告	商业宣传、广告、品牌推广
幕后制作	电影、电视节目、音乐视频的制作过程
旅行和探险	旅行日志、探险活动、文化体验

　　上述这些主体不仅丰富了视频的内容，还为运营者提供了广阔的创作空间。通过巧妙地结合这些主体，运营者可以构建出多样化的视频场景，讲述各种引人入胜的故事，满足不同用户的期待和喜好。

4.3.2　场景搭建：构建视频空间背景

　　在 AI 视频的提示词中，用户可以详细地描绘一个特定的场景，这不仅包括场景的物理环境，还涵盖了情感氛围、色彩调性、光线效果及动态元素。通过精心设计的提示词，AI 能够生成与用户构想匹配的视频内容，效果如图 4-6 所示。

图4-6

　　运营者在设置视频场景时，可以从地点、时间和氛围等方面对场景进行描述。下面介绍一些常见的视频场景类别，如表 4-2 所示。

表4-2　常见的视频场景类别

类别	举例
地点描述	北京的街头、湖南的乡村
	长城之上、埃菲尔铁塔下
	森林中、沙滩上
时间描述	清晨、黄昏
	夏日炎炎、冬日雪景
	元宵节之夜、新年钟声响起时
氛围描述	柔和的阳光下、斑驳的树影中
	温暖的橙色调、冷静的蓝色调
	微风轻拂的声音、花香四溢

续表

类别	举例
场景细节	古老的石板路、现代的摩天大楼
	街头的涂鸦艺术、树上的彩灯
	人群中的孤独旅人、市场中的热闹摊位

4.3.3 视角选择：确定最佳观看角度

在 AI 视频的提示词中，视角会对观众与画面元素进行互动和建立情感联系产生影响。不同的视角可以影响观众对画面的感知和理解，因此选择合适的视角对于创造吸引人的视频来说至关重要，效果如图 4-7 所示。

图4-7

运营者可以根据想要的画面效果来选择合适的视角。下面介绍一些常见的视角类型及其介绍，如表 4-3 所示。

表4-3　常见的视角类型及其介绍

类型	介绍
平视角度	指镜头与主要对象的视线保持大致相同的高度，模拟人类的自然视线，给人一种客观、真实的感觉
俯视角度	指镜头位于主要对象上方，从上往下看，可以用于展现主要对象的脆弱或渺小，强调其在环境中的位置
仰视角度	指镜头位于主要对象下方，从下往上看，通常会给人一种崇高、庄严或敬畏的感觉
斜视角度	指镜头与主要对象的视线呈一定角度，既不是完全正面也不是完全侧面，可以创造一种戏剧性、紧张或神秘的感觉
正面视角	指镜头直接面对主要对象，与主要对象的正面保持平行，给人一种直接、坦诚的感觉
背面视角	指镜头位于主要对象的背后，展示主要对象的背部和其所面对的方向，可以创造出一种神秘、悬念或探索的感觉
侧面视角	指镜头位于主要对象的侧面，展示主要对象的侧面轮廓和动作，能够突出主要对象的侧面特征

4.3.4 景别设定：控制画面的范围

画面景别提示词是用来描述和指示视频画面中主体所呈现出的范围大小，不同的景别可以突出不同的视觉焦点，帮助观众快速识别视频中的重点。例如，特写镜头能够捕捉并放大物体的细节，使观众能够更加直观地感受到物体构造的细微之处，效果如图 4-8 所示。

图4-8

画面景别提示词一般可以分为远景、全景、中景、近景和特写这 5 种类型，每种类型都有其特定的功能和效果，相关介绍如表 4-4 所示。

表4-4　常见的画面景别类型及其介绍

类型	介绍
远景	展现广阔的场面，以表现空间环境为主，可以表现宏大的场景、景观、气势，有抒发情感、渲染气氛的作用，常用于影片或者某个独立的叙事段落的开篇或结尾
全景	展现人物全身或场景的全貌，强调人物与环境的关系，交代场景和人物位置，有助于观众理解场景中的空间关系，适合表现人物的整体动作和姿态
中景	展现场景局部或人物膝盖以上部分的景别，生动地展现人物的姿态动作，用于表现人与人、人与物之间的行动、交流
近景	展现人物胸部以上部分或物体局部的景别，主要用于通过面部表情刻画人物性格，通常需要与全景、中景、特写景别组合使用
特写	展现人物颈部以上部位或被摄物体的细节，用于细腻表现人物或被拍摄物体的细节特征，通过他们的面部表情、眼神或者其他微妙的肢体语言来传达情感，使观众更加深入地理解角色的内心世界

4.3.5 光线描绘：塑造视频的光影

在使用可灵 AI 生成视频时，环境光线是影响场景氛围和视觉效果的重要因素。例如，用户在提示词中添加"夕阳风光"和"逆光"，可以使视频画面产生夕阳下逆光的效果，从而让画面对象产生剪影效果，显示出轮廓的边缘，增强明暗对比，效果如图 4-9 所示。

图4-9

表 4-5 所示为一些常见的环境光线类型及其介绍,这些类型可以帮助并指导 AI 创建出具有不同光照效果和氛围的视频内容。

表4-5 常见的环境光线类型及其介绍

类型	介绍
自然光	模拟自然界中的光源,如日光、月光等,通常呈现出柔和、温暖或冷峻的效果,且根据时间和天气条件而异,如清晨的柔光、午后的烈日、黄昏的余晖等
软光	光线柔和,没有明显的阴影和强烈的对比,给人一种温暖、舒适的感觉,如柔和的室内照明、温馨的烛光、漫射的自然光
硬光	光线强烈,有明显的阴影和对比度,可以营造出强烈的视觉冲击力,如强烈的阳光直射、刺眼的聚光灯、硬朗的阴影效果
逆光	光源位于主体背后,产生强烈的轮廓光和背光效果,使主体与背景分离,如夕阳下的逆光剪影、背光下突出的轮廓
侧光	光源从主体侧面照射,产生强烈的侧面阴影和立体感,如侧光下的雕塑感、侧面阴影的戏剧效果、侧光照亮的细节
环境光	用于照亮整个场景的基础光源,提供均匀而柔和的照明,营造出整体的光照氛围,如均匀的环境照明、柔和的环境光晕
霓虹灯光	光线的色彩鲜艳且闪烁不定,为视频带来一种繁华而充满活力的氛围,如都市霓虹、梦幻霓虹等
点光源	模拟点状光源,如灯泡、烛光等,产生集中而强烈的光斑和阴影,如温馨的烛光照明、聚光灯下的戏剧效果、点光源营造的神秘氛围
区域光	模拟特定区域或物体的光源,为场景提供局部照明,如窗户透过的柔和光线、台灯下的阅读氛围、区域光照的重点突出
暗调照明	整体场景较为昏暗,强调阴影和暗部的细节,营造出神秘、紧张或忧郁的氛围,如暗调下的神秘氛围、阴影中的细节探索、昏暗环境中的情绪表达
高调照明	整体场景明亮,强调亮部和高光部分,营造出清新、明亮或梦幻的氛围,如高调照明下的清新氛围、明亮的场景表现、高光突出的细节

4.3.6 技术与风格：定义视频的审美

提示词还可以决定视频的技术和风格，从而影响最终的视觉呈现和观众的感受。用户通过输入技术与风格相关的提示词，让 AI 生成具有高度创意和专业水准的视频内容，满足用户的艺术愿景，并为观众带来引人入胜的视觉体验，效果如图 4-10 所示。

图4-10

下面是一些可以用于增强视频吸引力的技术和风格提示词类别及示例，如表 4-6 所示。

表4-6 增强视频吸引力的技术和风格提示词类别及示例

类别		示例
分辨率和帧率	高分辨率	指定视频的分辨率，如 4K 或 8K，以确保图像的清晰度和细节表现力
	高帧率	设定视频的帧率，如 60 帧每秒或更高，以获得流畅的动态效果，特别适合动作场面和需要慢动作回放的场景
摄影技术	创意摄影	采用创意摄影技术，比如使用慢动作来强调情感瞬间或使用延时摄影来展示时间的流逝
	全景拍摄	利用 360 度全景拍摄技术，为观众提供沉浸式的视频体验，尤其适用于自然景观和大型活动
	运动跟踪	使用运动跟踪摄影技术，捕捉快速移动物体的清晰画面，适用于体育赛事或动作场景
	景深控制	通过控制景深，创造出不同的视觉效果，如浅景深突出主体、大景深展现环境
艺术风格	3D 与现实结合	融合 3D 动画和实景拍摄，创造出既真实又梦幻的视觉效果
	35 毫米胶片拍摄	模仿传统 35 毫米胶片的质感和色彩，为视频带来复古和文艺的气息
	动画	采用动画技术，如 2D 或 3D 动画，为视频增添无限的想象空间和创意表达
特效风格	电影风格	应用电影级别的色彩分级和调色，使视频具有专业和戏剧性的外观
	未来主义	通过前卫的特效和设计，展现未来世界的科技感和创新精神
后期处理	色彩校正	进行专业的色彩校正，以确保视频色彩的真实性和视觉冲击力，增强情感表达
	特效添加	根据视频内容和风格，添加适当的视觉特效，如粒子效果、镜头光晕或动态背景，以增强视觉效果
	节奏控制	根据视频的节奏和情感变化，运用剪辑技巧，如跳切、交叉剪辑或慢动作重放，以增强叙事动力

4.4 可灵 AI 视频创作

在可灵 AI 中，运营者可以使用"文生视频"或"图生视频"功能来完成 AI 短视频的生成。本节将介绍使用可灵 AI 生成视频的 4 种方法。

4.4.1 模板生视频：套用模板，快速产出

效果展示 使用可灵 AI 中的"一键同款"功能，运营者可以直接套用模板，生成同款视频，效果如图 4-11 所示。

图4-11

下面介绍在可灵 AI 中使用"一键同款"功能生成视频的操作方法。

步骤 01 在浏览器中搜索并打开可灵 AI 的官方网站，进入"首页"页面，❶单击"创意圈"按钮，进入"创意圈"页面；❷单击对应模板上的"一键同款"按钮，如图 4-12 所示。

图4-12

步骤 02 进入"AI 视频"页面,左侧的面板中会自动显示相应的模板参数,单击"立即生成"按钮,如图 4-13 所示。

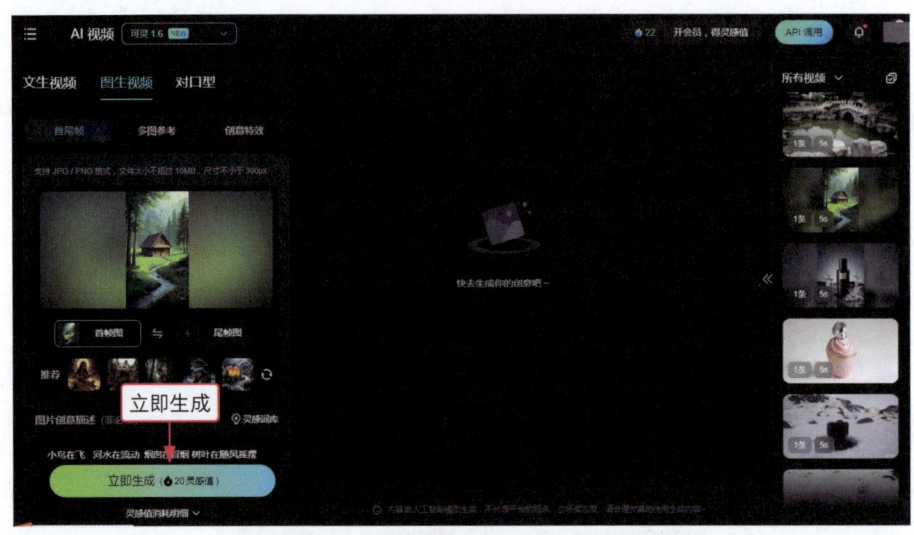

图4-13

步骤 03 执行操作后,即可生成一个相关的视频,如图 4-14 所示。

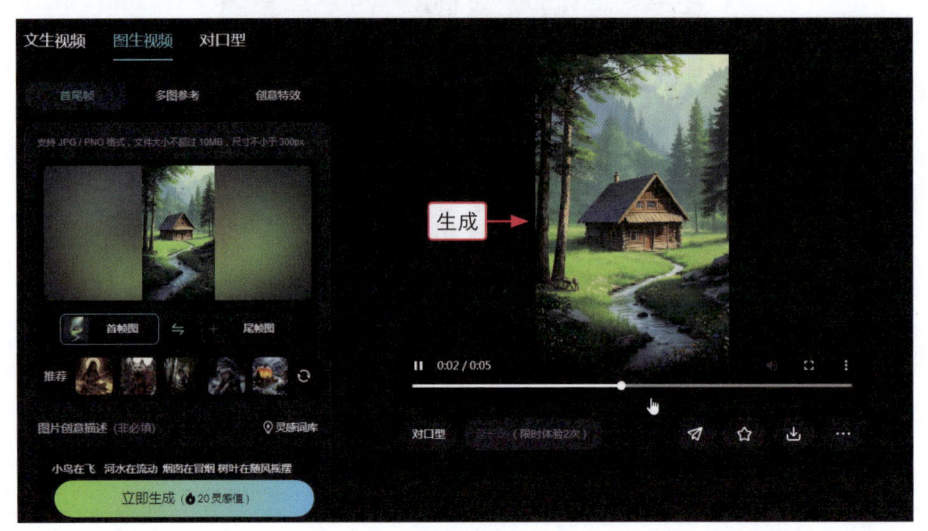

图4-14

4.4.2 文本生视频:文字变影像,创意呈现

效果展示 借助可灵 AI 中的"文生视频"功能,运营者可以输入视频的主体、风格、场景等提示词快速生成视频,效果如图 4-15 所示。

下面介绍在可灵 AI 中输入提示词生成视频的操作方法。

步骤 01 打开可灵 AI 的官方网站,进入"首页"页面,单击"AI 视频"按钮,如图 4-16 所示。

图4-15

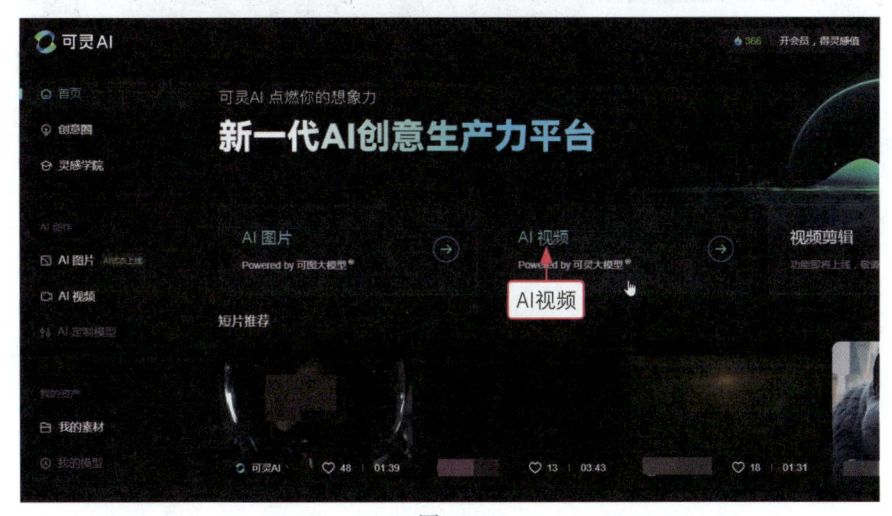

图4-16

步骤 02　进入"AI视频"页面，❶切换至"文生视频"选项卡；❷在"创意描述"输入框中输入提示词，如图4-17所示，对主体信息进行描述。

步骤 03　❶设置"视频比例"为"9∶16"，更改画面尺寸；❷单击"立即生成"按钮，如图4-18所示。

图4-17　　　　图4-18

步骤 04 执行操作后,可灵 AI 即可根据输入的提示词和设置的参数信息,生成一个相关的视频,如图 4-19 所示。

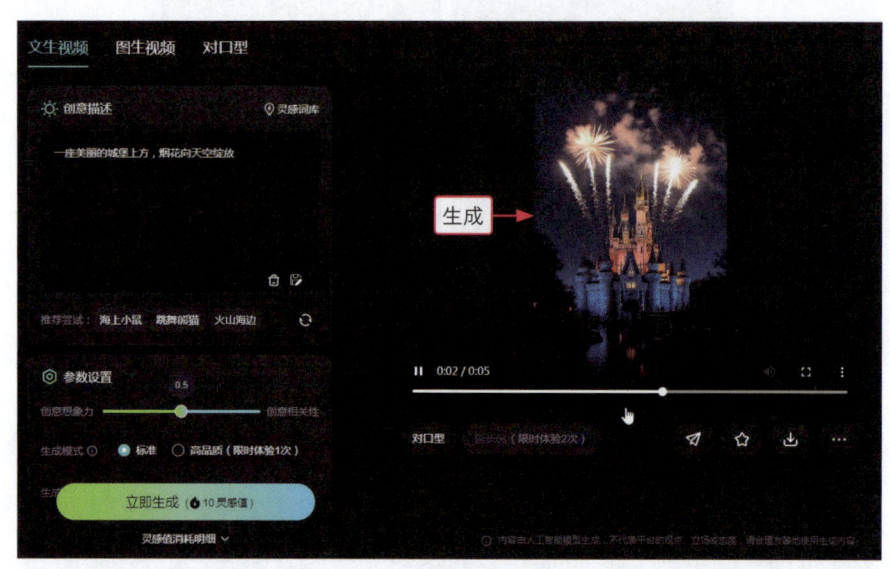

图4-19

4.4.3 图片生视频:图像变视频,动态叙事

效果展示 可灵 AI 的"图生视频"功能为用户打造一种前所未有的视频创作便捷方式,用户只需要简单地上传一个图片素材,便能激发 AI 的无限创意,进而创作出既符合图片意境又充满新意的视频内容,效果如图 4-20 所示。

图4-20

下面介绍在可灵 AI 中上传图片生成视频的操作方法。

步骤 01　进入可灵AI的"AI视频"页面,在"图生视频"选项卡中,❶切换至"首尾帧"选项卡;❷单击 按钮,如图4-21所示,上传图片。

步骤 02　弹出"打开"对话框,❶在对话框中选择需要上传的图片素材;❷单击"打开"按钮,如图4-22所示,确定上传该图片素材。

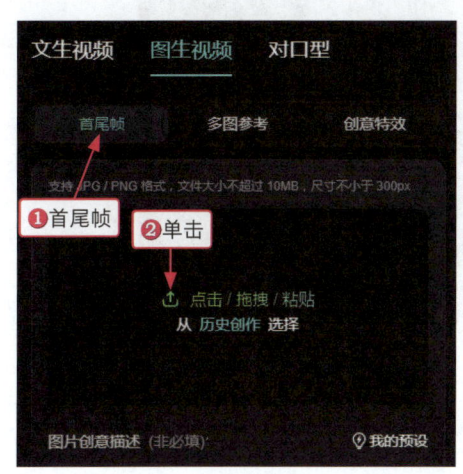

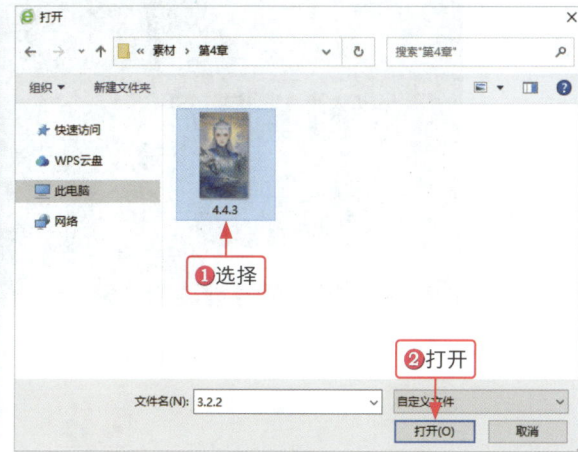

图4-21　　　　　　　　　　　　　　　图4-22

步骤 03　执行操作后,在"图片创意描述"输入框中输入相应的提示词,如图4-23所示,用于指导AI生成特定的视频。

步骤 04　❶在"参数设置"选项区中,设置"创意想象力"为0.7,使生成的视频画面更贴近于图片效果;❷单击"立即生成"按钮,如图4-24所示。

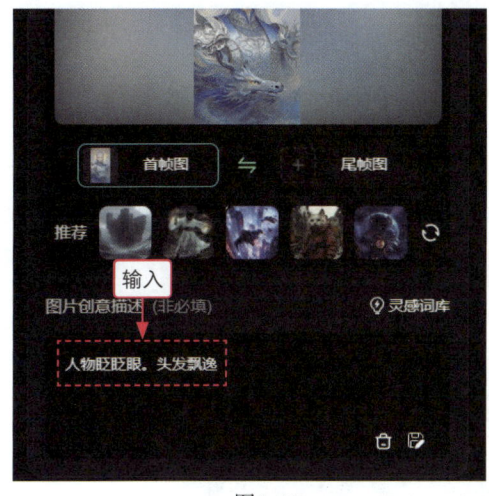

图4-23　　　　　　　　　　　　　　　图4-24

步骤 05　执行操作后,即可根据上传的图片和设置的信息,生成一条视频,❶单击 按钮;❷选择"有水印下载"选项(开通会员后,可以选择"无水印下载"选项),如图4-25所示。

步骤 06　弹出"新建下载任务"对话框,❶设置名称与保存路径;❷单击"下载"按钮,如图4-26所示,即可下载视频。

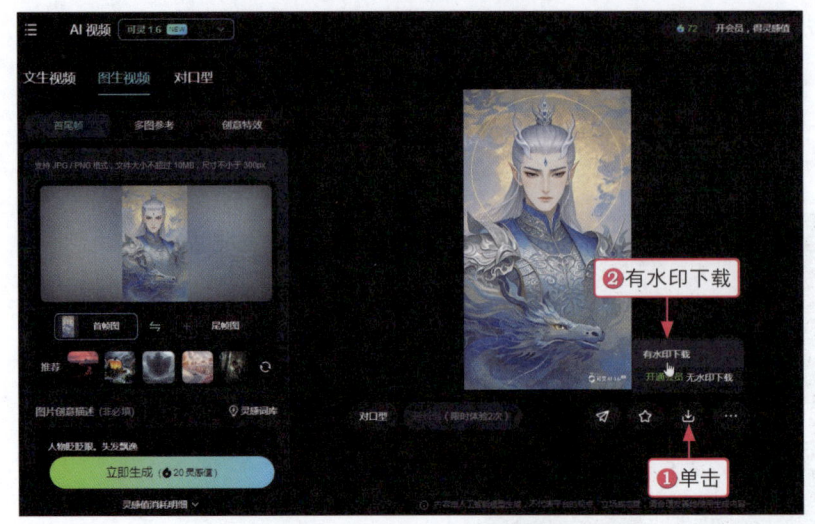

图4-25

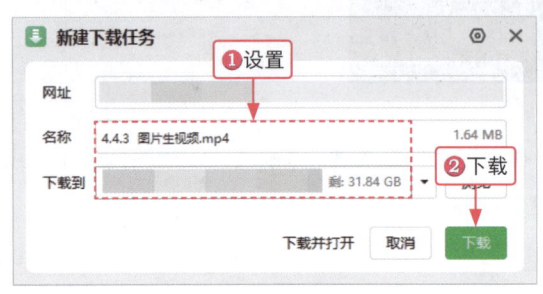

图4-26

4.4.4 首尾帧生视频：首尾生成，视频补全

效果展示 可灵 AI 中增加了首帧和尾帧功能，是其在视频生成领域中的一项重要创新，为用户提供了更高的创作自由度和个性化定制能力。该功能允许用户在生成动画场景视频时，通过上传或指定特定的起始画面（首帧）和结束画面（尾帧），来控制视频的开头和结尾。这一功能极大地增强了视频内容的连贯性和创意性，效果如图 4-27 所示。

图4-27

下面介绍使用可灵 AI 的"首尾帧"功能生成视频的操作方法。

步骤 01　进入可灵 AI 的"AI 视频"页面，在"图生视频"选项卡中，❶切换至"首尾帧"选项卡；❷单击 按钮，如图 4-28 所示，上传图片。

步骤 02　弹出"打开"对话框，❶在对话框中选择需要上传的图片素材；❷单击"打开"按钮，如图 4-29 所示，上传该图片素材。

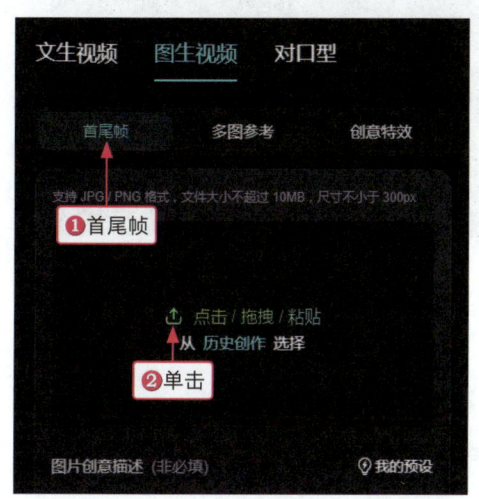

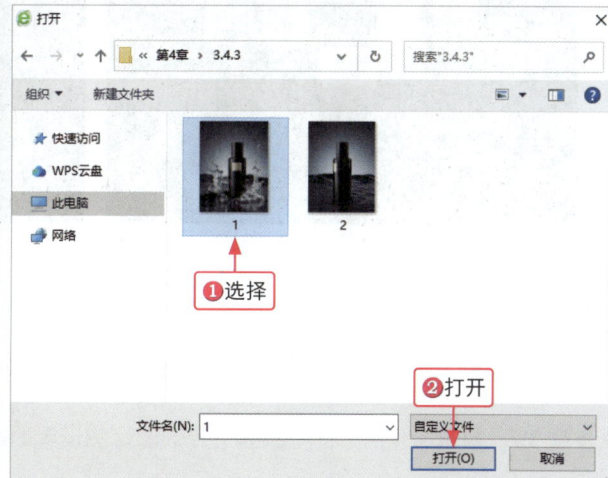

图4-28　　　　　　　　　　图4-29

步骤 03　上传成功后，❶单击"尾帧图"按钮；❷再次单击 按钮，如图 4-30 所示，上传一张尾帧图。

步骤 04　弹出"打开"对话框，❶在对话框中选择需要上传的图片素材；❷单击"打开"按钮，如图 4-31 所示，上传该图片素材。

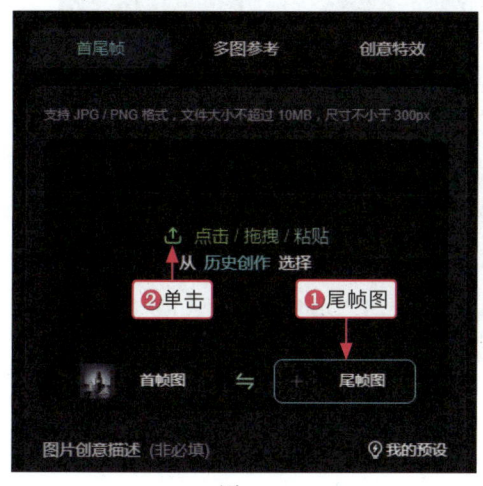

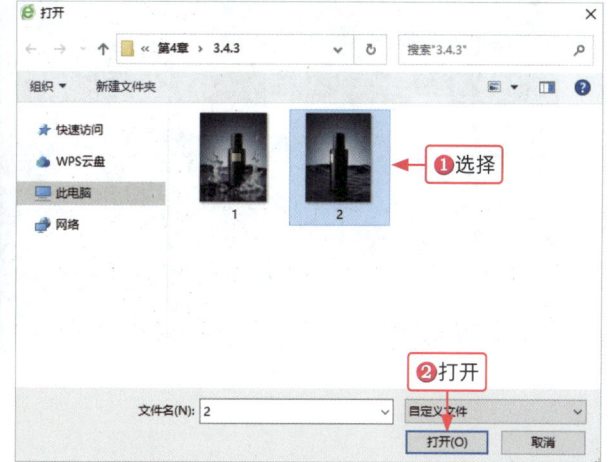

图4-30　　　　　　　　　　图4-31

步骤 05　在"图片创意描述"输入框中输入相应的提示词，如图 4-32 所示，用于指导 AI 生成特定的视频。

步骤 06　❶在"参数设置"选项区中，设置"生成模式"为"高品质"，提升视频的生成质量；❷单击"立即生成"按钮，如图 4-33 所示。

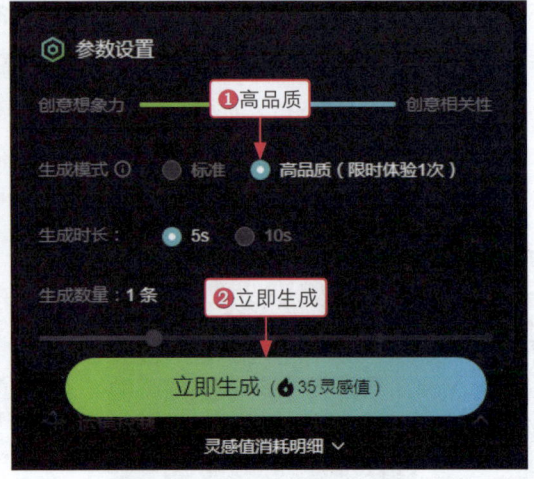

图4-32　　　　　　　　　　　图4-33

> **温馨提示**　在使用可灵 AI 生成视频时，运营者可以通过切换生成模式来控制视频生成的时长，其中"标准"模式生成的速度更快；而"高品质"模式生成的质量更好。

步骤 07　执行操作后，即可根据上传的图片和设置的信息，生成一个视频，如图 4-34 所示。

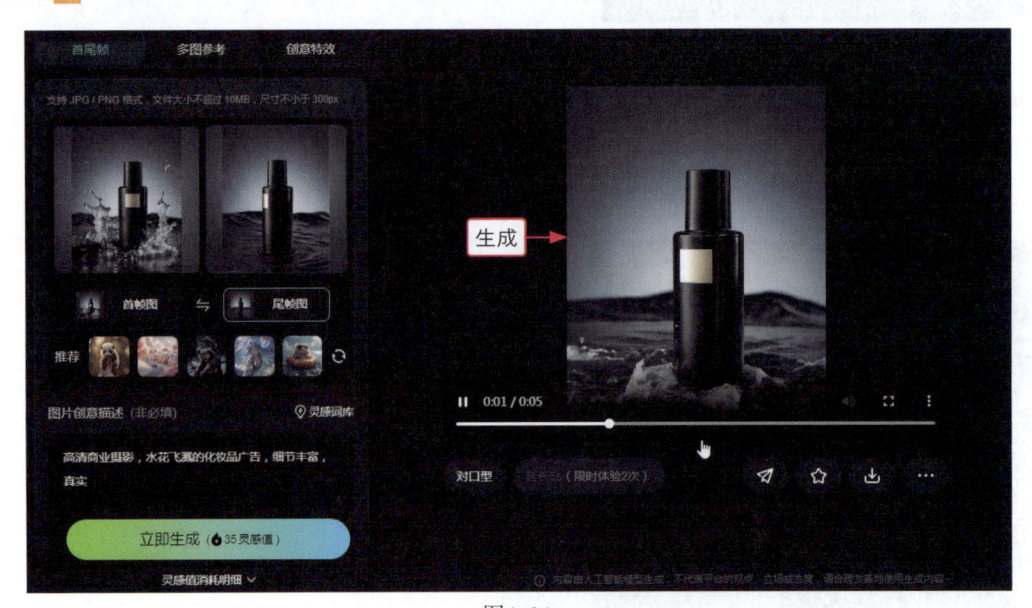

图4-34

4.5　剪映短视频速成

在剪映中，运营者可以借助"模板"功能和"图文成片"功能来完成 AI 短视频的创作，本节将介绍相关的生成技巧。

4.5.1 模板成片：模板套用，一键成片

效果展示 剪映的"模板"功能可以实现图生视频或视频生视频的效果，运营者通过选择模板和添加素材，即可轻松生成同款短视频，效果如图 4-35 所示。

图4-35

下面介绍在剪映电脑版中使用"模板"功能生成视频的操作方法。

步骤 01 打开剪映电脑版，❶单击"模板"按钮，进入"模板"界面；❷切换至"宣传"选项卡；❸单击"片段数量"按钮；❹在展开的列表框中，设置"片段数量"为"3–5"，如图 4-36 所示。

图4-36

步骤 02 进入相应的界面，将光标移至相应模板的上方，单击"使用模板"按钮，如图 4-37 所示。

图4-37

步骤 03　进入编辑界面，为了替换素材，单击第1段素材上方的"替换"按钮，如图4-38所示。

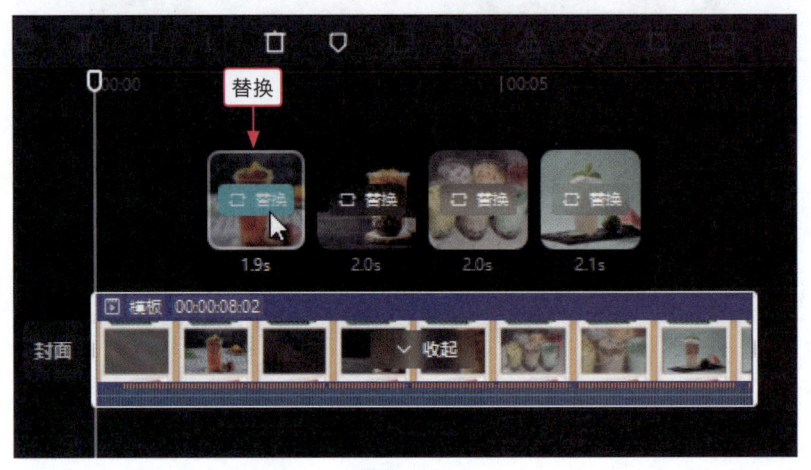

图4-38

步骤 04　弹出"请选择媒体资源"对话框，❶按【Ctrl+A】组合键全选文件夹中的4个素材；❷单击"打开"按钮，如图4-39所示，替换素材。

图4-39

步骤 05 执行操作后，即可替换全部的素材，选择视频模板，如图4-40所示。

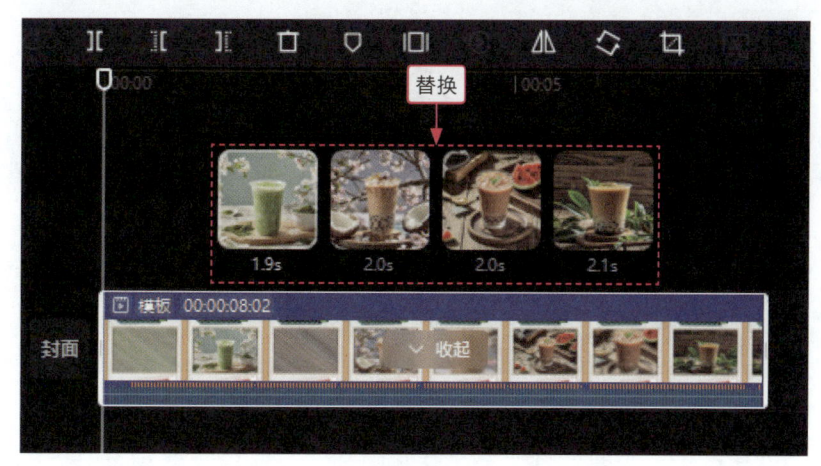

图4-40

步骤 06 在右上方的文本区中，❶修改第3段文本、第5段文本和第7段文本的内容；❷单击"导出"按钮，如图4-41所示。

步骤 07 弹出"导出"对话框，❶修改标题；❷单击"导出"按钮，如图4-42所示，即可保存视频。

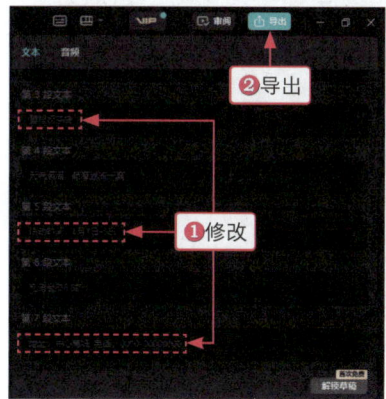

图4-41　　　　　　图4-42

4.5.2　图文成片：图文搭配，创意表达

效果展示 剪映电脑版的"图文成片"功能可以根据用户提供的文案，智能匹配图片和视频素材，并自动添加相应的字幕、朗读音频和背景音乐，轻松完成文本生视频的操作，效果如图4-43所示。

图4-43

087

下面介绍在剪映电脑版中使用"图文成片"功能生成视频的操作方法。

步骤 01　打开剪映电脑版,单击"图文成片"按钮,如图4-44所示。

图4-44

步骤 02　进入"图文成片"界面,❶单击"营销广告"按钮;❷设置"产品名"为"沙发","产品卖点"为"柔软舒适、精细设计";❸单击"生成文案"按钮,如图4-45所示。

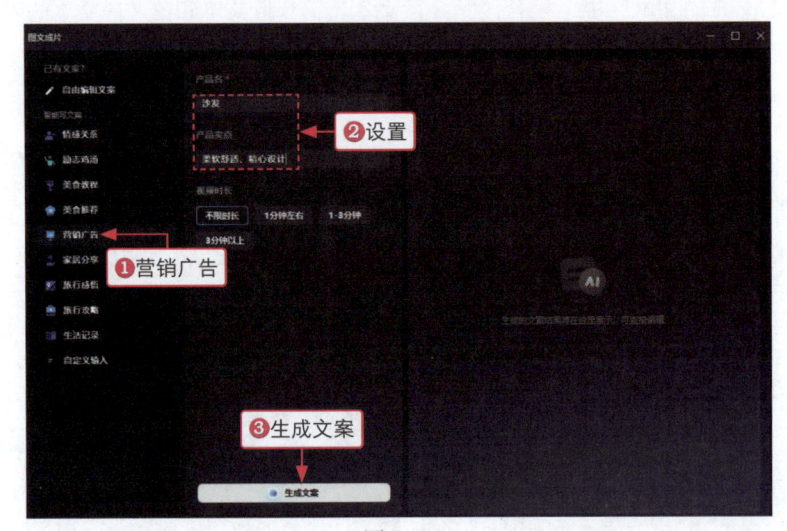

图4-45

步骤 03　稍等片刻,即可生成文案,单击"生成视频"按钮,如图4-46所示。

图4-46

> **温馨提示** 运营者使用"图文成片"功能时,剪映会根据要求生成 3 篇文案,如果不满意还可以单击"重新生成"按钮,再次生成新的文案。

步骤 04 弹出"请选择成片方式"面板,选择"智能匹配素材"选项,如图 4-47 所示。
步骤 05 稍等片刻,即可生成一段视频,如图 4-48 所示。

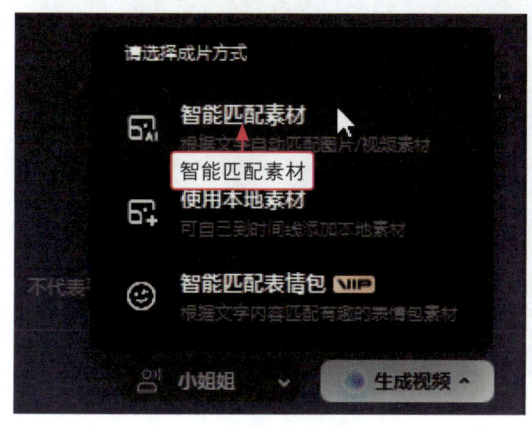

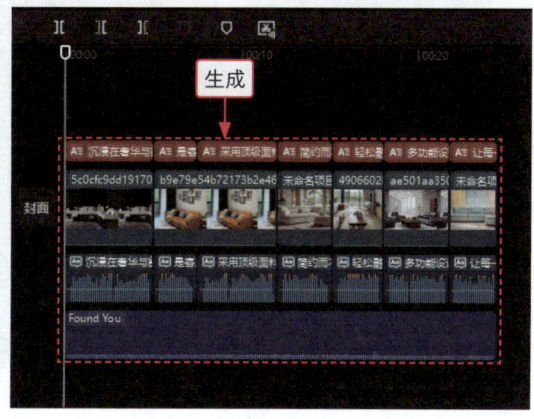

图4-47　　　　　　　　　　图4-48

本章小结

本章主要介绍了可灵 AI 与剪映两大 AI 视频生成工具。先介绍了两种 AI 工具的网页版页面;然后介绍了 AI 视频生成的相关知识;接着介绍了可灵 AI 生成视频的 4 种方法,包括模板生视频、文本生视频、图片生视频及首尾帧生视频;最后介绍了用剪映生成视频的两种方式,包括模板成片及图文成片。本章通过多个案例帮助大家掌握视频创作的技巧。

课后实训

鉴于本章知识的重要性,为了帮助读者更好地掌握所学知识,下面将通过课后实训,帮助读者进行简单的知识回顾。

实训任务 在可灵 AI 中,使用"一键同款"功能生成视频,效果如图 4-49 所示。

下面介绍在可灵 AI 中生成图片效果的操作方法。

图4-49

步骤 01　进入可灵 AI 的"首页"页面，❶单击"创意圈"按钮，进入"创意圈"页面；❷在对应模板的上方，单击"一键同款"按钮，如图 4-50 所示。

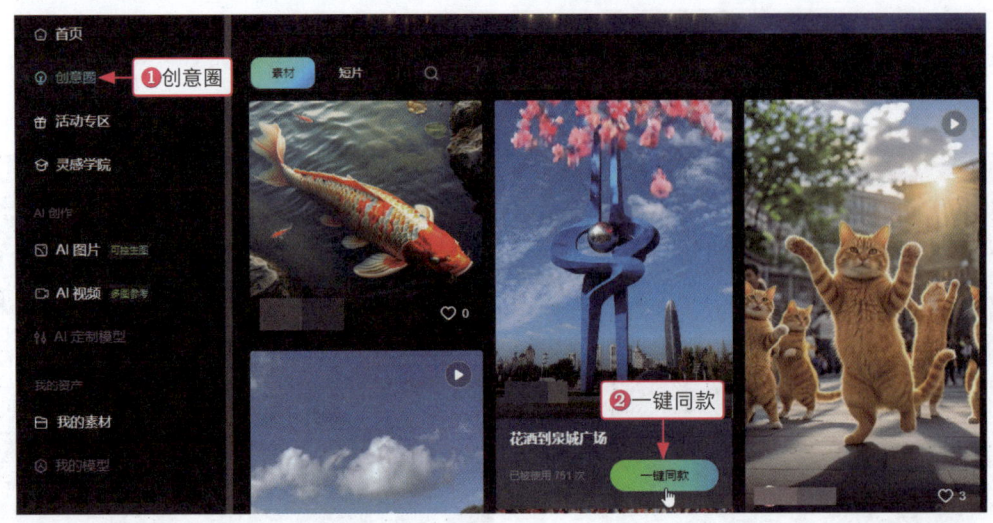

图4-50

步骤 02　进入"AI 视频"页面，左侧的面板中会自动显示相应的模板参数，单击"立即生成"按钮，如图 4-51 所示。

步骤 03　执行操作后，即可生成一条相关的视频，如图 4-52 所示。

图4-51　　　　　　图4-52

第 5 章　声动人心：AI 音乐创作与制作

AI 不仅使音乐创作更加高效和多样化，还拓展了创作的边界和可能性，推动了音乐产业的创新与发展。本章对豆包和海绵音乐这两个 AI 工具的页面和创作技巧进行介绍，帮助运营者生成个性化的 AI 音乐作品。

5.1 AI 音乐创作工具

AI 音乐是指利用 AI 技术进行音乐创作、编曲、制作和表演的音乐形式。它能够模仿和生成各种音乐风格，快速定制旋律、和声及配乐，为用户提供无限的可能性和便捷性。本节将对豆包和海绵音乐这两个 AI 音乐创作工具进行介绍。

5.1.1 豆包

豆包是由字节跳动公司开发的 AI 工具，它不仅可以进行自然语言对话和文本生成，还上线了"音乐生成"功能。该功能允许用户输入主题或自创歌词，并设定音乐风格、情绪和音色，然后一键生成约 1 分钟的原创歌曲。

豆包"音乐生成"功能的优势在于其智能化和个性化，能够根据用户输入的主题或歌词实现与音乐风格的精准匹配，确保生成的音乐作品与用户的期望高度契合，从而降低音乐创作的门槛。

用户登录并进入豆包首页后，需要单击"音乐生成"按钮，才能进入"音乐生成"页面，进行 AI 音乐的创作，如图 5-1 所示。

图5-1

下面对"音乐生成"页面中的主要部分进行讲解。

❶ 导航栏：该区域包含"AI 搜索""帮我写作""图像生成""AI 阅读""AI 编程""语音通话""最近对话""AI 云盘""我的智能体"和"收藏夹"等标签，可以帮助用户前往所需页面。

❷ 灵感区：这里展示了其他人分享的 AI 音乐作品，用户可以从中获取音乐创作的灵感，如将光标移

至喜欢的作品上,单击"做同款"按钮,会自动填入提示词并设置相同的参数,单击"发送"按钮⬆️,即可生成相关的音乐作品。

❸ 设置区:该区域是用户生成音乐的关键,用户需要在此输入歌词或主题,并设置音乐风格、情绪和音色,然后单击"发送"按钮⬆️,发送设置的所有参数,即可让 AI 生成符合需求的音乐。

5.1.2 海绵音乐

海绵音乐是由字节跳动公司推出的 AI 音乐创作平台,它支持灵感创作和自定义写词两种模式,用户可以通过输入关键词或一句话灵感快速生成音乐作品,也可以自定义音乐的旋律、节奏、和声及歌词等。

用户登录并进入海绵音乐网页版后,只需在左侧的导航栏单击"创作"按钮,即可进入"创作"页面,开始 AI 音乐的创作,如图 5-2 所示。

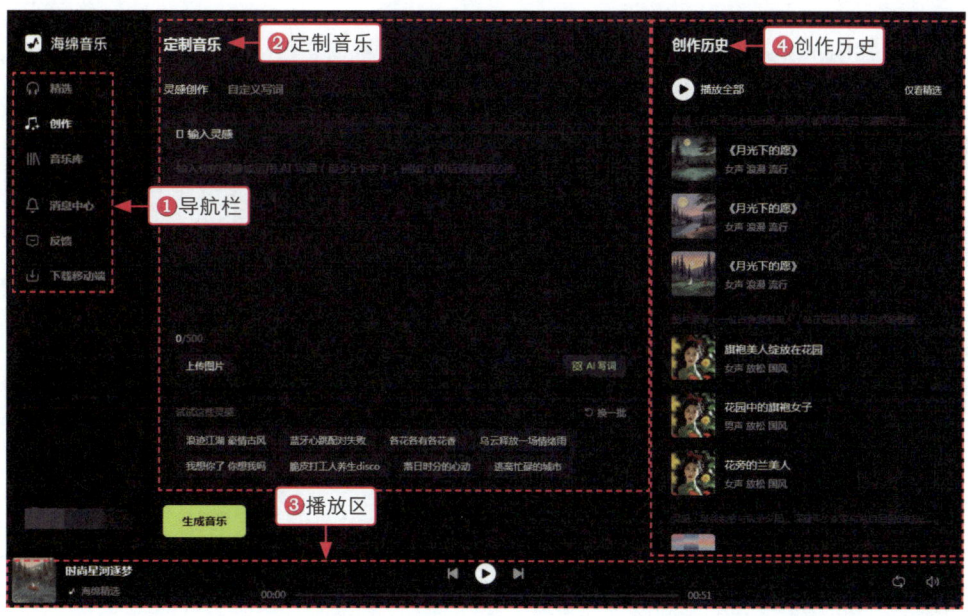

图5-2

下面对"创作"页面中的主要部分进行讲解。

❶ 导航栏:用户通过单击导航栏中的按钮,可以进入对应的页面进行操作。例如,进入"精选"页面,可以查看系统推荐的音乐;进入"创作"页面,可以创作属于自己的音乐作品;进入"音乐库"页面,可以查看过往创作和点赞的音乐作品。

❷ 定制音乐:在该区域中,用户可以通过"灵感创作"选项卡或"自定义写词"选项卡中的功能进行音乐的生成。以"灵感创作"选项卡为例,用户可以通过输入文字灵感、使用平台提供的随机灵感或上传图片来生成歌曲或纯音乐。

❸ 播放区:用户可以选择感兴趣的音乐作品进行试听。试听时,播放区中会显示作品名称、作者昵称、作品时长和播放进度,用户可以在其中切换播放的音乐作品、暂停或开始播放当前音乐、设置播放模式和调整音量大小。

❹ 创作历史:该区域默认显示用户创作的所有音乐作品,单击"播放全部"按钮,可以按顺序播放所有歌曲;单击"仅看精选"按钮,该区域中就只会显示所有进入过首页精选的歌曲。

5.2 豆包音乐，一键生成

运营者使用豆包创作 AI 音乐有两种方式：第 1 种是输入主题并设置音乐的风格、情绪和音色，让 AI 根据主题和设置的参数创作歌词和歌曲；第 2 种是输入准备好的歌词，并设置好音乐的参数，让 AI 进行创作。本节将介绍这两种方法的操作技巧。

5.2.1 AI 创作：歌词与歌曲的诞生

运营者在让 AI 创作歌词和歌曲时，要精准地概括并描述出歌词和歌曲的主题，以便 AI 能够理解用户的需求，创作出动人的音乐，下面介绍使用豆包创作歌词和歌曲的操作方法。

步骤 01 登录并进入豆包首页，单击"音乐生成"按钮，如图 5-3 所示。

图5-3

步骤 02 进入"音乐生成"页面，在设置区中，❶输入歌词主题为"追求梦想"；❷单击"流行"右侧的下拉按钮；❸在弹出的风格列表框中，选择"朋克"选项，如图 5-4 所示，修改歌曲的音乐风格。

图5-4

• 第 5 章 • 声动人心：AI 音乐创作与制作

步骤 03　用同样的方法，❶设置"情绪"为"鼓舞"，音色为"男声"；❷单击"发送"按钮↑，如图 5-5 所示。

图5-5

步骤 04　稍等片刻，AI 即可生成歌曲，单击歌曲右上角的 ▶ 按钮，如图 5-6 所示，即可试听歌曲。

步骤 05　如果用户对歌曲满意，可以单击歌曲左下角的 ↓ 按钮，如图 5-7 所示，将歌曲下载到本地文件夹。

图5-6　　　　　　　　　　　　　图5-7

> **温馨提示**
> 豆包在创作歌曲时，会生成歌曲封面和背景图，但是用户下载的歌曲视频中是没有封面和背景图的，如果用户有需求，可以对歌曲视频进行编辑和美化。
> 如果用户没有灵感，还可以选择音乐素材库中的歌曲，单击"做同款"按钮生成歌曲。

5.2.2　AI 谱曲：歌词变旋律的魔法

运营者如果已经有了歌词，或者对歌词有更具体的要求，可以先自行准备好歌词，让豆包根据提供的歌词和设置的参数进行音乐的创作，下面介绍具体的操作方法。

步骤 01　在上一例对话页面的左上方，单击"新对话"按钮，如图 5-8 所示。

095

步骤 02 执行操作后,即可新建一个对话,并进入新的对话页面。❶在底部的输入框中输入提示词;❷单击"发送"按钮 ⬆,如图5-9所示。

图5-8

图5-9

步骤 03 执行操作后,即可让豆包生成歌词,相关提示词及回复内容如下。

> 文化部门打算举办一个宣传苏绣文化的线上云展览活动,在拍摄完苏绣的宣传片后,我需要为视频配上背景音乐,请先帮我生成一首符合这次宣传活动的歌词。要求:不超过 200 字,风格典雅大气。

《绣韵千年》

银针丝线舞霓裳,
苏绣画卷韵悠长。
花鸟鱼虫皆入框,
千年技艺绽华光。
针下生花意未央,
江南灵秀此间藏。
锦绣山河织梦想,
传承佳话永流芳。
丝线穿梭岁月章,
指尖艺术绽芬芳。
苏绣之美天下仰,
文化瑰宝耀八方。

……

步骤 04 ❶在回复下方单击"复制"按钮 📋,复制 AI 创作的歌词;❷单击输入框上方的"音乐生成"按钮,如图 5-10 所示。

步骤 05 弹出相应面板,❶单击"AI 帮我写歌词"右侧的下拉按钮 ⌄;❷在弹出的列表框中选择"自定义歌词"选项,如图 5-11 所示。

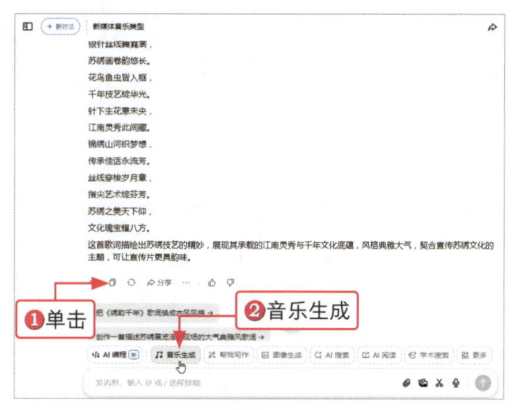

图5-10　　　　　　　　　　　　　　　　图5-11

步骤 06　弹出"歌词"对话框，❶按【Ctrl+V】组合键，将复制的歌词粘贴在输入框中；❷删除多余的歌词后，单击"确认"按钮，如图 5-12 所示，即可上传歌词。

步骤 07　执行操作后，❶设置"情绪"为"放松"；❷单击"发送"按钮，如图 5-13 所示。

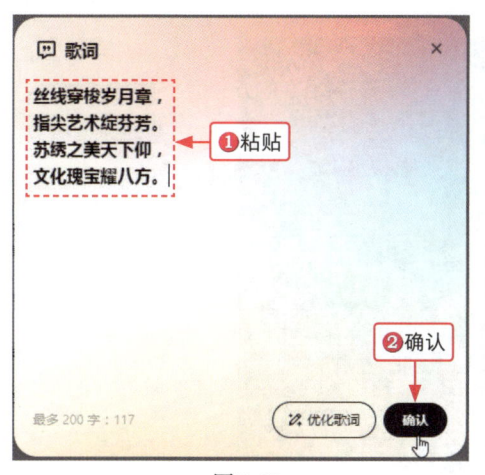

图5-12　　　　　　　　　　　　　　　　图5-13

步骤 08　稍等片刻，即可生成一首宣传片主题曲，效果如图 5-14 所示。

图5-14

5.3 海绵音乐，让创意无限

在海绵音乐中，有两种创作方式：一种是输入灵感提示词和歌词文本来创作纯音乐或歌曲，另一种是上传图片，让 AI 根据图片来创作歌词和歌曲。本节主要介绍这两种音乐创作方法的操作技巧。

5.3.1 灵感触发：纯音乐创作

效果展示 运营者可以在海绵音乐的"灵感创作"模式下，输入与音乐主题相关的关键词或短语，选择生成纯音乐，AI 系统会根据这些关键词生成与主题相符的音乐作品，音乐视频效果如图 5-15 所示。

图5-15

下面介绍在海绵音乐中输入灵感提示词创作纯音乐的操作方法。

步骤 01 登录并进入海绵音乐的"精选"页面，在左侧的导航栏中单击"创作"按钮，如图 5-16 所示。

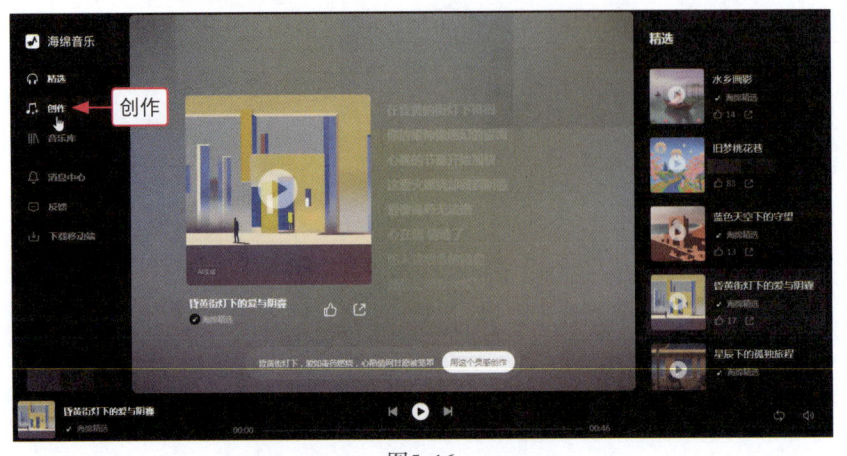

图5-16

步骤 02　进入"创作"页面，在"灵感创作"选项卡中，❶输入灵感提示词；❷单击"纯音乐"右侧的相应按钮，打开"纯音乐"开关；❸单击"生成音乐"按钮，选如图5-17所示。

步骤 03　执行操作后，海绵音乐会根据灵感提示词生成3首纯音乐，❶将光标移至第1首纯音乐右侧的按钮上；❷在弹出的面板中，单击二维码下方的"下载视频"按钮，如图5-18所示，即可将音乐视频下载到本地文件夹。

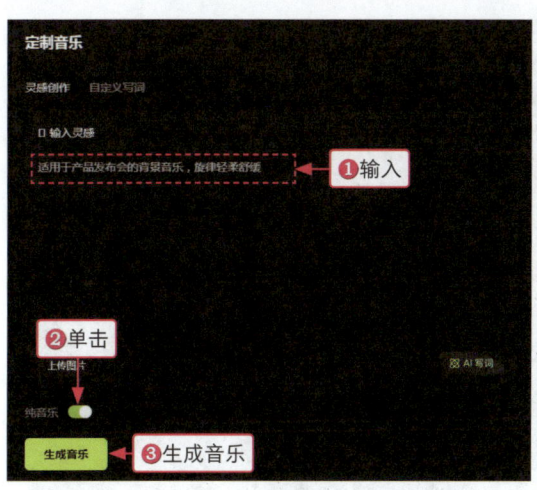

图5-17

图5-18

> **温馨提示**　在"灵感创作"选项卡中，输入的灵感提示词至少为5个字，用户可以从歌词主题、风格、旋律及应用场景等方面进行描述。

5.3.2　歌词编织：歌曲的诞生

效果展示　在海绵音乐中，运营者可以选择"自定义写词"选项卡，输入准备好的500字以内的歌词文本，并选择对歌曲的所有要求，包括曲风、心情和音色等，AI就会根据要求生成用户想要的音乐，音乐视频效果如图5-19所示。

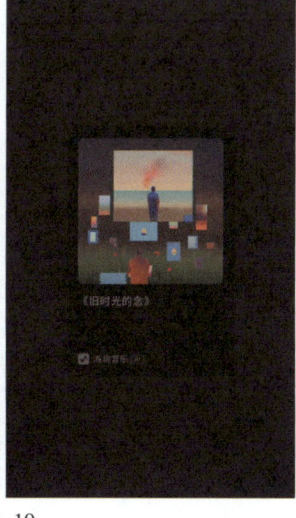

图5-19

下面介绍在海绵音乐中输入歌词创作歌曲的操作方法。

步骤 01 登录并进入海绵音乐的"精选"页面，在左侧的导航栏中单击"创作"按钮，如图5-20所示。

步骤 02 进入"创作"页面，❶切换至"自定义写词"选项卡；❷输入歌词内容，如图5-21所示。

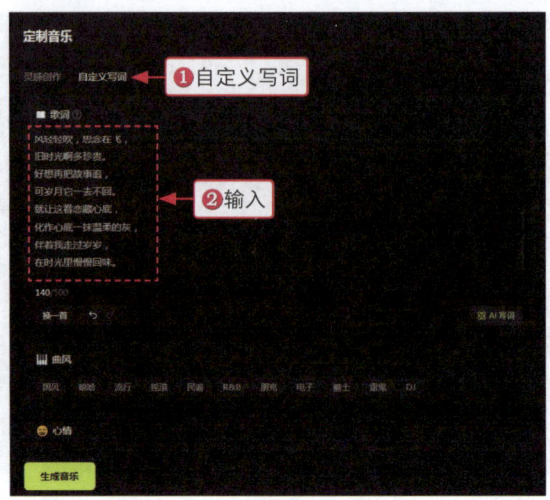

图5-20　　　　　　　　　　　图5-21

> **温馨提示**：如果用户没有准备好歌词，可以在"灵感创作"选项卡中输入文字灵感进行生成；也可以单击图5-22中的"AI写词"按钮，进入相应页面，在其中输入相应的提示词，让AI生成歌词。

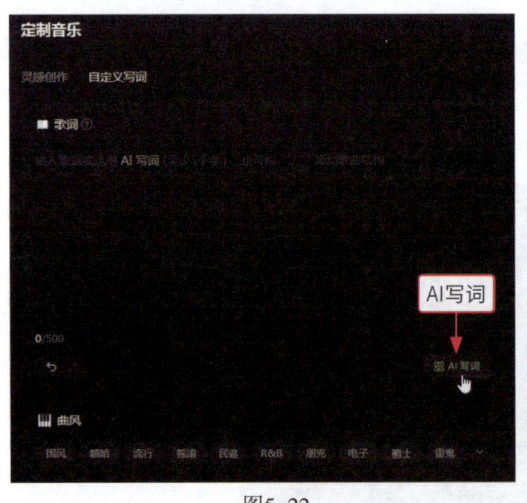

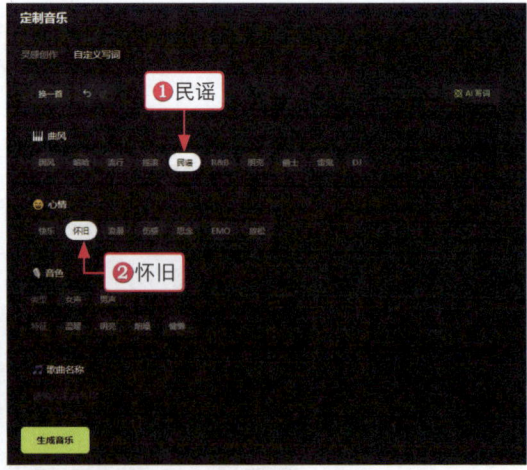

步骤 03 ❶在"曲风"选项区中，选择"民谣"选项；❷在"心情"选项区中，选择"怀旧"选项，如图5-23所示，设置音乐的风格。

图5-22　　　　　　　　　　　图5-23

步骤 04 ❶在"音色"选项区中，设置"类型"为"男声"，"特征"为"温暖"；❷输入"歌曲名称"为"《旧时光的念》"；❸单击"生成音乐"按钮，如图5-24所示。

步骤 05 执行操作后，海绵音乐会根据歌词和设置的参数生成3首歌曲，如图5-25所示。

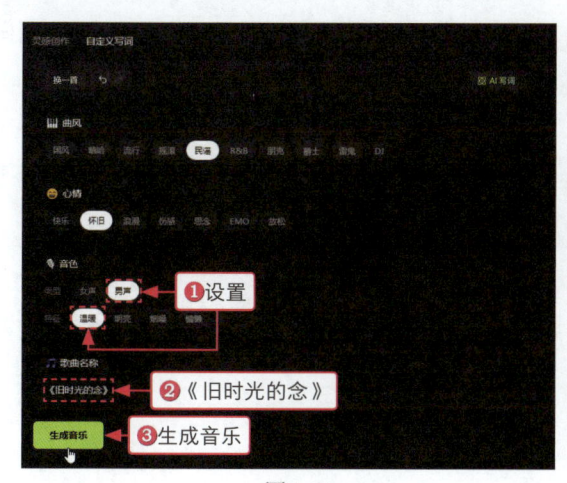

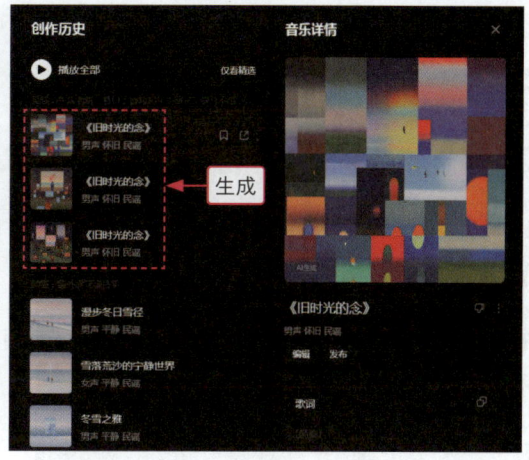

图5-24　　　　　　　　　　　　　　　　图5-25

> 在生成音乐后，用户可以使用微信扫描二维码或者复制链接来分享创作的 AI 音乐。

5.3.3　图像启发：创作独特歌曲

效果展示　目前，海绵音乐只支持在"灵感创作"选项卡中上传图片进行创作。另外，运营者上传图片后，也可以适当输入一些文本来描述自己的需求，从而避免 AI 生成的歌曲出现偏差。上传图片创作的音乐视频效果如图 5-26 所示。

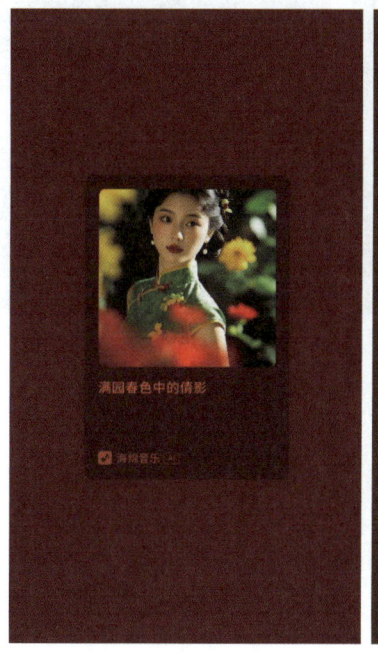

图5-26

下面介绍在海绵音乐中上传图片创作歌曲的操作方法。

步骤 01　进入海绵音乐的"创作"页面，在"灵感创作"选项卡中，单击"上传图片"按钮，如图 5-27 所示。

步骤 02　弹出"打开"对话框，❶选择图片；❷单击"打开"按钮，如图 5-28 所示，即可上传图片。

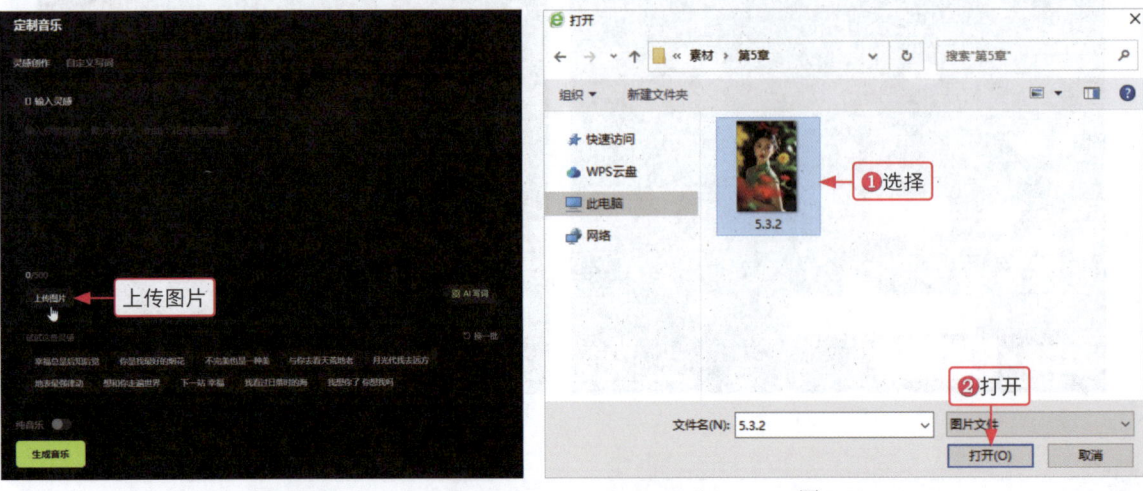

图5-27

图5-28

步骤 03　返回"灵感创作"选项卡，❶在图片下方输入补充文本；❷单击"生成音乐"按钮，如图 5-29 所示。

步骤 04　执行操作后，即可获得 AI 生成的 3 首歌曲，如图 5-30 所示。

图5-29

图5-30

本章小结

本章主要介绍了豆包与海绵音乐两大 AI 音乐生成工具。先介绍了用豆包生成音乐的两种方式，分别是 AI 创作歌词与歌曲及 AI 根据歌词创作歌曲；然后介绍了用海绵音乐生成音乐的 3 种方式，包括输入灵感提示词创作纯音乐、输入歌词创作歌曲和上传图片创作歌曲。本章通过几个实际案例帮助大家掌握用 AI 快速生成音乐的技巧。

课后实训

鉴于本章知识的重要性,为了帮助读者更好地掌握所学知识,下面将通过课后实训,帮助读者进行简单的知识回顾。

实训任务 使用海绵音乐输入文本创作一首歌曲,音乐视频效果如图 5-31 所示。

图5-31

下面介绍在海绵音乐中输入文本创作歌曲的操作方法。

步骤 01 登录并进入海绵音乐,进入"创作"页面,❶切换至"自定义写词"选项卡;❷输入歌词内容,如图 5-32 所示。

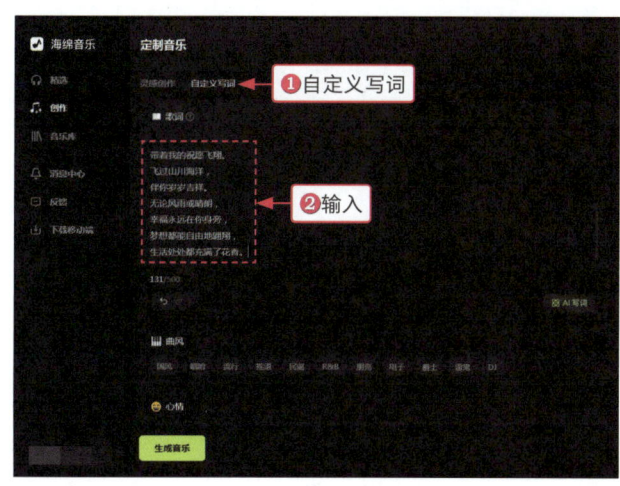

步骤 02 ❶在"曲风"选项区中,选择"流行"选项;❷在"心情"选项区中,选择"浪漫"选项,如图 5-33 所示,设置音乐的风格。

图5-32　　　　　　　　　　　　图5-33

步骤 03 ❶在"音色"选项区中,设置"类型"为"女声","特征"为"明亮";❷输入"歌曲名称"为"《月光下的愿》";❸单击"生成音乐"按钮,如图 5-34 所示。

步骤 04　执行操作后,海绵音乐会根据歌词和设置的参数生成 3 首歌曲,如图 5-35 所示。

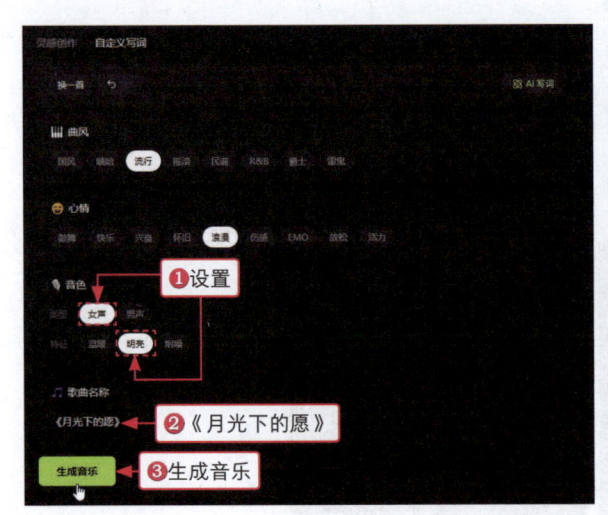

图5-34

图5-35

第 6 章　流量翻倍：AI 引流获客方法与实战

在新媒体的激烈竞争中，如何高效地引流并吸引粉丝成为每个新媒体运营者的关键目标。在 AI 的助力下，新媒体引流的方式变得更加智能和高效。本章将深入探讨 AI 引流的核心价值，并结合 AI 的优势，分享多种行之有效的引流策略，帮助运营者在众多竞争者中脱颖而出。

6.1 AI 引流的核心价值

在当今这个信息爆炸的新媒体时代，传统的引流方式已难以满足企业对精准营销与高效增长的迫切需求。AI 引流，凭借其强大的数据分析、个性化推荐及自动优化能力，正逐步成为新媒体运营的新宠。本节将深入剖析 AI 引流的核心价值，助力运营者在新媒体环境中脱颖而出。

6.1.1 用户行为分析

AI 技术在用户行为分析中的应用日益广泛，它通过多种技术手段，深入挖掘用户数据，帮助运营者理解用户需求、优化阅读体验、提升引流效果。

AI 技术分析用户历史行为（点击、浏览、停留、互动、搜索等），识别行为模式，结合注册信息（年龄、性别、地理位置等）构建基础画像，并打上兴趣标签（如"科技爱好者"），随后根据兴趣标签推荐相关内容。下面是关于 AI 技术在用户行为分析中的具体应用，如图 6-1 所示。

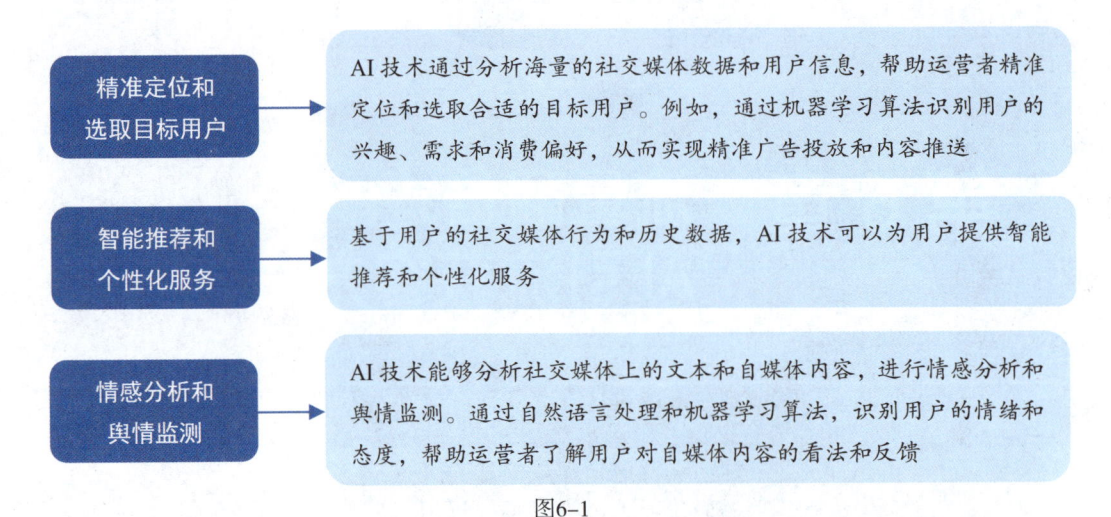

精准定位和选取目标用户	AI 技术通过分析海量的社交媒体数据和用户信息，帮助运营者精准定位和选取合适的目标用户。例如，通过机器学习算法识别用户的兴趣、需求和消费偏好，从而实现精准广告投放和内容推送
智能推荐和个性化服务	基于用户的社交媒体行为和历史数据，AI 技术可以为用户提供智能推荐和个性化服务
情感分析和舆情监测	AI 技术能够分析社交媒体上的文本和自媒体内容，进行情感分析和舆情监测。通过自然语言处理和机器学习算法，识别用户的情绪和态度，帮助运营者了解用户对自媒体内容的看法和反馈

图6-1

例如，微博、抖音等新媒体平台利用 AI 技术进行用户行为分析，识别用户的兴趣偏好，实现精准广告投放和内容推送。同时，通过情感分析和舆情监测，帮助运营者了解用户对内容和品牌的反馈，及时调整推广策略。

6.1.2 内容个性化推荐

内容个性化推荐是指利用 AI 技术分析用户数据，洞悉他们的兴趣偏好，并提供精准的内容推荐。内容个性化推荐不仅可以增强用户的满意度和黏性，还能增强新媒体的商业价值。

内容个性化推荐系统的构建主要基于机器学习和数据挖掘技术，自动学习用户行为，预测需求，并挖掘数据价值，发现用户与内容的关联性。具体来说，个性化推荐系统通常会采用以下几种算法。

（1）协同过滤算法：该算法通过分析用户的历史行为和兴趣偏好，找到与用户兴趣相似的其他潜在用户，然后基于这些相似用户的行为，为用户推荐可能感兴趣的内容。

（2）内容过滤算法：该算法主要分析内容的特征，如标题、描述、标签等，然后与用户的兴趣偏好进行匹配，为用户推荐符合其兴趣的内容。

（3）混合推荐算法：该算法将协同过滤和内容过滤两种算法结合起来，既考虑了用户的行为模式，又考虑了内容的特征，以提供更加全面和准确的推荐。

例如，今日头条和腾讯新闻通过 AI 技术，分析用户的阅读习惯、兴趣偏好等数据，为用户推荐个性化的资讯内容，相关示例如图 6-2 所示。今日头条平台利用自然语言处理、深度学习等技术，实现新媒体内容的智能分类、标签化，提高了推荐的准确性和时效性。

图6-2

6.1.3　提升用户参与度和互动性

AI 在提升新媒体平台用户参与度和互动性方面发挥着至关重要的作用，这对新媒体的引流推广具有以下意义。

（1）AI 能够通过精准的用户行为分析，实现个性化内容推荐，这不仅提高了用户的参与度，还增加了用户对新媒体平台的忠诚度。当用户发现平台能够持续提供他们感兴趣的内容时，他们更有可能成为长期活跃用户，并通过口碑传播吸引新的潜在用户。

（2）AI 在提升互动性方面的应用，如智能客服、聊天机器人等，能够即时响应用户的咨询和反馈，增强用户的参与体验。这种即时的、个性化的互动可以激发用户的情感连接，从而提高用户黏性和活跃度。

（3）AI 的数据分析能力可以帮助运营者洞察用户需求和市场趋势，从而制定更有效的推广策略。通过 AI 分析得出的用户画像和行为模式，运营者可以有针对性地进行内容创作和营销活动，提高推广的精准度和转化率。

（4）AI 还能够通过监控数据波动情况，实时调整推广策略，确保新媒体内容与用户需求保持同步，实现动态优化。这种智能化的推广方式，不仅节省了人力成本，还提高了推广效率和效果。

例如，微信读书平台使用 AI 技术，根据用户的行为、偏好和历史数据，推荐个性化的内容，从而增加用户黏性。另外，AI 还能够通过智能交互，如自然语言处理和语音识别技术，提供语音交互服务，减少用户操作步骤，提升便捷性和友好性。

6.1.4 智能广告投放与优化

随着数字营销时代的到来，广告投放作为运营者推广的重要手段，正逐渐向更加精准、高效和自动化的方向发展。AI 技术的应用，使得广告投放能够实时分析用户的在线行为和兴趣偏好，从而确定最佳的广告投放时间和渠道，为智能广告投放与优化带来了革命性的变化。

AI 技术通过深度学习和数据分析，能够洞察用户的潜在需求，并根据用户的个性化特征进行精准投放。这种投放方式不仅能够提高广告的点击率和转化率，还能够降低广告成本，提升营销效果。AI 驱动智能广告投放与优化，主要通过以下 3 种方式来实现，如图 6-3 所示。

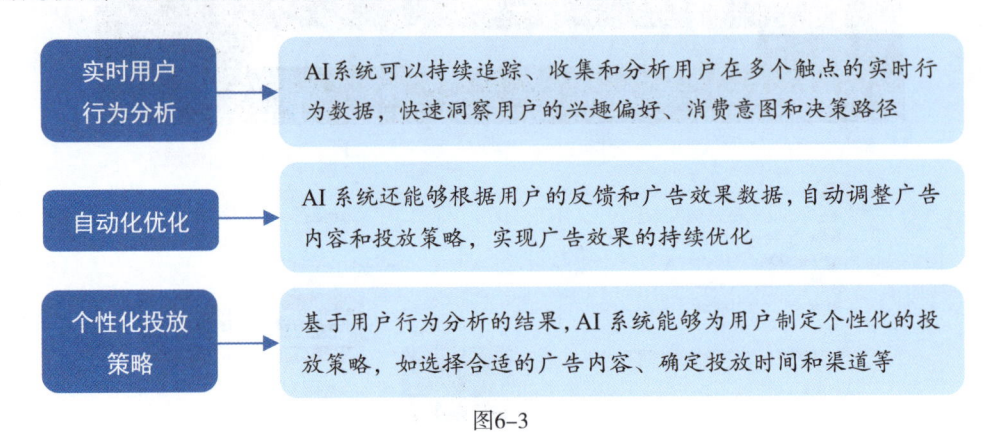

实时用户行为分析	AI 系统可以持续追踪、收集和分析用户在多个触点的实时行为数据，快速洞察用户的兴趣偏好、消费意图和决策路径
自动化优化	AI 系统还能够根据用户的反馈和广告效果数据，自动调整广告内容和投放策略，实现广告效果的持续优化
个性化投放策略	基于用户行为分析的结果，AI 系统能够为用户制定个性化的投放策略，如选择合适的广告内容、确定投放时间和渠道等

图6-3

运营者在利用 AI 进行智能广告投放与优化时，需要理解下面几个关键点，以更好地了解 AI 在广告投放中的作用，掌握 AI 引流推广技巧。

（1）个性化广告推荐：AI 技术通过深度学习算法，能够根据用户的行为和偏好提供个性化的广告推荐，从而提高用户的互动率和转化率。

（2）效果为王：运营者越来越注重广告投放的实际效果，而不只是覆盖范围，AI 技术可以帮助运营者在有限的预算下实现更高的投资回报率。

（3）实时数据分析与优化：AI 可以实时分析广告活动的数据，为运营者提供及时的优化方案，确保广告活动的灵活性和高效性。

（4）预测性分析优化：AI 技术通过对历史数据的分析，具备预测广告效果的能力，帮助运营者更有针对性地调整广告投放策略。

（5）智能化投放决策：AI 系统能够自动调整广告投放策略，以最大程度地提高广告效果，降低成本。

6.1.5 流量趋势预测与分析

AI 在新媒体预测与分析流量趋势中的应用除了内容优化、个性化推荐、广告投放优化，还可以自动收集来自不同渠道的数据，包括用户行为数据、内容表现数据等，并将这些数据整合到一个统一的平台进行分析。利用机器学习算法，AI 还能够识别流量数据中的趋势和模式，并据此预测未来的流量变化，帮助运营者把握时机，进行内容发布或推广活动。

AI 不仅能够监测流量数据中的异常波动，及时预警可能的风险，如流量下降或负面反馈增多，使运营者能够迅速响应，还能够进行市场细分，帮助运营者识别不同的用户群体，实现更精准的推广和内容定制。

另外，AI 系统还能够实时监控流量数据，并生成数据报告，使运营者能够及时了解推广活动的效果，并做出相应调整，并分析不同推广渠道的成本效益，帮助运营者在有限的预算下实现最大化的推广效果。

例如，抖音平台的数据中心可以对作品、粉丝及收入等多个维度进行深入分析，如图 6-4 所示。抖音的 AI 系统不仅能够分析不同时间段的流量变化，预测高峰时段，为运营者提供发布内容的最佳时间建议，以最大化观看量和互动率，还能够通过分析用户对不同类型内容的反应，预测市场趋势，如哪些话题或挑战可能会流行起来，帮助运营者抓住热点，提高内容的传播效果。

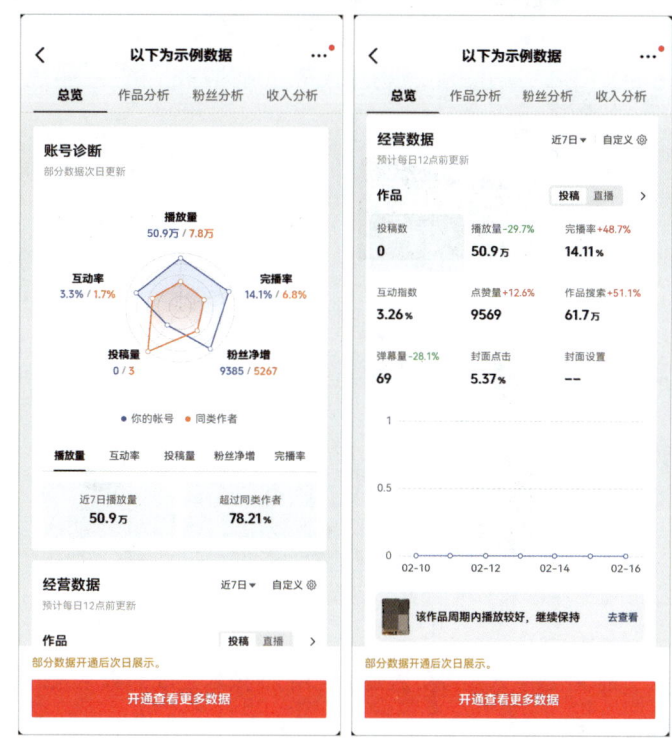

图6-4

6.2　风起，AI 数字人矩阵引流

在新媒体运营的竞争中，运营者们不断探索创新手段，以提升品牌影响力和用户黏性。今天，我们将揭秘一种前沿策略——AI 数字人矩阵引流。通过构建各具特色的 AI 数字人矩阵，运营者不仅能精准定位目标用户，还能实现高效互动与个性化服务，为品牌注入新鲜活力。本节将带大家一起探索 AI 数字人矩阵引流的相关知识。

6.2.1　数字人矩阵引流的定义

AI 数字人是一种采用 AI 技术和仿真技术创建的虚拟人物，它结合了人类外貌、语音和认知能力，能够与人类进行交流和互动。这些数字人具备高度真实感和吸引力，能够为用户提供全新的视觉体验。在商业领域中，AI 数字人因其独特的形象和表现力，成为吸引用户关注和提升品牌影响力的有力工具。同时，AI 数字人的出现，也极大地丰富了新媒体的表现形式，为新媒体内容创作带来了无限可能。

例如，腾讯智影是深圳市腾讯计算机系统有限公司开发的一款云端智能视频创作工具，它借助强大的 AI 功能，为用户提供文本配音、数字人播报、自动字幕识别等高效便捷的视频创作服务。其数字人功能允许用户通过输入文本或音频内容，快速生成数字人播报视频，支持多种风格的数字人形象选择和背景自定义，极大降低了数字人内容的创作门槛，如图 6-5 所示。

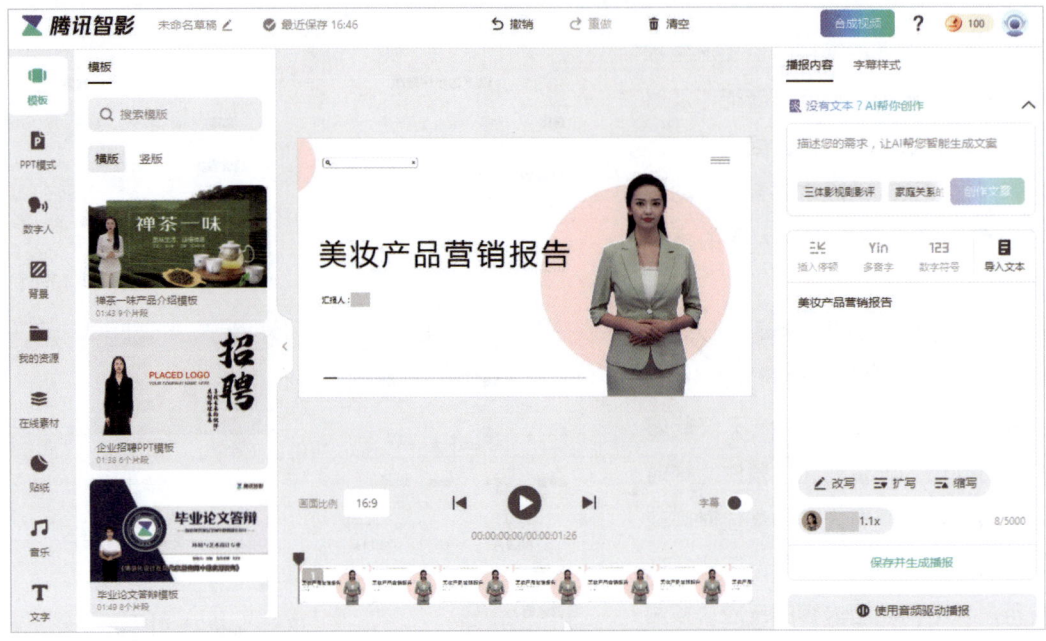

图6-5

而 AI 数字人矩阵引流是指利用 AI 技术生成的数字人形象，并结合矩阵式的多渠道发布策略，来吸引和汇聚流量的营销方式。它结合了 AI 技术的先进性和数字人形象的独特性，通过多个社交媒体、新媒体或电商平台等渠道，实现内容的广泛传播和用户的深度互动，从而达到提升品牌曝光度、增加粉丝数量、提高转化率等营销目标。

下面介绍 AI 数字人矩阵引流的作用，如图 6-6 所示。

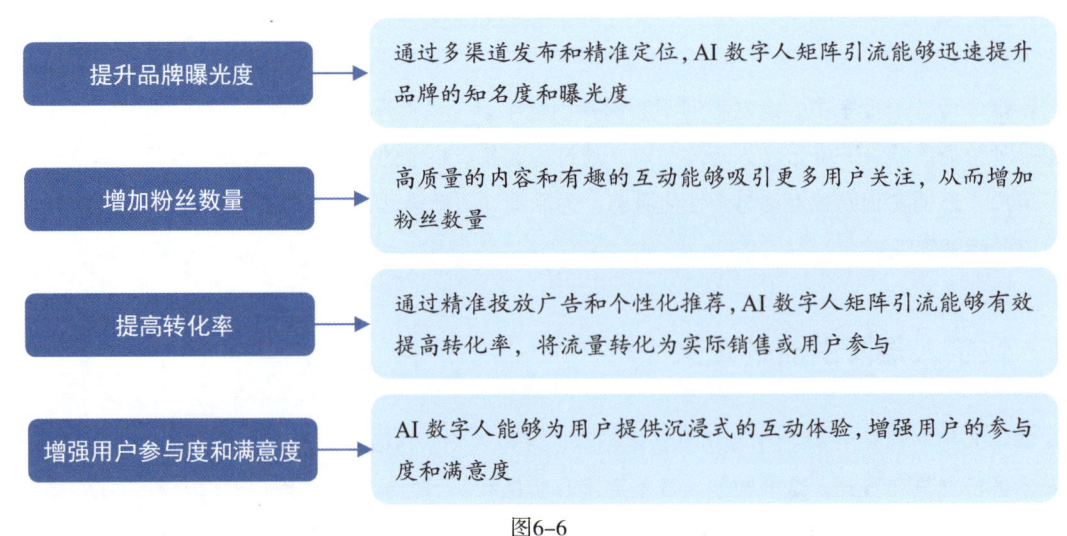

提升品牌曝光度	通过多渠道发布和精准定位，AI 数字人矩阵引流能够迅速提升品牌的知名度和曝光度
增加粉丝数量	高质量的内容和有趣的互动能够吸引更多用户关注，从而增加粉丝数量
提高转化率	通过精准投放广告和个性化推荐，AI 数字人矩阵引流能够有效提高转化率，将流量转化为实际销售或用户参与
增强用户参与度和满意度	AI 数字人能够为用户提供沉浸式的互动体验，增强用户的参与度和满意度

图6-6

6.2.2 数字人矩阵引流的实施步骤

数字人矩阵引流的实施步骤共有 5 步，下面介绍具体实施步骤。

1．策划与准备

运营者实现 AI 数字人矩阵引流的第一步要做好前期的策划与准备工作，如图 6-7 所示。

策划与准备工作
- 明确引流目标和受众定位，分析目标受众的地理位置、年龄、性别、兴趣爱好等信息
- 根据受众特征，为 AI 数字人设定明确的主题和风格，确保内容能够吸引目标受众的注意
- 准备 AI 数字人形象和相关内容，包括短视频、直播脚本、互动话术等

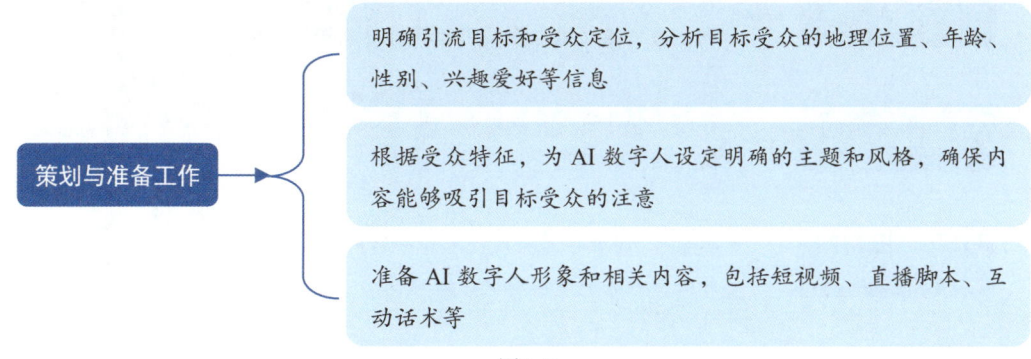

图6-7

2．技术搭建与平台选择

做好前期的策划与准备工作后，运营者要选择合适的 AI 数字人生成平台，选择或创建符合目标受众喜好的数字人形象，确保数字人形象逼真、自然。同时，在多个新媒体平台注册并认证账号，如抖音、快手、B 站、小红书等，形成矩阵布局。

3．内容策划与制作

结合目标受众的需求和兴趣，策划有趣且富有创意的短视频或直播内容。这些内容可以包括行业动态、产品介绍、知识分享、技能传授、情感咨询等，旨在吸引目标受众的注意并引导他们进行互动和分享。在制作过程中，可以利用数字人矩阵的优势，快速生成多样化的内容形式，以适应不同平台的需求。同时，注重内容的质量和创意性，以确保内容具有吸引力和传播性。

4．多平台矩阵化分发

将制作好的短视频或直播内容一键发布到多个新媒体账号上，实现多渠道推广。这包括各大新媒体平台，根据目标受众的喜好和平台特点选择合适的发布时间和形式。通过矩阵化分发，可以最大化地扩大内容的曝光度和影响力，从而吸引更多流量。同时，注意遵守各平台的规则和政策，避免违规操作导致账号被封禁或降低权重。

5．监测与优化

最后，通过 AI 技术收集和分析用户数据，实时监控引流过程中的各项指标，如观众人数、互动频率、转化率等，以适应目标受众的变化和需求。根据数据分析结果优化内容策略和推广方式，以提高引流效率。同时，关注用户反馈和互动情况，及时回复用户留言和评论，提高用户的参与度和黏性。

6.2.3 数字人矩阵引流的注意事项

数字人矩阵引流需要注意合规性、用户隐私保护、技术稳定性及内容质量等多个方面，只有综合考虑这些因素，才能更好地实现数字人矩阵的有效引流和品牌推广。下面介绍数字人矩阵引流的几个注意事项，如图6-8所示。

合规性	在发布内容和进行互动时，要确保遵守相关法律法规和平台规则，避免违规操作导致账号被封禁或降低权重
用户隐私保护	在收集和分析用户数据时，要确保用户隐私的安全和合规性，防止泄露和滥用
技术稳定性	要确保AI数字人生成技术和平台的技术稳定性，避免出现故障或卡顿等问题影响用户体验
内容质量	要注重内容的质量和创意性，避免低俗、重复或缺乏吸引力的内容导致用户流失
持续优化	要根据用户反馈和市场变化不断优化AI数字人矩阵引流的内容和策略，提高引流效率和效果

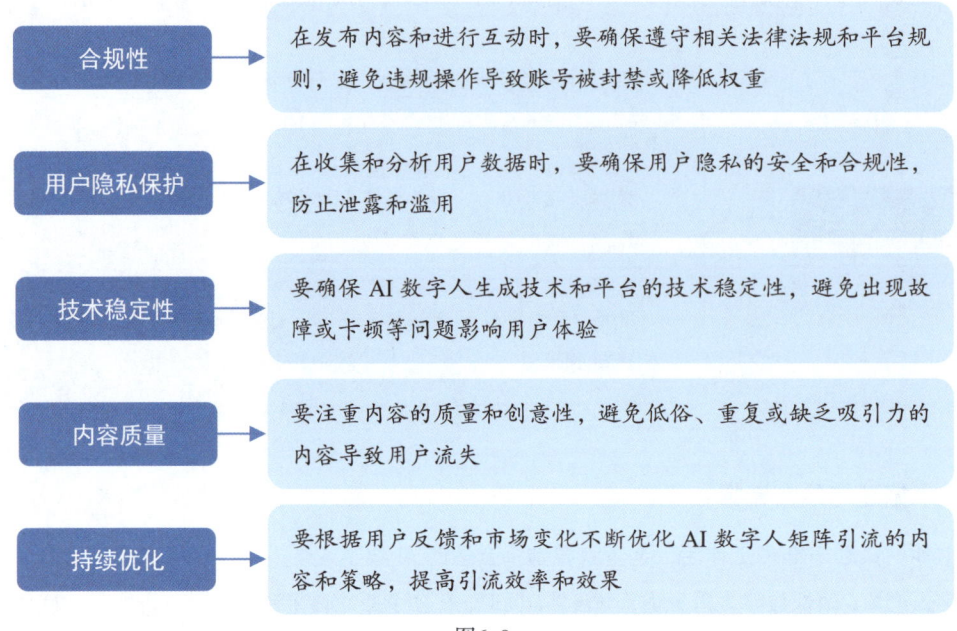

图6-8

6.2.4 AI数字人的制作

效果展示 在剪映电脑版中可以制作不同的AI数字人形象，还可以为其添加字幕文案和设置背景样式，以制作出符合需求的数字人，效果展示如图6-9所示。

图6-9

下面介绍在剪映电脑版中制作AI数字人的操作方法。

步骤 01 打开剪映电脑版，进入"媒体"功能区，单击"本地"选项卡中的"导入"按钮，如图6-10所示。

步骤 02　弹出"请选择媒体资源"对话框，❶全选文件夹中的图片素材；❷单击"打开"按钮，如图6-11所示，导入素材。

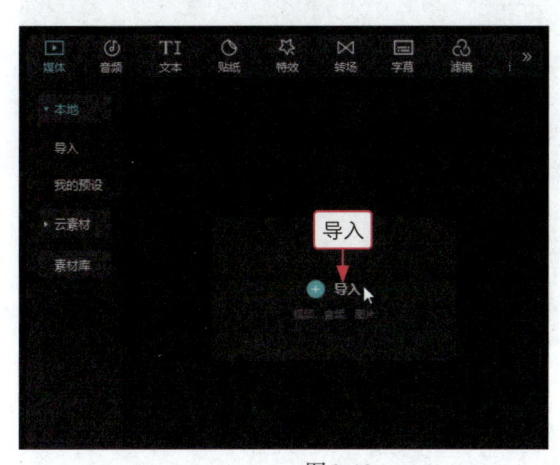

图6-10 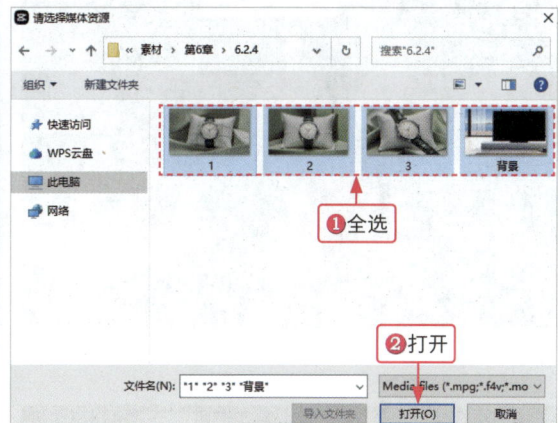　　　　　　　　　　　　　图6-11

步骤 03　执行操作后，单击背景素材右下角的"添加到轨道"按钮➕，如图6-12所示，将素材导入视频轨道。

步骤 04　为了添加数字人，❶单击"文本"按钮，进入"文本"功能区；❷单击"默认文本"右下角的"添加到轨道"按钮➕，如图6-13所示，添加文本。

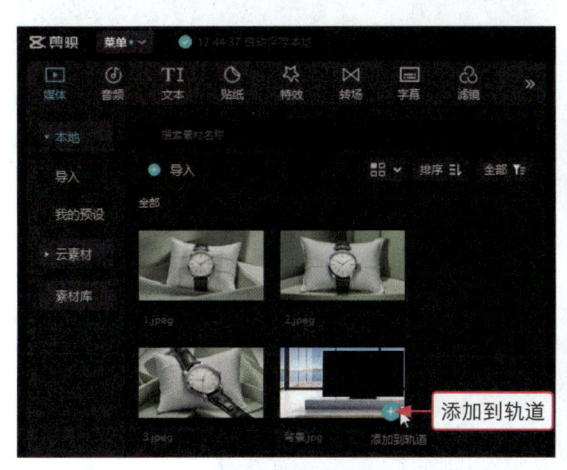

图6-12 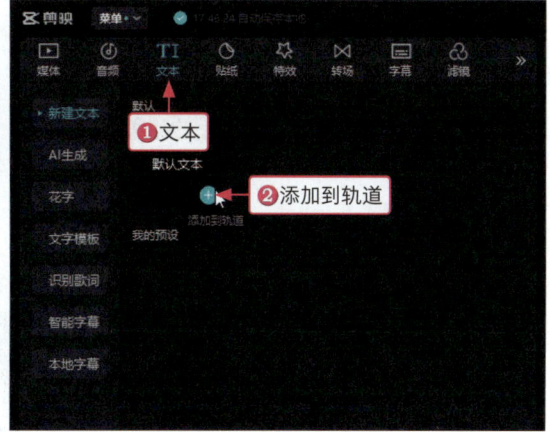　　　　　　　　　　　　　图6-13

步骤 05　在右上角的操作区中，❶单击"数字人"按钮，进入"数字人"操作区；❷选择"小铭-专业"选项；❸单击"添加数字人"按钮，如图6-14所示，生成数字人视频素材。

步骤 06　为了删除不需要的文本，❶选择"默认文本"；❷单击"删除"按钮▣，如图6-15所示，删除文本。

步骤 07　选择数字人视频素材，❶单击"文案"按钮，进入"文案"操作区；❷输入文案；❸单击"确认"按钮，如图6-16所示。

步骤 08　稍等片刻，即可渲染一段新的数字人视频素材，其中含有动态的数字人形象和文案解说音频，如图6-17所示。

113

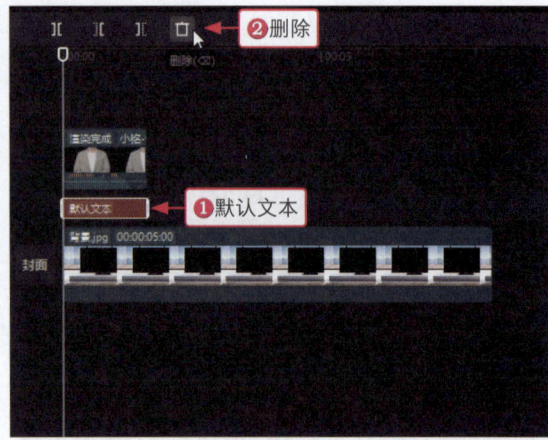

图6-14

图6-15

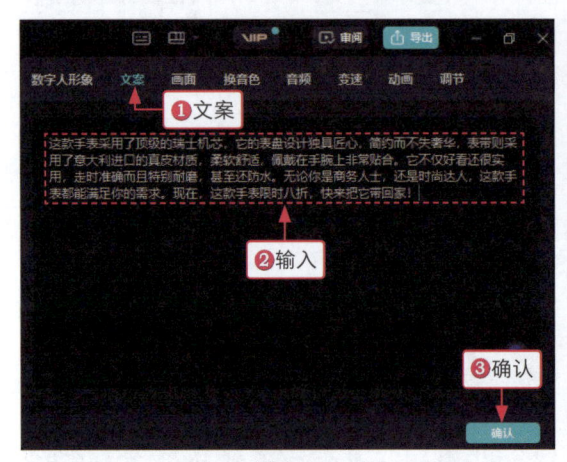

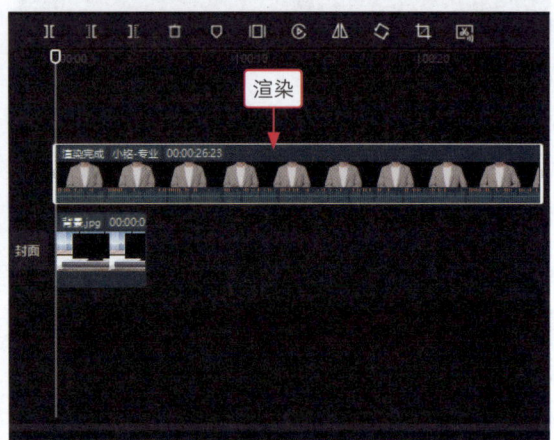

图6-16

图6-17

步骤 09 在"画面"操作区中，设置"位置"中的 X 参数为 –1313，如图 6-18 所示。

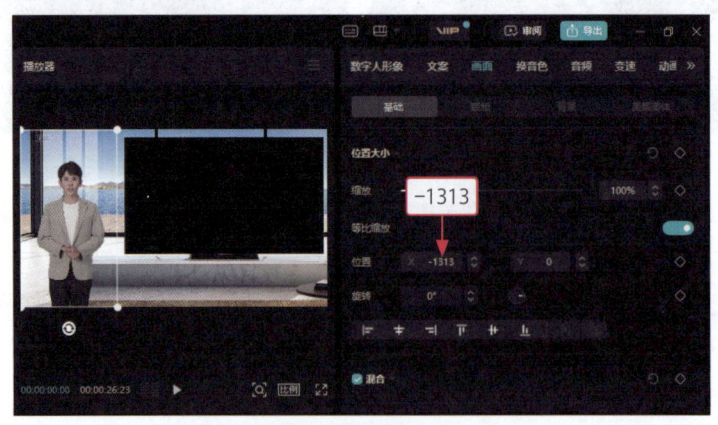

图6-18

步骤 10 将第 1 个图片素材拖曳至视频轨道，如图 6-19 所示。

步骤 11 在"位置大小"选项区中，❶设置"缩放"为 63%；❷设置"位置"中的 X 参数为 630，Y 参数为 270，调整画面的位置，如图 6-20 所示。

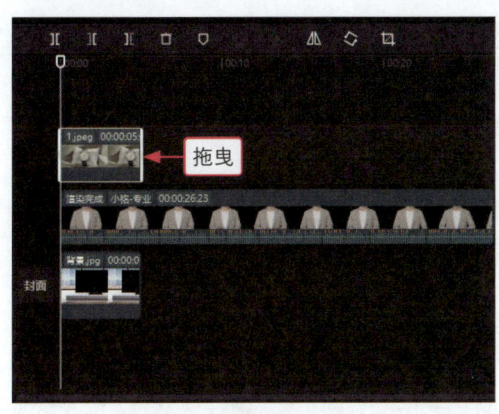

图6-19 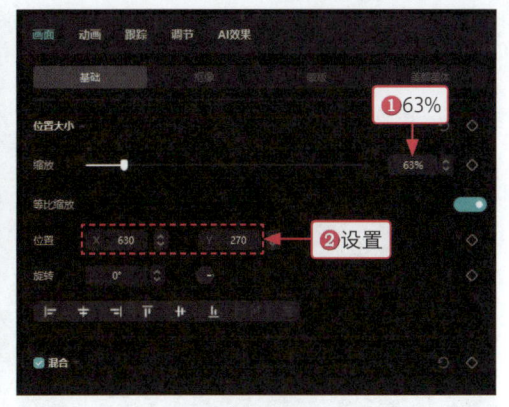　　　　　　　　　　　　图6-20

步骤 12　执行操作后，❶选择第 1 个图片素材，按【Ctrl+C】组合键复制素材；❷在第 1 个图片素材的后面按两次【Ctrl+V】组合键粘贴两份素材，如图 6-21 所示。

步骤 13　将第 2 个图片素材拖曳至画中画轨道的第 2 个片段上方，弹出"替换"面板，单击"替换片段"按钮，如图 6-22 所示，即可替换素材。

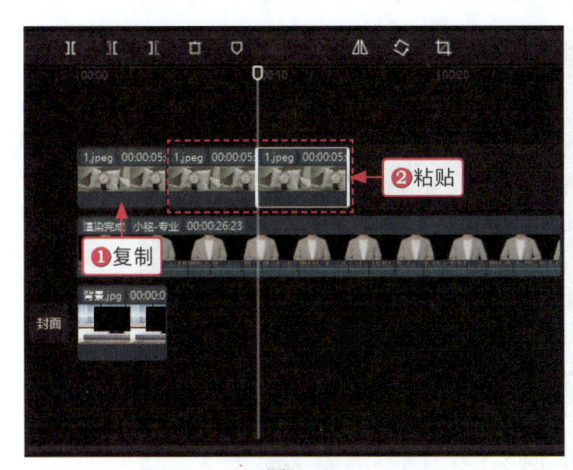

图6-21 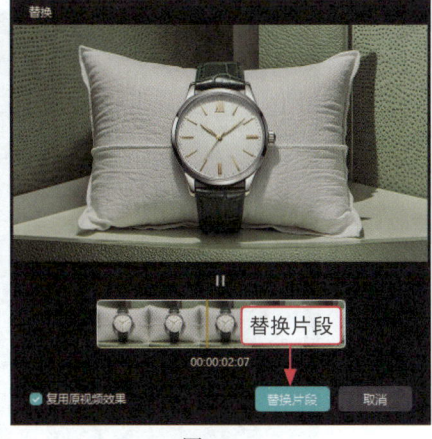　　　　　　　　　　　　图6-22

步骤 14　用与上面同样的操作，替换剩下的素材，如图 6-23 所示。

步骤 15　在功能区中，❶单击"文本"按钮，进入"文本"功能区；❷单击"智能字幕"按钮；❸单击"识别字幕"选项区中的"开始识别"按钮，如图 6-24 所示。

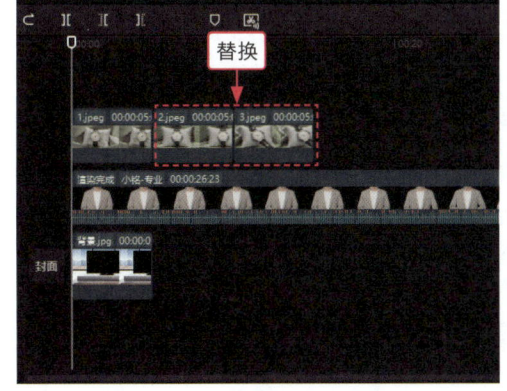

图6-23 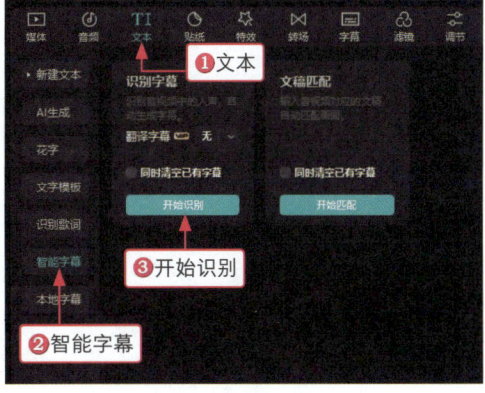　　　　　　　　　　　　图6-24

步骤 16　识别出字幕之后，❶选择一个合适的样式；❷设置"位置"中的 X 参数为 589，调整画面的位置，如图 6-25 所示。

步骤 17　操作完成后，调整背景素材和图片素材的时长，使其对齐视频的时长，如图 6-26 所示。

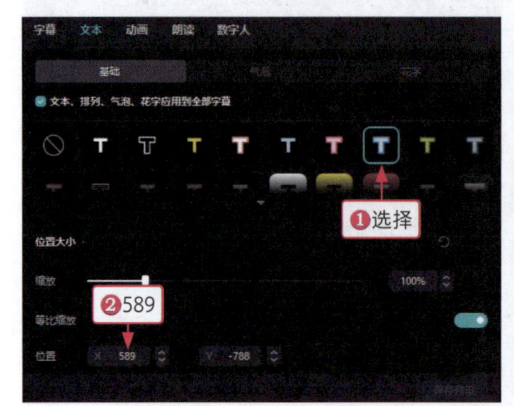

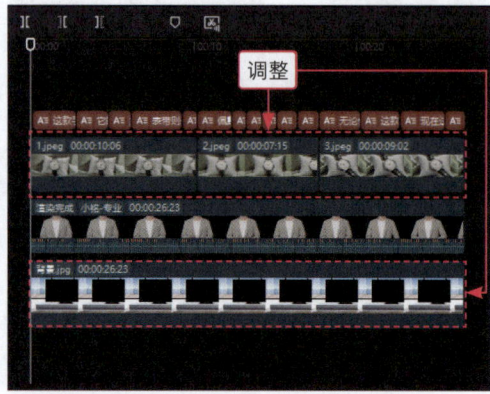

图6-25　　　　　　　　　　　图6-26

步骤 18　单击"导出"按钮，如图 6-27 所示，即可导出制作好的视频。

图6-27

6.3　拿到结果，多维引流实战与方法

AI 引流获客策略在提升营销效率、优化客户体验、降低营销成本及增强市场竞争力等方面具有显著优势。企业应根据自身实际情况选择合适的 AI 引流方法，并不断优化和调整，以适应市场变化。AI 引流的方法多种多样，本节将从多个维度来介绍一些常见且有效的方法。

6.3.1　个性化推荐引流法

个性化推荐引流法的核心在于 AI 技术的数据分析能力。AI 通过对用户历史数据的挖掘和分析，可以构建出用户画像，包括用户的兴趣偏好、行为习惯、消费能力等关键信息。基于这些信息，AI 可以为用户推荐符合其个性化需求的内容，从而提高内容的吸引力和用户的参与度。下面是个性化推荐引流法的实施步骤。

（1）数据收集与分析：个性化推荐引流法的基础是大数据的收集与分析。AI 技术能够实时追踪和分析用户在新媒体平台上的行为数据，包括浏览记录、点击行为、购买记录等，从而深入了解用户的兴趣和偏好。这些数据为后续的个性化推荐提供了坚实的基础。

（2）用户画像构建：基于收集到的数据，AI 技术能够构建出详细的用户画像。这些画像包括用户的年龄、性别、地区、职业等关键信息，如图 6-28 所示，这有助于运营者更精准地定位目标受众。通过用户画像，运营者可以更加了解用户的需求和期望，从而提供更加个性化的产品和服务。

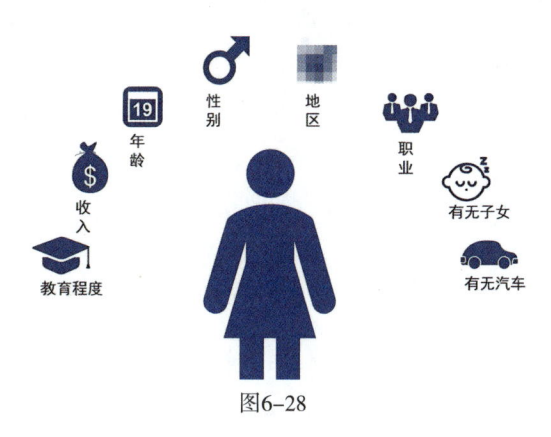

图6-28

（3）个性化内容推荐：有了用户画像的支撑，AI 技术可以为用户提供个性化的内容推荐。这些推荐内容基于用户的兴趣偏好和历史行为，能够精准地满足用户的需求。在新媒体运营中，个性化内容推荐不仅能够提高用户的参与度，还能够增强用户的黏性，促进用户的长期留存。

（4）精准广告投放：通过分析用户的兴趣偏好和消费行为，AI 技术可以为运营者推荐合适的广告位和广告内容，实现精准广告投放，从而提高广告的点击率和转化率。这种精准广告投放策略能够降低营销成本，提高营销效果。例如，Adext AI 是一款基于 AI 的广告优化平台，专注于通过机器学习算法自动优化数字广告活动，以提高广告投放的效率和效果，如图 6-29 所示。

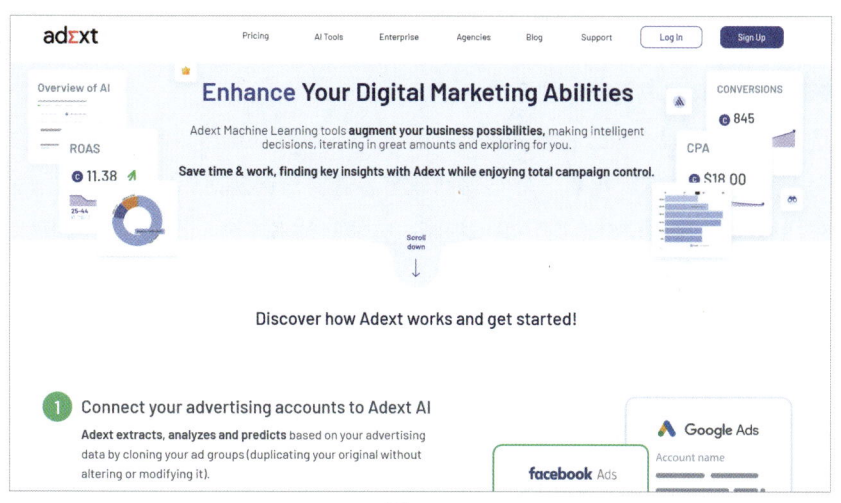

图6-29

（5）实时互动与反馈：在新媒体运营中，实时互动与反馈是不可或缺的环节。AI技术可以通过聊天机器人等方式实现与用户的实时互动，解答用户的问题，收集用户的反馈。这些互动数据可以进一步用于优化用户画像和个性化推荐策略，从而提高用户的满意度及忠诚度。

（6）持续优化与迭代：个性化推荐引流法并不是一成不变的。随着用户需求和兴趣的变化，以及AI技术的不断发展，企业需要持续优化和迭代个性化推荐策略。通过定期评估推荐效果和用户反馈，企业可以不断调整推荐算法和营销策略，以适应市场的变化和用户的需求。

6.3.2 创意内容引流法

如何才能在新媒体运营激烈的竞争中脱颖而出？创意内容成为吸引流量、提升用户黏性的关键。AI技术的引入，为运营者提供了前所未有的便利和可能性。AI不仅能够快速生成大量新媒体内容，还能通过算法分析用户兴趣和行为，为运营者提供精准的创意方向和热点话题，从而大幅提升内容的吸引力和针对性。

AI生成的新媒体创意内容具有以下显著优势，如图6-30所示。

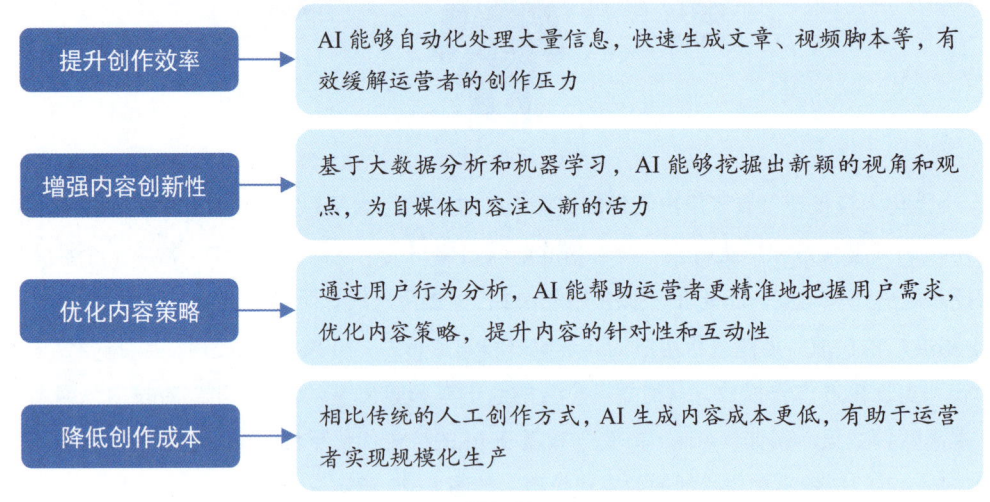

提升创作效率	AI能够自动化处理大量信息，快速生成文章、视频脚本等，有效缓解运营者的创作压力
增强内容创新性	基于大数据分析和机器学习，AI能够挖掘出新颖的视角和观点，为自媒体内容注入新的活力
优化内容策略	通过用户行为分析，AI能帮助运营者更精准地把握用户需求，优化内容策略，提升内容的针对性和互动性
降低创作成本	相比传统的人工创作方式，AI生成内容成本更低，有助于运营者实现规模化生产

图6-30

以一个新媒体账号为例，该账号主要发布关于AI医疗类资讯动态和深度分析视频。为了提升内容吸引力和流量，该账号利用AI生成新媒体创意内容，具体做法如下。

（1）智能选题与素材查找：运营者首先进行智能选题，用AI根据当前科技热点和用户兴趣进行深度分析，精准推荐一系列热门话题。接着，AI会帮助运营者查找与选定话题紧密相关的素材和资料，为内容的创作提供坚实的数据支撑与灵感源泉，确保视频内容能紧贴当下热点，满足用户需求。

（2）内容生成与优化：在选题和素材准备完毕后，运营者利用AI工具进行视频内容创作。通过AI技术，将复杂的科技概念以生动有趣的动画形式展现出来，吸引用户的关注。

（3）精准推荐与分发：新媒体平台通过内容推荐算法，将运营者生成的创意内容精准推荐给目标用户。在此过程中，AI会根据用户的兴趣和行为分析，实现个性化推荐，提高了内容的曝光率和用户互动率。

通过上述一系列操作，该账号成功利用 AI 生成新媒体创意内容，吸引了大量用户关注。这不仅实现了内容的广泛传播，还显著地扩大了该账号在领域内的影响力。

6.3.3 评论互动引流法

评论互动是提升新媒体账号曝光率、增加粉丝黏性的重要手段。通过 AI 技术的支持，运营者可以更高效地管理评论区，精准引导用户参与互动，从而最大化引流效果。下面介绍评论互动引流的相关内容，如图 6-31 所示。

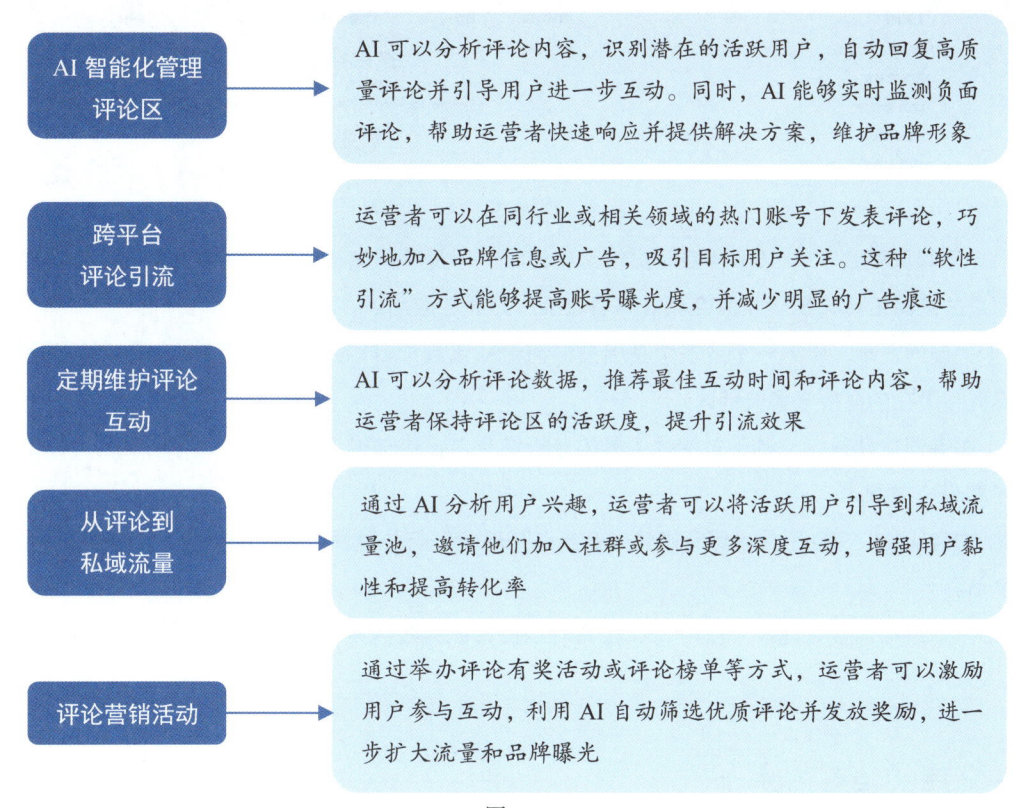

AI 智能化管理评论区	AI 可以分析评论内容，识别潜在的活跃用户，自动回复高质量评论并引导用户进一步互动。同时，AI 能够实时监测负面评论，帮助运营者快速响应并提供解决方案，维护品牌形象
跨平台评论引流	运营者可以在同行业或相关领域的热门账号下发表评论，巧妙地加入品牌信息或广告，吸引目标用户关注。这种"软性引流"方式能够提高账号曝光度，并减少明显的广告痕迹
定期维护评论互动	AI 可以分析评论数据，推荐最佳互动时间和评论内容，帮助运营者保持评论区的活跃度，提升引流效果
从评论到私域流量	通过 AI 分析用户兴趣，运营者可以将活跃用户引导到私域流量池，邀请他们加入社群或参与更多深度互动，增强用户黏性和提高转化率
评论营销活动	通过举办评论有奖活动或评论榜单等方式，运营者可以激励用户参与互动，利用 AI 自动筛选优质评论并发放奖励，进一步扩大流量和品牌曝光

图6-31

6.3.4 关键词和 SEO 引流法

关键词工具与搜索引擎优化工具（又称 SEO 工具）可以为运营者提供一个强大的支持，通过分析用户数据和搜索趋势，帮助确定最有效的关键词，进而利用这些关键词来优化新媒体内容和结构，提高搜索引擎的排名和吸引更多流量。

关键词工具主要利用自然语言处理、机器学习等技术，快速分析大量数据，提供有针对性的关键词建议，帮助运营者和 SEO 专家更有效地吸引目标用户。例如，Keyword Tool 为运营者提供了查找关键词、检查搜索量等功能，相关示例如图 6-32 所示。

图6-32

而SEO工具则结合了AI技术，自动优化SEO过程，以提高网站在搜索引擎中的可见性和排名。

下面是关键词工具与SEO工具在新媒体引流推广方面的应用。

（1）关键词发现：输入一个或多个基础关键词，AI工具能自动生成与之相关的一系列关键词，包括长尾关键词和潜在的高搜索量关键词。

（2）关键词优化建议：基于关键词工具的分析结果，提供关键词优化建议，帮助运营者改进关键词策略，提高SEO效果。

（3）内容优化：SEO工具确保新媒体内容具有高质量，与关键词研究紧密相关，能够满足用户需求，并提供价值。

（4）网站审核与优化建议：使用SEO工具可以提升账号在搜索引擎中的排名，增加内容的可见性和用户体验。

6.3.5 社群营销引流法

社群营销是一种基于社交媒体平台，通过构建、运营和管理社群，吸引潜在用户并转化为忠诚用户，从而实现品牌传播和销售转化的营销方式。它以社群为载体，以用户需求为导向，通过与用户的深度互动，打造良好的用户关系和品牌形象。

AI在新媒体社群营销中发挥着重要作用，通过提升效率、增强个性化、优化内容等，为营销活动带来显著优势。

在社群营销方面，除了帮助运营者进行内容创作与个性化推荐、数据分析与决策支持，AI还可以帮助运营者进行用户画像构建与精准营销，通过大数据分析技术，精准了解社群成员的用户画像，帮助新媒体平台更准确地了解目标用户，制定有针对性的营销策略。

另外，AI驱动的聊天机器人或智能客服可以自动回复社群成员的问题，提供24小时在线服务，提高社群管理效率，并且能够分析社群成员的情感倾向，帮助运营者及时了解用户反馈，调整营销策略，增强用户满意度，相关示例如图6-33所示。

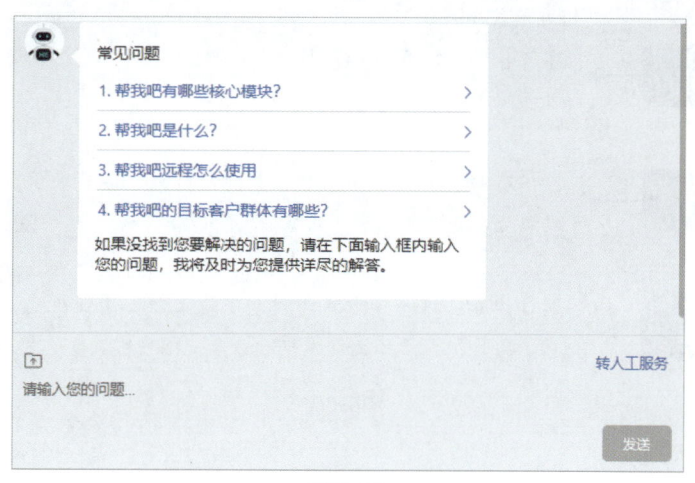

图6-33

例如，ChatGPT 是由 OpenAI 开发的聊天对话机器人，能够执行各种自然语言处理任务，为营销团队提供高效的创意支持和内容生成服务。图 6-34 所示为 ChatGPT 的写作机器人和研究与分析机器人。

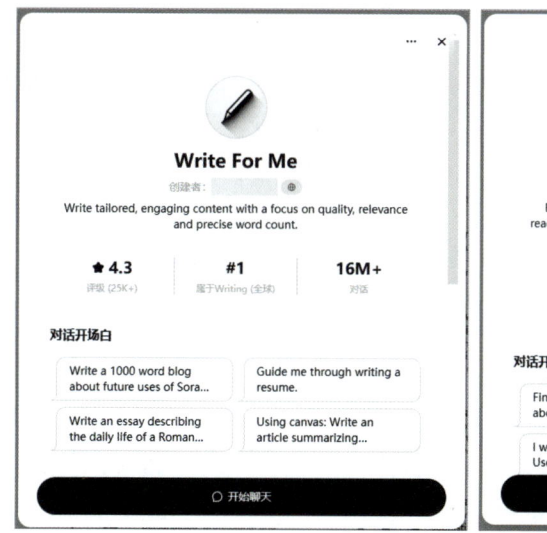

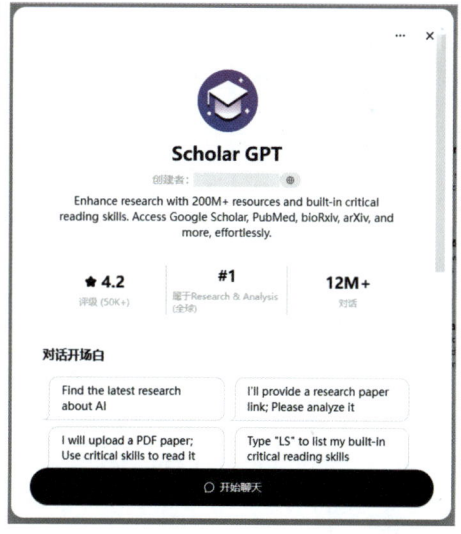

图6-34

6.3.6 虚拟主播引流法

虚拟主播是指以虚拟形象（如 AI 数字人）出现在直播平台上，通过语音合成、动作捕捉等技术实现与观众的实时互动。在新媒体运营中，虚拟主播作为一种创新的引流方式，正逐渐展现出其独特的魅力和潜力。下面将详细介绍虚拟主播引流的核心策略及 AI 对虚拟主播引流的作用。

1. 虚拟主播引流的核心策略

结合 AI 技术，虚拟主播的引流效果得到显著提升。虚拟主播引流的核心策略有以下 3 个，如图 6-35 所示。

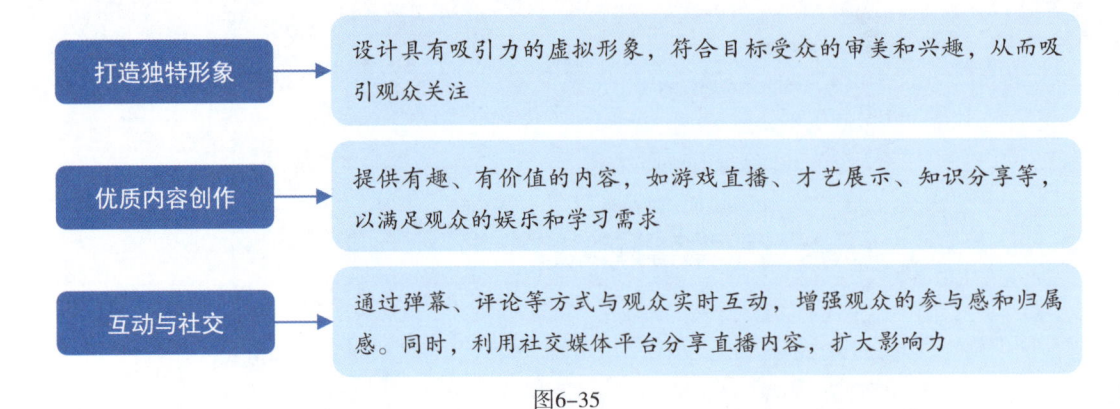

| 打造独特形象 | → | 设计具有吸引力的虚拟形象，符合目标受众的审美和兴趣，从而吸引观众关注 |

| 优质内容创作 | → | 提供有趣、有价值的内容，如游戏直播、才艺展示、知识分享等，以满足观众的娱乐和学习需求 |

| 互动与社交 | → | 通过弹幕、评论等方式与观众实时互动，增强观众的参与感和归属感。同时，利用社交媒体平台分享直播内容，扩大影响力 |

图6-35

2. AI 对虚拟主播引流的作用

AI 技术在虚拟主播引流中发挥着重要作用，主要体现在以下几个方面，如图 6-36 所示。

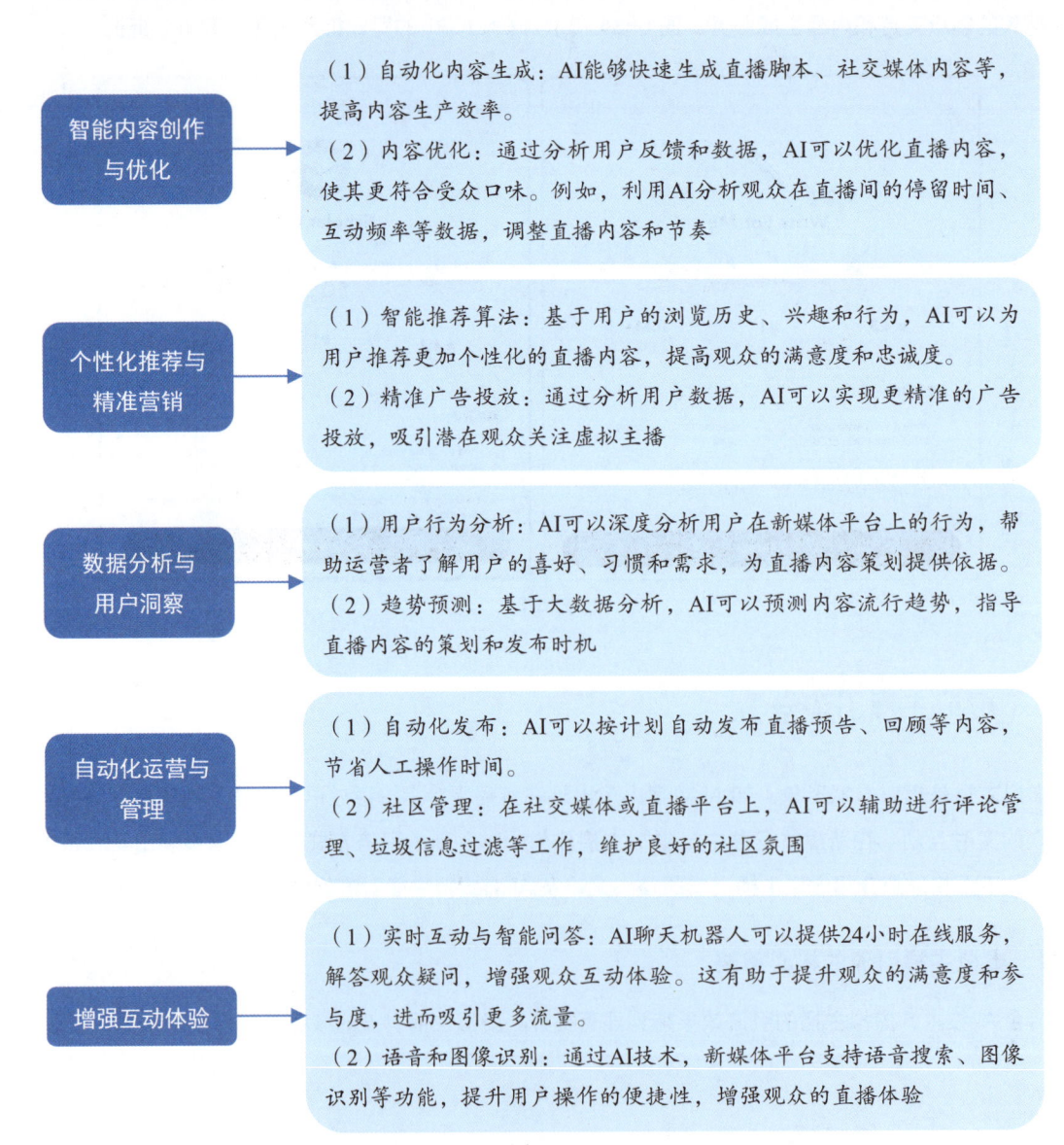

| 智能内容创作与优化 | → | （1）自动化内容生成：AI 能够快速生成直播脚本、社交媒体内容等，提高内容生产效率。
（2）内容优化：通过分析用户反馈和数据，AI 可以优化直播内容，使其更符合受众口味。例如，利用 AI 分析观众在直播间的停留时间、互动频率等数据，调整直播内容和节奏 |

| 个性化推荐与精准营销 | → | （1）智能推荐算法：基于用户的浏览历史、兴趣和行为，AI 可以为用户推荐更加个性化的直播内容，提高观众的满意度和忠诚度。
（2）精准广告投放：通过分析用户数据，AI 可以实现更精准的广告投放，吸引潜在观众关注虚拟主播 |

| 数据分析与用户洞察 | → | （1）用户行为分析：AI 可以深度分析用户在新媒体平台上的行为，帮助运营者了解用户的喜好、习惯和需求，为直播内容策划提供依据。
（2）趋势预测：基于大数据分析，AI 可以预测内容流行趋势，指导直播内容的策划和发布时机 |

| 自动化运营与管理 | → | （1）自动化发布：AI 可以按计划自动发布直播预告、回顾等内容，节省人工操作时间。
（2）社区管理：在社交媒体或直播平台上，AI 可以辅助进行评论管理、垃圾信息过滤等工作，维护良好的社区氛围 |

| 增强互动体验 | → | （1）实时互动与智能问答：AI 聊天机器人可以提供 24 小时在线服务，解答观众疑问，增强观众互动体验。这有助于提升观众的满意度和参与度，进而吸引更多流量。
（2）语音和图像识别：通过 AI 技术，新媒体平台支持语音搜索、图像识别等功能，提升用户操作的便捷性，增强观众的直播体验 |

图6-36

以 AI 数字人直播间为例，这种直播间利用 AI 技术创建的虚拟主播进行直播。这些虚拟主播不需要休息，可以 24 小时直播，降低了直播成本并覆盖全时段观众需求。同时，通过 AI 技术的个性化推荐、数据分析等功能，可以精准定位目标受众，提高直播间的曝光率和转化率。例如，京东采用 AI 数字人"采销东哥"进行直播带货，取得了显著效果，据公开报道，其单场直播成交单数突破 10 万件。

6.3.7 广告投放引流法

广告投放是指通过各种媒介向目标受众展示广告内容，以促进产品或服务的宣传和销售。AI 广告投放则是利用 AI 技术进行广告的自动投放，它可以分析用户数据，预测用户行为，实现精准定位和个性化推送。

在新媒体广告投放中，AI 的作用主要体现在通过用户行为分析、偏好预测等技术手段，提高广告的投放效率和转化率，同时降低广告成本。

例如，AdCreative.ai 是一款基于 AI 技术的广告创意生成平台，它可以快速生成多种广告形式，包括横幅广告、社交媒体帖子、广告文案等，并提供数据驱动的广告活动管理全面解决方案。该平台可以在多个平台上进行测试，并深入分析竞争对手策略，为营销人员、初创公司、电子商务商店和代理商等提供便捷的广告制作与投放服务，旨在帮助企业和广告专业人士快速创建高转化率的广告创意。图 6-37 所示为 AdCreative.ai 的广告创意制作页面。

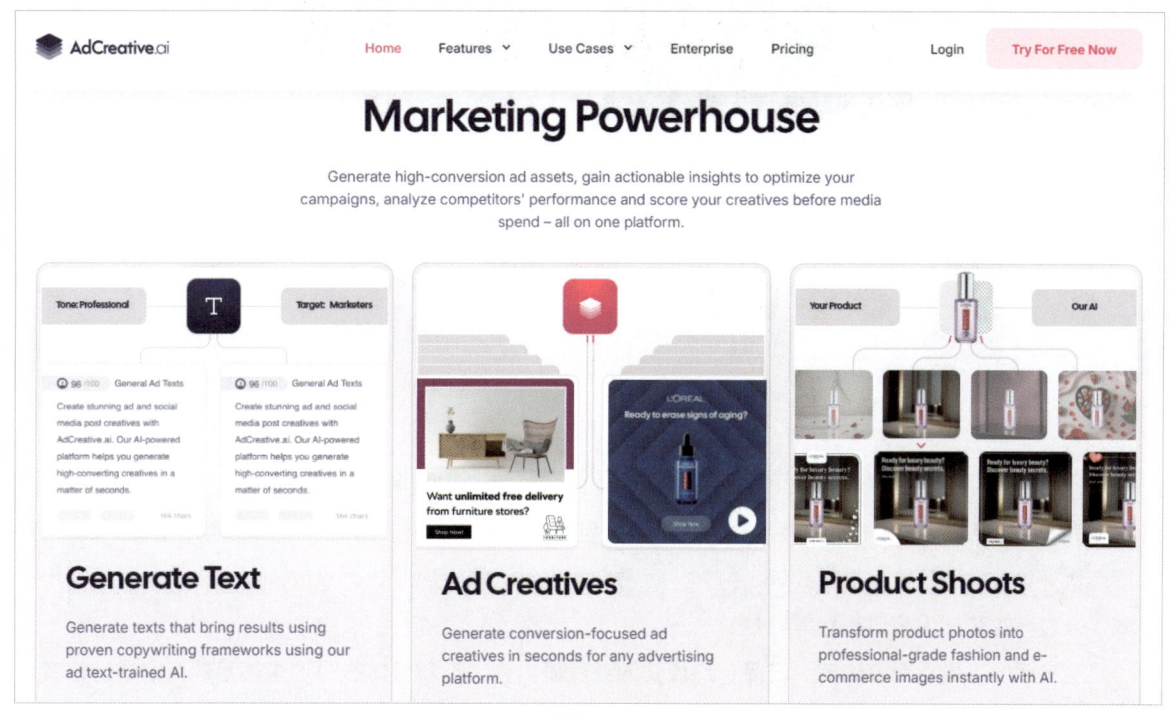

图6-37

6.3.8 付费推广引流法

在新媒体时代，内容的传播和用户的获取不再仅仅依赖于自然增长，付费推广工具成为扩大影响力、精准触达目标用户的重要手段。通过付费推广工具，新媒体运营者可以更有效地推广自己的内容，吸引潜在的关注者，从而实现品牌传播和商业价值的增长。

AI 可以优化付费推广策略，通过分析用户行为、兴趣点等数据，精准定位目标用户群体，提高广告的点击率和转化率。利用 AI 技术，可以实时监测广告效果，并根据数据反馈调整广告内容和投放策略，实现更高效的推广效果。

例如，"上热门"是快手平台上的付费视频推广工具，通过精准算法将视频推荐给更多兴趣用户，以提升播放量、互动量，以及视频中带货产品的点击率。运营者可以在快手上打开要引流的短视频，点击"分享"按钮，在弹出的"一键分享至"面板中点击"上热门"按钮，如图 6-38 所示。执行操作后，即可进入"快手粉条"界面，如图 6-39 所示。

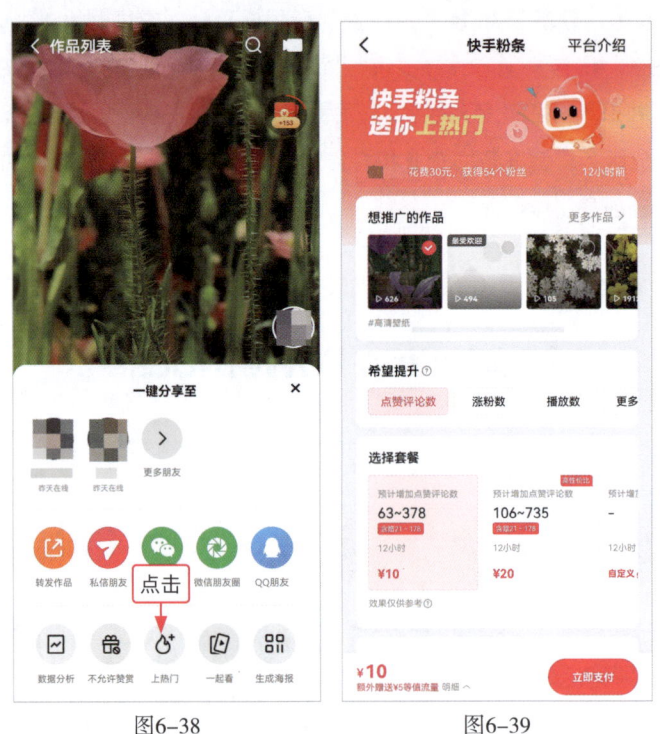

图6-38　　　　　　　　　图6-39

在"快手粉条"界面中，运营者可以选择智能推荐人数和推广目标，同时还可以设置期望提升的目标，包括点赞评论数、涨粉数、播放数等。另外，运营者能自行选择投放时长、投放人群，以及设置潜在用户地域、兴趣标签和达人相似粉丝等属性。

"上热门"工具适合有店铺、产品、广告资源或优质内容，但新媒体账号流量不足的商家或运营者。值得注意的是，投放"上热门"的视频必须是原创视频，内容完整度好，视频时长超过 7 秒，且没有其他 App 水印等。只要运营者的内容足够优秀，广告足够有创意，就有很大概率将"上热门"付费获取的用户转化为留存用户，甚至变为二次传播的跳板。

6.3.9 智能客服引流法

AI 客服是一种利用 AI 技术模拟人类客服人员行为，提供自动化、智能化客户服务的新型服务模式。它集成了自然语言处理、深度学习、语音合成、情感分析等先进技术，能够实现与用户之间的多轮对话、问题理解、信息检索、智能回答及情感分析等复杂交互过程。

智能客服引流法是指通过部署 AI 客服系统，利用 AI 技术实现自动化、智能化的客户服务，从而提升用户体验，增强用户黏性，并引导流量高效转化的一种策略。在新媒体运营中，智能客服不仅能够快速响应用户咨询，还能根据用户行为和偏好提供个性化推荐，有效促进用户参与和转化。

AI 客服的产品形态丰富多样，以满足不同行业、不同场景下的客户服务需求。下面是 AI 客服的主要产品形态及分类。

1．产品形态

AI 客服的产品形态主要有下面 5 种。

（1）语音客服：利用语音识别技术和语音合成技术，通过自动语音应答系统，在电话上提供交互式解决问题服务，客户可以通过语音与 AI 客服进行交流，提高了沟通效率。语音客服适用于需要语音交互的场景，如智能音箱、电话客服等，能够高效地解决客户问题，减少人工客服压力。

（2）在线客服：通过网页聊天、即时通讯工具或社交媒体等在线平台，以文字形式提供客服服务和沟通，支持多轮对话，能够实时响应客户需求，提供个性化的服务建议。在新媒体运营中，在线客服系统被广泛应用于微信公众号、微博、网站等线上平台，用于处理用户的咨询、投诉、建议等需求。

（3）数字人客服：基于 AI 技术创建的虚拟人物，具备自然语言处理和人机交互能力，可以模拟人类对话并提供客服服务。数字人客服的形象逼真，能够与客户进行自然流畅的对话，提供高效、便捷的客服服务，适用于需要高度个性化服务和情感交流的场景，如品牌宣传、产品推广等。

例如，奇妙元是一个一站式数字人视频制作和直播平台，致力于为用户提供便捷的 AI 虚拟数字人视频创作及直播服务。该平台拥有丰富的数字人形象库和强大的视频生成功能，用户通过简单的操作即可制作出高质量的数字人视频和进行直播，如图 6-40 所示。

（4）智能质检：将语音识别、文本挖掘和情感分析等 AI 技术应用于客服质检领域，对客服服务质量进行监督和评估。智能质检能够自动分析客服对话内容，评估服务质量，提供改进建议，适用于新媒体平台的客服管理，提升用户满意度。例如，在新闻网站中，智能质检机器人可以自动筛选和分类用户评论，识别负面内容并及时处理。

图6-40

（5）辅助机器人：通过精准客户画像分析、智能话术推荐、业务流程引导和实时质检，能够高效完成客户沟通，提升转化率，实现智能化模式。辅助机器人能够辅助人工客服完成复杂任务，提高工作效率和转化率，适用于客服中心、销售部门等需要高效处理客户咨询和业务的场景。

2．分类

根据功能和应用场景，可以将 AI 客服分为以下 3 类。

（1）基础型 AI 客服：主要包括语音客服和在线客服，提供基本的客户服务功能，如问题解答、信息查询等。

（2）高级型 AI 客服：包括数字人客服、智能质检和辅助机器人等，具备更高级别的交互能力和服务质量评估能力，能够提供更个性化、高效的服务体验。

（3）行业定制型 AI 客服：针对不同行业的特点和需求，提供定制化的 AI 客服解决方案。

综上所述，智能客服引流法在新媒体运营中具有显著优势和应用价值。通过结合 AI 技术，实现自动化、智能化的客户服务，提升用户体验和满意度，促进流量转化和业务发展。

本章小结

本章先介绍了 AI 引流的 5 个核心价值，包括用户行为分析、内容个性化推荐、提升用户参与度和互动性、智能广告投放与优化，以及流量趋势预测与分析等；然后介绍了 AI 数字人矩阵引流，从定义到实施步骤，再到注意事项和 AI 数字人的制作；最后总结了 9 种引流的方法，为运营者提供了丰富多样的实战策略和工具，帮助大家快速掌握 AI 引流的技巧。

课后习题

鉴于本章知识的重要性，为了帮助读者更好地掌握所学知识，下面将通过课后习题，帮助读者进行简单的知识回顾。

问题 1：AI 引流在新媒体运营中的核心价值是什么？

答案 1：AI 引流在新媒体运营中的核心价值是：用户行为分析、内容个性化推荐、提升用户参与度和互动性、智能广告投放与优化，以及流量趋势预测与分析。

问题 2：AI 引流的方法有哪些？

答案 2：AI 引流的方法有：个性化推荐引流法、创意内容引流法、评论互动引流法、关键词和 SEO 引流法、社群营销引流法、虚拟主播引流法、广告投放引流法、付费推广引流法和智能客服引流法。

第 7 章 数据分析：AI 新媒体运营利器

在新媒体运营中，数据分析已成为决策的重要依据。通过科学的数据分析方法，运营者能够精准洞察用户需求、评估内容效果并优化推广策略。本章将深入探讨新媒体数据分析的核心方法与常用工具的应用，特别是如何结合 AI 技术助力新媒体数据分析，从而提升运营效果。

7.1 AI 数据分析工具

AI 数据分析工具能实时解析新媒体运营中的用户行为、内容表现和市场趋势，助力精准优化传播策略并提升投资回报率。本节将介绍两种新媒体数据分析的常用工具。

7.1.1 文心一言

文心一言是百度依托飞桨、文心大模型技术研发的知识增强大语言模型。它能够与人对话互动，回答问题，协助创作，高效便捷地帮助人们获取信息、知识和灵感。文心一言不仅具备基础的语言理解能力，还融入了丰富的知识库，能够更准确地理解用户意图，提供精准信息和答案，在多个领域具有广泛的应用价值，其页面如图 7-1 所示。

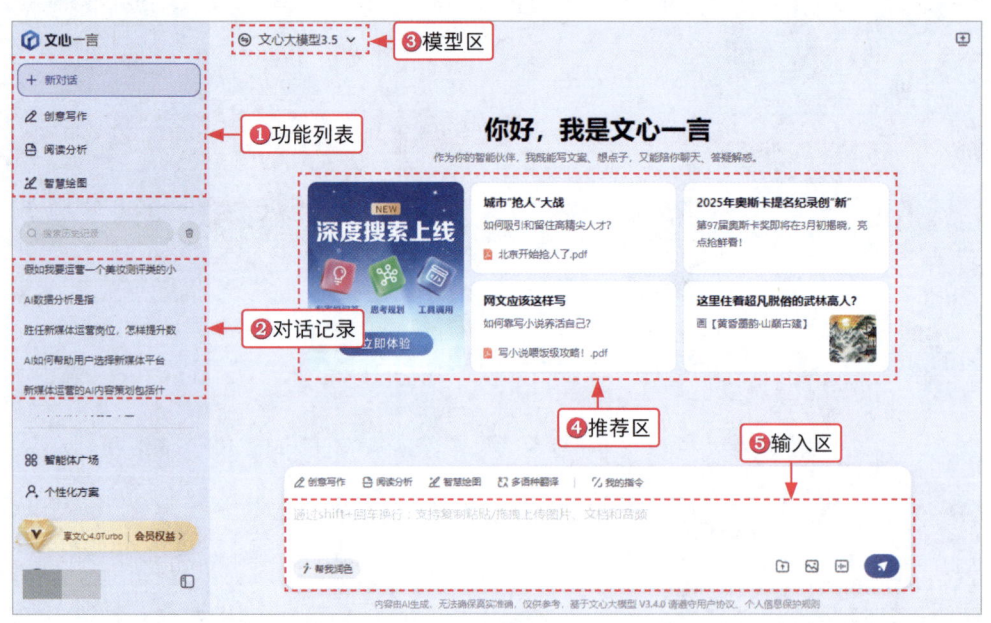

图7-1

下面对文心一言网页版页面中的主要功能进行讲解。

❶ 功能列表：这里展示了文心一言的核心功能，单击"新对话"按钮，即可重新开启对话，进入对话页面，与 AI 进行自然语言交互；单击相应按钮，如"创意写作""阅读分析""智慧绘图"等，可以帮助用户快速访问相应功能。

❷ 对话记录：该区域会显示所有网页版的历史对话，用户可以选择感兴趣的对话进行查看，也可以进行删除、重命名、置顶和分享等操作。

❸ 模型区：在模型区中可以选择所需模型进行使用。

❹ 推荐区：该区域中每天都会向用户推荐不同的功能和提示词示例，用户可以通过实际操作来更直观地了解文心一言的应用场景和优势。

❺ 输入区：用户可以在输入框中输入提示词，单击 按钮将提示词发送给 AI，以获得回复。另外，单击输入框上方的"创意写作""阅读分析""智慧绘图"或"多语种翻译"按钮，即可弹出相应面板，通过调用相应工具来满足用户的需求；单击输入框下方的"上传文档" 、"上传图片" 或"上传音频" 按钮，可以上传文档、图片、音频让 AI 进行分析。

7.1.2 天工 AI

天工 AI 是由昆仑万维研发的一款大型语言模型，它能够提供高效、精准的搜索体验及 AI 智能聚合服务。用户可通过与天工 AI 的对话交互，享受 AI 音乐、AI 写作、AI 图片生成等多样化功能，同时它还能助力职场工作、学术研究及市场营销等多种场景，成为用户生活中的得力助手，其页面如图 7-2 所示。

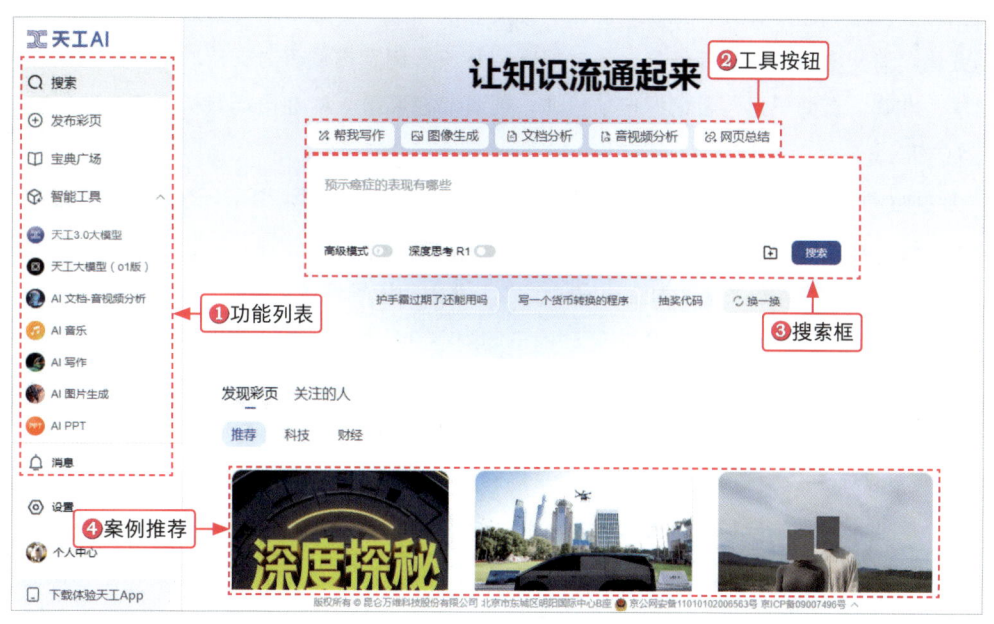

图7-2

下面对天工 AI 网页版页面中的主要功能进行讲解。

❶ 功能列表：在该列表框中显示了天工 AI 的主要功能，如搜索、AI 文档 – 音视频分析、AI 音乐、AI 写作、AI 图片生成、AI PPT 等。

❷ 工具按钮：天工 AI 提供了"帮我写作""图像生成""文档分析""音视频分析""网页总结"这 5 种工具，用户可以单击相应的工具按钮，体验不同工具的作用。

❸ 搜索框：用户可以在此输入提示词或问题，单击右下角的"搜索"按钮，即可进行全网信息极速搜索或启动 AI 对话。

❹ 案例推荐：页面下方显示了天工 AI 其他用户创作的案例，包括推荐、科技、财经等，单击感兴趣的案例，进入相应页面，即可查看相关信息。

7.2 及时有效，AI 赋能数据分析

AI 数据分析是指利用 AI 技术和方法来进行数据分析和处理的过程，能自动处理和分析大量数据，既高效又准确，在新媒体中发挥着重要的作用，为不少新媒体运营者所喜爱。本节将介绍 AI 赋能数据分析的 5 个方面。

7.2.1 AI 预测市场趋势与支持决策

AI 数据分析能够为新媒体运营提供市场趋势预测和决策支持。通过对海量数据的分析，运营者可以了解市场变化、消费者行为趋势等信息，为战略规划和决策制定提供有力支持。这种基于数据的决策方式更加科学、准确，有助于运营者把握市场机遇，规避潜在风险。AI 在市场趋势预测与决策支持的应用有以下几个方面。

（1）数据驱动的市场洞察：新媒体平台利用 AI 数据分析技术，对海量市场数据进行深度挖掘，包括消费者行为、行业动态、竞争对手策略等多维度信息。通过高级算法处理，这些数据被转化为清晰的市场洞察，揭示出隐藏的趋势和模式，为企业提供全面、深入的市场理解。

（2）精准的市场趋势预测：基于数据驱动的市场洞察，AI 模型能够运用时间序列分析、机器学习预测等方法，对市场趋势进行高精度预测。这些预测不仅涵盖了销量、价格等量化指标，还涉及消费者偏好的变化、新兴市场的崛起等定性趋势，为企业战略规划提供前瞻性的指导。

（3）决策支持系统的构建：电商平台整合市场趋势预测结果与内部运营数据，构建智能化的决策支持系统。该系统能够自动生成报告、图表和可视化分析工具，帮助决策者快速把握市场动态，评估不同策略的影响，从而做出更加明智的决策。此外，系统还支持模拟不同场景下的决策效果，降低决策风险。

（4）实时决策支持能力：AI 数据分析技术赋予电商平台实时决策支持能力。通过实时监控市场变化和内部运营状况，系统能够迅速识别潜在问题和机遇，为决策者提供即时反馈和建议。这种实时性不仅提高了决策效率，还使企业能够灵活应对市场波动，保持竞争优势。

（5）跨部门协同与决策优化：市场趋势预测与决策支持不仅限于某个部门或团队。电商平台通过构建跨部门的数据共享与协同机制，确保各个部门都能及时获取准确的市场信息和决策支持。这种协同作战的方式有助于打破信息孤岛，促进部门间的沟通与合作，共同推动企业的整体发展。同时，通过不断优化决策流程和数据分析模型，电商平台能够持续提升决策的科学性和有效性。

7.2.2 AI 加速数据自动化收集与整合

AI 技术通过自动化、精准化和实时化的数据收集方式，极大地提高了新媒体数据收集的效率和质量。利用 AI 工具，运营者可以轻松地获取并分析来自各种新媒体平台的数据，为内容创作、营销策略制定等

提供有力支持。AI 对于新媒体数据收集的作用主要体现在以下几个方面，如图 7-3 所示。

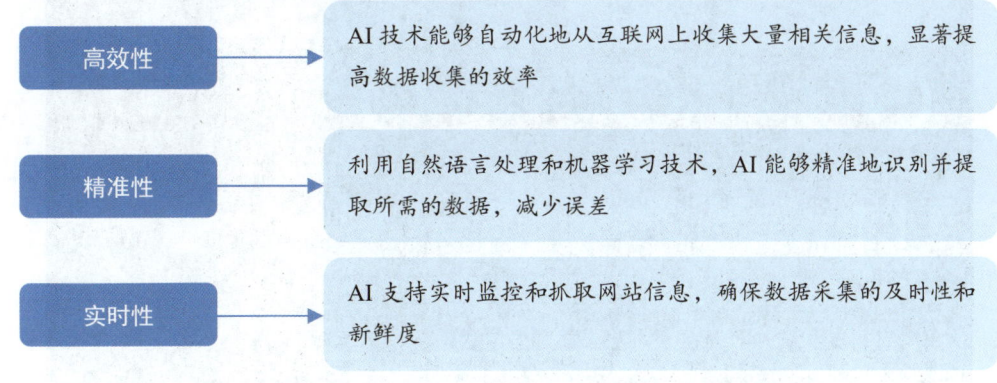

高效性	AI 技术能够自动化地从互联网上收集大量相关信息，显著提高数据收集的效率
精准性	利用自然语言处理和机器学习技术，AI 能够精准地识别并提取所需的数据，减少误差
实时性	AI 支持实时监控和抓取网站信息，确保数据采集的及时性和新鲜度

图7-3

AI 技术能够对收集到的数据进行清洗和处理，去除重复、无效或错误的数据，预处理后的数据更适合后续的分析和建模。另外，AI 技术还可以将来自不同来源的数据进行整合，形成一个完整的数据集，这有助于用户进行跨平台、跨渠道的数据分析。

7.2.3　AI 分析内容表现数据

AI 分析内容表现数据是当前新媒体领域中的一项重要技术，它利用 AI 的强大数据处理和分析能力，帮助运营者更好地了解内容的表现情况，从而优化内容策略、提升用户参与度和实现更好的商业效果。

AI 分析新媒体内容表现数据的过程如下。

（1）数据收集：AI 技术能够自动从各种新媒体平台收集与内容表现相关的数据，包括但不限于阅读量、观看次数、点赞数、评论数、分享数、收藏数、用户停留时间、跳出率等。

（2）数据预处理：对收集到的数据进行清洗、去重、格式化等预处理操作，确保数据的准确性和一致性。AI 技术能够自动识别并处理异常值、缺失值等问题，提高数据质量。

（3）数据分析：利用 AI 算法对预处理后的数据进行深入分析，挖掘数据中的规律和趋势，这包括但不限于内容目标用户分析（如用户画像、地域分布、年龄性别等）、内容质量评估（如阅读深度、互动率、转化率等）、内容热度预测（如话题热度、流行趋势等），以及竞争对手分析（如内容类型、发布频率、用户反馈等）。

（4）数据可视化：将分析结果以图表、图形等形式呈现出来，如柱状图、折线图、饼图、热力图等，以便更直观地展示数据的变化和趋势。数据可视化有助于运营者快速理解内容表现情况，发现潜在的问题和机会。

（5）报告生成与策略优化：基于分析结果生成详细的数据分析报告，包括内容表现概况、关键指标分析、趋势预测等。报告可以为运营者提供有价值的参考信息，帮助他们优化内容策略、提升用户参与度和实现更好的商业效果。

例如，蚁小二可以分析企业在各个新媒体平台上的数据，包括粉丝量、点赞数、评论数等关键指标，如图 7-4 所示。这有助于运营者了解自身在各个平台上的运营状况，从而制定更具针对性的运营策略。

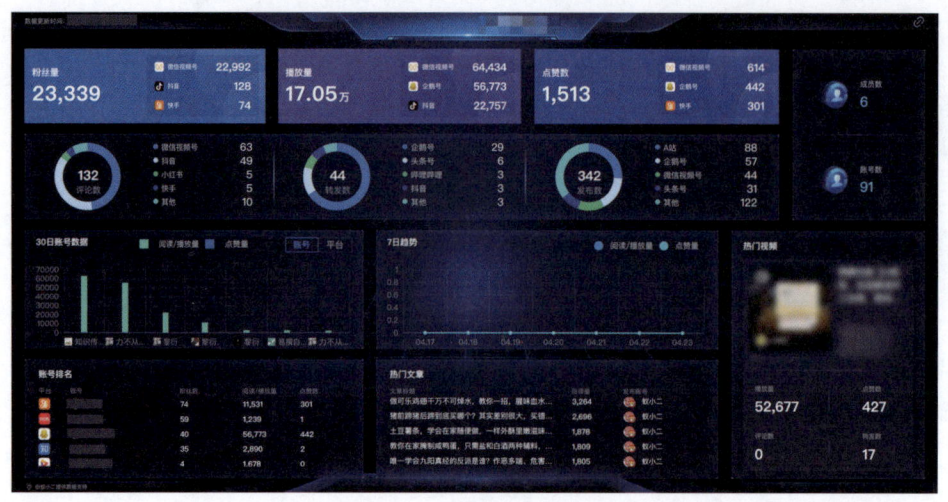

图7-4

另外，蚁小二可以对运营者在各个新媒体账号上的数据进行整合和分析，如账号活跃度、粉丝性别、地域分布等，通过这些数据，运营者可以深入了解账号的运营效果，为账号优化提供有力支持。

7.2.4　AI 模型预测关键指标

AI 模型通过大数据分析和机器学习技术，可以预测新媒体的关键指标，如阅读量、点赞数、评论数、分享量等。这些预测基于历史数据和用户行为模式，能够帮助新媒体运营者提前规划内容策略和推广计划。

此外，AI 模型可以识别出影响这些指标的关键因素，如发布时间、内容类型、受众群体等，从而优化发布策略，提高内容的曝光度和互动率。

例如，FineReport 是一款专业的数据分析工具，它提供了强大的报表制作功能，具有灵活的数据可视化能力，运营者可以利用该工具制作一份销售预测分析的可视化看板，相关示例如图 7-5 所示。

图7-5

FineReport 可以接入多种数据源，帮助新媒体运营者深入分析用户行为、内容效果及市场趋势，从而优化运营策略。另外，FineReport 的预测分析功能可以基于历史数据构建预测模型，预测未来的关键指标。

7.2.5　AI 实时监控数据波动

AI 能够实时且精准地监控新媒体平台上的数据波动情况，包括阅读量、用户活跃度、关键词搜索量等。通过对这些数据的实时监控，AI 可以快速识别出异常波动，如阅读量突然下降或激增，以及用户兴趣点的变化。这有助于新媒体运营者及时调整内容创作方向，从而有效地应对市场变化，保持与用户的紧密连接。

同时，AI 还可以对历史数据进行回顾与分析，发现潜在的趋势和规律，为未来的内容创作和运营提供指导。

例如，Google Analytics（谷歌分析）是由 Google 提供的一款网络分析服务，旨在帮助网站和应用程序的所有者更好地了解其用户的行为和交互。Google Analytics 通过收集和分析用户数据，为网站或应用的所有者提供关于访问量、用户行为、转化率、流量来源、用户地理位置等多方面的详细数据，从而帮助他们优化网站或应用的性能、用户体验和营销策略，相关示例如图 7-6 所示。

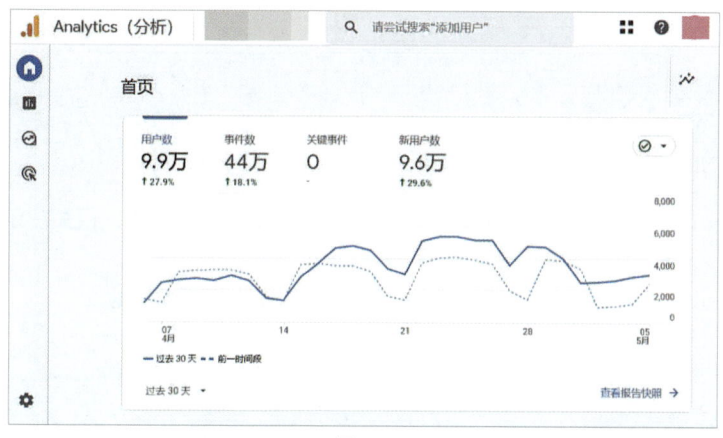

图7-6

Google Analytics 能够实时监测和跟踪新媒体平台的访问情况，这使得新媒体运营者可以及时了解内容的受欢迎程度和用户参与度，从而快速调整内容策略。

7.3　文心一言：数据洞察案例

在新媒体运营中，数据洞察是关键。面对繁杂的信息该如何精准决策？本节将以文心一言网页版为例，介绍 4 个 AI 赋能数据洞察的应用案例。

7.3.1　数据搜集与整理

在新媒体运营中，数据是洞察用户行为、优化内容策略的金钥匙。AI 技术通过自动化的方式搜集和整理用户互动、内容表现等关键数据，帮助运营者快速捕捉内容传播的动态和用户的真实反馈。

下面将通过案例深入探讨 AI 搜集数据的具体方法和应用场景，揭示如何利用 AI 技术高效地收集、分析并应用新媒体数据，为运营决策提供坚实的数据支持。通过 AI 的力量，新媒体运营者可以更加精准地把握用户需求，提升内容的质量和用户的参与度，相关操作如下。

步骤 01 登录并进入文心一言的对话页面，❶在输入框中输入提示词；❷单击 按钮，如图7-7所示。

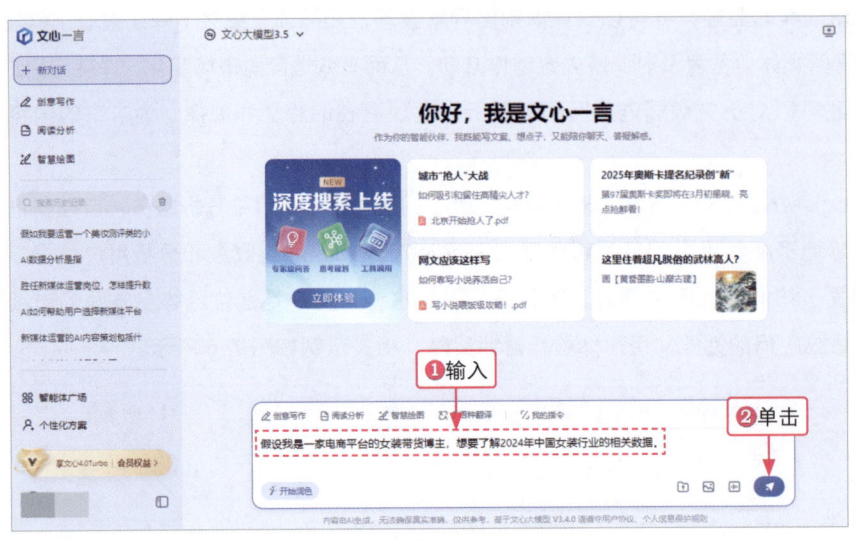

图7-7

步骤 02 执行操作后，即可发送提示词，让文心一言生成相应的结果，相关提示词及回复内容如下。

> 假设我是一家电商平台的女装带货博主，想要了解2024年中国女装行业的相关数据。

> 作为一家电商平台的女装带货博主，了解2024年中国女装行业的相关数据对于制定有效的带货策略至关重要。以下是根据相关机构发布的信息整理的2024年中国女装行业的相关数据。
>
> **一、市场规模**
>
> 整体规模：2024年，中国女装制造行业的市场规模达到了1.2万亿元，相较于2023年的1.15万亿元增长了4.3%。也有数据显示，2024年中国女装市场规模达到了惊人的1.3万亿元。不同数据来源略有差异，但都表明中国女装市场保持着稳定的增长态势。
>
> 线上渠道：线上渠道在女装销售中占据重要地位。2024年，线上渠道销售额占比已提升至48%，预计到2025年将进一步上升至51%。具体到电商销量，2024年第二季度电商女装整体销量达3.76亿件，商品销售额达529.55亿元。
>
> **二、市场结构**
>
> 中高端市场：中高端女装品牌的市场占有率在逐年提升。2024年，中高端女装品牌的市场占有率已经达到35%，较2023年的33%有所提高。预计到2025年，这一比例将进一步提升至37%。
>
> 区域分布：中国女装制造产业主要集中在广东、浙江和江苏等省份。广东省作为中国最大的女装生产基地，2024年贡献了全国40%的产量。浙江省和江苏省分别占比20%和15%，显示出明显的产业集聚效应。
>
> ……

需要注意的是，AI生成的部分数据可能存在偏差，请运营者在使用之前仔细判断，避免出现误导。

7.3.2 信息查询与获取

在新媒体运营的商业化道路上，精准掌握市场动态和消费者行为至关重要。AI 的高级分析能力可以从复杂的市场数据中提炼有价值的商业洞察。无论是监测行业趋势、评估竞争对手，还是理解消费者需求，AI 都能提供强大的支持。

运营者可以利用 AI 工具获取深入的市场分析、用户行为预测和商业机会识别，为新媒体的商业决策提供数据驱动的见解。通过 AI 的辅助，新媒体运营者能够更加自信地在竞争激烈的市场环境中导航，实现商业价值的最大化。

例如，新媒体运营者想了解某平台的电商交易规模，可以利用文心一言中的"商业信息查询"智能体来查询相应的数据，相关操作如下。

步骤 01　进入文心一言，❶单击"智能体广场"按钮，进入"智能体广场"页面；❷在"垂类知识"选项区中，选择"商业信息查询"智能体，如图 7-8 所示。

图7-8

步骤 02　执行操作后，即可调用"商业信息查询"智能体，❶在输入框中输入提示词；❷单击 按钮，发送提示词，如图 7-9 所示。

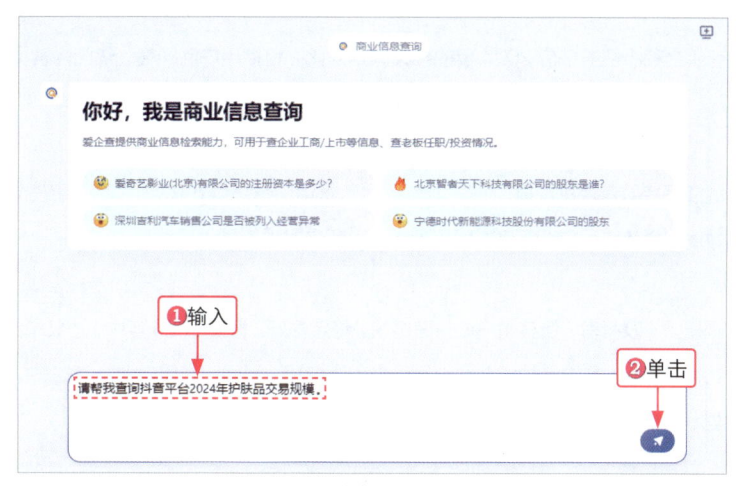

图7-9

步骤 03　执行操作后，即可让文心一言生成相应的结果，相关提示词及回复内容如下。

> 请帮我查询抖音平台 2024 年护肤品交易规模。

抖音平台 2024 年护肤品交易规模相当可观。据多方数据统计和分析：

一、整体交易规模

全年销售额：抖音平台 2024 年护肤品全年的销售额在 1000 亿至 2500 亿元，这一数字显示了护肤品在抖音平台上的巨大市场潜力和消费活力。

同比增长率：相较于 2023 年，2024 年抖音护肤品销售额的同比增长率达到了 41.06%，这一增长率远高于整体化妆品市场的增速，凸显了抖音平台在护肤品销售方面的强劲动力。

二、品牌表现

头部品牌：在抖音平台上，韩束、珀莱雅、欧莱雅等品牌表现突出，其中韩束的同比增长率更是高达 124.97%，珀莱雅也实现了 72.89% 的增长。这些头部品牌的强劲表现，进一步推动了抖音护肤品交易规模的增长。

国货崛起：国货品牌在抖音平台上崛起迅速，占据了较大的市场份额。例如，韩束、珀莱雅等国货品牌不仅在国内市场表现出色，还在抖音平台上赢得了大量消费者的喜爱和认可。

三、市场趋势

细分品类增长：在抖音平台上，护肤细分品类如面部精华、医用敷料等呈现出快速增长的趋势。这些细分品类的增长，反映了消费者对护肤品需求的多样化和精细化。

……

7.3.3 数据对比与分析

在新媒体运营中，数据对比是衡量内容表现和用户行为的关键环节。AI 的深度学习能力使得它能够识别数据中的模式和趋势，为运营者提供有价值的洞察。通过 AI 辅助的数据对比，运营者能够更精准地把握用户偏好，提升内容的吸引力和传播效果，相关案例如下。

> 对比抖音平台和小红书平台 2024 年的相关数据，包括用户活跃度、热门内容类型及平台收益情况。

以下是对抖音平台和小红书平台 2024 年的相关数据对比，包括用户活跃度、热门内容类型及平台收益情况。

一、用户活跃度

抖音

在 2024 年继续保持着其用户规模的领先地位，月活跃用户数超过 8 亿，日活跃用户数也早已突破 6 亿。这一庞大的用户基数使得抖音在用户活跃度方面表现出色，用户黏性较强。

小红书

虽然在用户规模上不及抖音，但其用户增长速度快，稳定性好。截至 2024 年中，小红书的月活跃用户约为 3.2 亿，日活跃用户约为 1.2 亿，且这些数据在后续月份中仍有增长，显示出其用户活跃度的稳中有升。

二、热门内容类型

抖音

影视娱乐：以解说型账号、电视节目官方账号、切片式剪辑账号及短剧账号为主，发布短剧精彩片段，引导用户付费观看。

• 第 7 章 • 数据分析：AI 新媒体运营利器

公众人物：涵盖演艺圈、体育圈、企业圈等领域的名人账号，通过分享专业领域动态或生活方式等内容，强化个人 IP 价值。

颜值达人：男性、女性颜值达人账号，通过直播、变装等形式吸引粉丝。

……

7.3.4 数据可视化：思维导图的生成

在新媒体运营的精细化管理中，数据的系统化呈现对于洞察趋势、优化策略至关重要。文心一言·E 言易图是一个数据可视化工具，它可以为用户提供数据洞察和图表制作功能。下面以文心一言·E 言易图为例，深入探讨 AI 如何助力运营者将海量、杂乱的数据转化为清晰、有序的思维导图，效果如图 7-10 所示。

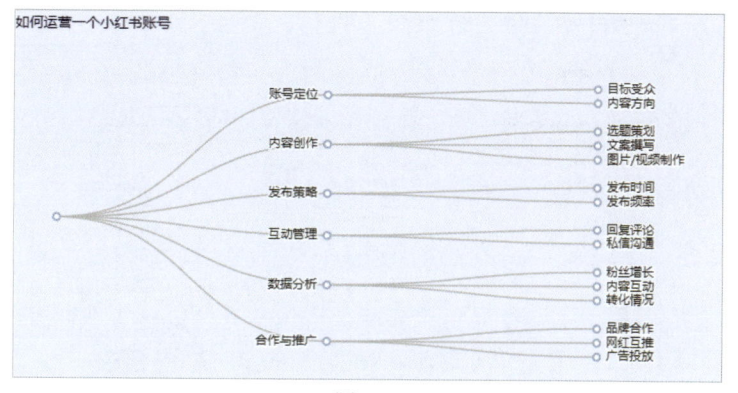

图7-10

步骤 01 进入文心一言，❶单击"智能体广场"按钮，进入"智能体广场"页面；❷在"办公提效"选项区中，选择"E 言易图"智能体，如图 7-11 所示。

图7-11

步骤 02 执行操作后，即可调用"E 言易图"智能体，❶在输入框中输入提示词；❷单击 ➤ 按钮，如图 7-12 所示，发送提示词。

137

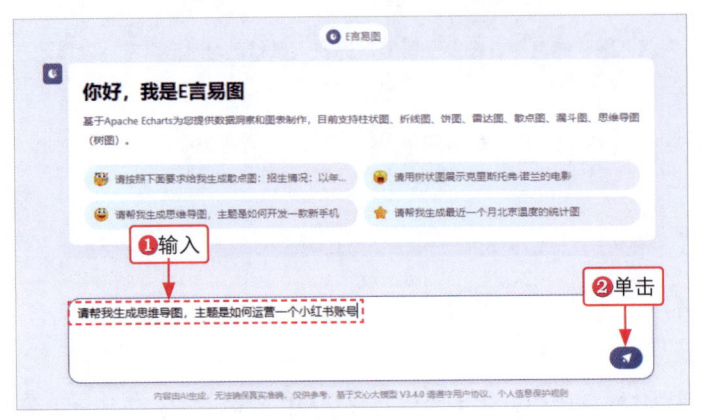

图7-12

步骤 03　稍等片刻，AI即可根据要求自动生成相应的思维导图，单击右上角的下载按钮，即可下载图片，如图7-13所示。

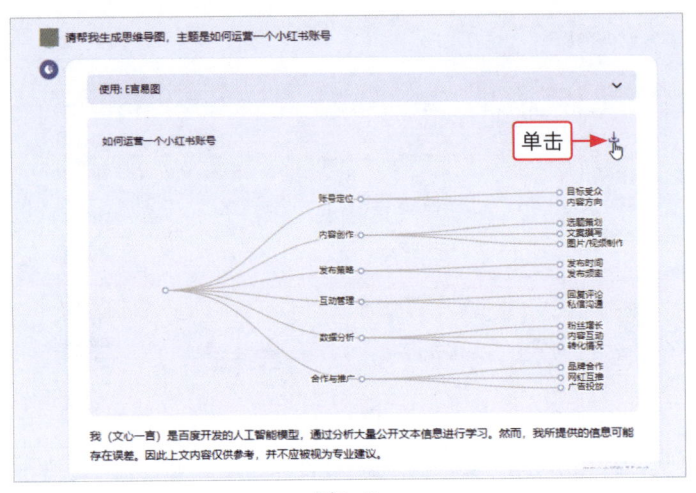

图7-13

7.4 天工AI：数据剖析案例

AI助力数据分析，能快速挖掘数据价值，优化策略，提升效果。本节将以天工AI网页版为例，介绍4个应用案例。

7.4.1 市场分析与洞察

天工AI可以用来收集、解析和理解市场相关的数据和信息，处理大量的文本信息，从而提供深入的见解和建议。运营者向AI提出具体的问题，可以获取即时的分析结果和解释，从而在快速变化的新媒体市场环境中做出更明智的决策，相关操作如下。

步骤 01　登录并进入天工AI的首页，❶在输入框中输入提示词；❷单击"搜索"按钮，如图7-14所示。

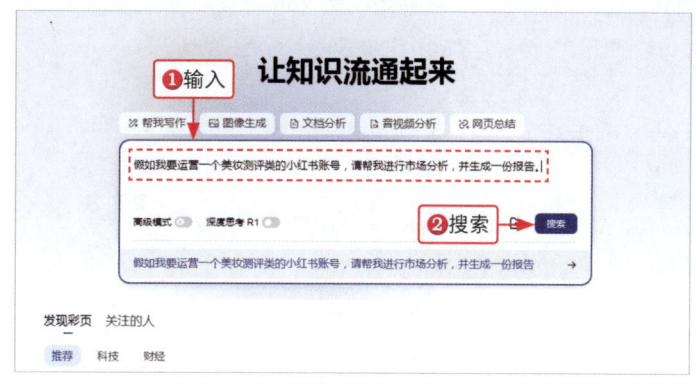

图7-14

步骤 02 执行操作后，即可发送提示词，让天工 AI 生成相应的结果，相关提示词及回复内容如下。

> 假如我要运营一个美妆测评类的小红书账号，请帮我进行市场分析，并生成一份报告。

美妆测评类小红书账号的市场分析报告

一、市场概述

随着社交媒体的蓬勃发展及消费者对美的追求日益增长，美妆行业在互联网领域呈现出爆发式增长。小红书作为美妆爱好者聚集的热门平台，美妆测评类内容一直备受关注。这类账号通过对各类美妆产品进行真实、详细的试用和评价，为用户提供购买决策参考，在美妆市场中扮演着重要角色。

二、目标市场分析

（一）目标受众特征

1. 年龄层次：主要集中在 15～35 岁的年轻女性群体，这个年龄段的女性对美妆产品需求旺盛，注重自身形象，乐于尝试新的美妆产品和潮流趋势。

2. 消费能力：涵盖学生党到初入职场的年轻白领，消费能力有一定差异，但都愿意为优质的美妆产品买单。学生党更倾向于高性价比产品，而年轻白领则对中高端品牌有较高的接受度。

3. 兴趣爱好：热衷于美妆、时尚领域，关注各类美妆博主，喜欢在小红书上浏览美妆教程、新品推荐等内容，并且积极参与互动，分享自己的美妆心得。

（二）目标受众需求

1. 产品信息获取：希望通过专业的测评了解美妆产品的真实效果、成分、使用方法等详细信息，以便做出明智的购买决策。

2. 个性化推荐：由于每个人的肤质、肤色、喜好不同，需要根据自身特点获得个性化的美妆产品推荐。

……

7.4.2 客户分析与画像

客户分析是指通过收集、处理和分析客户数据，了解客户行为、需求、偏好和满意度，从而制定有针对性的营销策略、改进产品和服务，最终提高客户满意度和忠诚度的过程。利用天工 AI 进行客户分析可以帮助企业更好地了解客户，从而制定更有效的营销和服务策略，相关案例如下。

> 针对自动按摩椅这个产品进行客户分析，了解市场的趋势及目标客户的情况。

以下是针对自动按摩椅的客户分析、市场趋势及目标客户情况。

客户分析

需求分析：自动按摩椅的客户主要需求是缓解身体疲劳、改善睡眠质量、舒缓身心压力等。随着人们生活节奏的加快和工作压力的增大，对按摩椅的需求也在不断增加。

购买动机分析：客户购买自动按摩椅的动机主要包括健康意识的提高、对生活品质的追求，以及作为礼物送给亲朋好友等。

消费习惯分析：消费者在购买自动按摩椅时，更倾向于选择知名品牌、专业机构研发的产品，且对产品的功能和质量有较高的要求。同时，线上渠道逐渐成为主要的购买方式。

市场趋势

智能化趋势：随着科技的不断进步，自动按摩椅将更加智能化，具备更多的功能和更好的用户体验。例如，智能语音控制、健康数据监测等功能将成为市场的主流。

个性化定制趋势：消费者对按摩椅的个性化需求将越来越高，如按摩力度、按摩程序、座椅材质等方面的定制化服务将受到更多关注。

健康管理趋势：自动按摩椅将不仅仅是一种按摩工具，还将与健康管理结合，提供更多的健康服务和建议。

目标客户情况

年龄层次：主要目标客户为 25～60 岁的人群，其中以 30～50 岁的人群为主。

收入水平：中高收入人群是自动按摩椅的主要消费群体，他们对生活品质有较高的要求，且有较强的消费能力。

……

7.4.3 销售分析与提升

天工 AI 可以通过处理销售记录、客户反馈、市场动态等信息，帮助企业理解哪些产品或服务最受欢迎，预测市场需求变化，分析客户行为模式，从而优化销售策略和提升业绩。用户可以通过天工 AI 轻松查询特定数据点，获取实时分析结果，从而在竞争激烈的市场中占据优势，相关案例如下。

步骤 01 在天工 AI 的输入框中输入相应提示词，单击"搜索"按钮，让天工 AI 生成一份可供销售分析的文本，相关的提示词和回复内容如下。

> 请帮我生成一份关于粉底液产品的销售分析报告样本，300 字左右。

粉底液产品销售分析报告样本

近期，我们对旗下粉底液产品的销售情况进行了深入分析。从数据上来看，该产品在过去一个季度整体表现良好，销售额稳步增长。

在不同渠道方面，线上平台贡献了主要销量，尤其是社交媒体电商的崛起，通过美妆博主的推荐和试用分享，吸引了大量年轻消费者。线下专柜则凭借专业的导购服务，为顾客提供个性化的色号选择建议，赢得了不少忠实客户。

从产品色号销售分布上，自然肤色系最受欢迎，满足了大多数消费者追求自然妆效的需求。而特殊色号虽然销量相对较少，但也逐渐受到一些特定肤色或有创意妆容需求人群的关注。

然而，市场竞争日益激烈，同类竞品不断推出新功能和优惠活动。我们需持续创新，如开发更多适合不同肤质的配方，优化包装设计，并制定更具吸引力的促销策略，以保持并提升产品的市场份额。

步骤 02 继续在输入框中输入提示词，让天工 AI 根据以上内容进行销售分析，相关的提示词和回复内容如下。

> 请根据以上生成的内容进行销售分析，并生成一份销售报告。

> 以下是根据上述内容生成的销售分析及销售报告。
>
> **销售分析**
>
> 销售渠道分析：线上平台是粉底液产品的主要销售渠道，尤其是社交媒体电商，通过美妆博主的推荐和试用分享，吸引了大量年轻消费者。线下专柜则凭借专业的导购服务，为顾客提供个性化的色号选择建议，赢得了不少忠实客户。
>
> 产品特点分析：自然肤色系的粉底液最受欢迎，满足了大多数消费者追求自然妆效的需求。特殊色号虽然销量相对较少，但也逐渐受到一些特定肤色或有创意妆容需求人群的关注。
>
> 市场竞争分析：市场竞争日益激烈，同类竞品不断推出新功能和优惠活动。需要持续创新，如开发更多适合不同肤质的配方，优化包装设计，并制定更具吸引力的促销策略，以保持并提升产品的市场份额。
>
> **销售报告**
>
> 报告摘要：本报告对粉底液产品的销售情况进行了分析，包括销售渠道、产品特点和市场竞争等方面。通过分析，提出了相应的建议和行动计划，以提高产品的销售业绩和市场竞争力。
>
> 销售业绩概览：过去一个季度，粉底液产品销售额稳步增长。线上平台是主要销售渠道，自然肤色系最受欢迎。
>
> 销售趋势分析：销售额随时间呈上升趋势，线上销售增长迅速，尤其是社交媒体电商。自然肤色系的销量持续增长，特殊色号也有增长潜力。
>
> 客户分析：主要客户群体为年轻消费者，他们更倾向于通过社交媒体获取产品信息并购买。线下专柜的客户则更注重个性化的服务和专业的建议。
>
> ……

7.4.4　财务分析与决策

财务分析是对企业的财务报表和其他财务数据进行评估，以了解其财务状况和经营成果，从而为决策提供依据的过程。财务分析能够帮助投资者和其他利益相关者做出更明智的决策，相关案例如下。

步骤 01 在天工 AI 的输入框中输入相应提示词，单击"搜索"按钮，让天工 AI 生成一份公司财务报表的范例，相关的提示词和回复内容如下。

> 如果需要生成一份公司财务报表，需要从哪几个方面进行分析？

> 生成一份公司财务报表，通常需要从以下几个方面进行分析。
>
> **偿债能力分析**
>
> 短期偿债能力：主要关注流动比率、速动比率等指标。流动比率＝流动资产／流动负债，一般认为流动比率在

2左右较为理想；速动比率=（流动资产－存货）/流动负债，速动比率通常在1左右较为理想。这些指标越高，表明公司短期偿债能力越强。

长期偿债能力：重点分析资产负债率、产权比率等。资产负债率=负债总额/资产总额×100%，一般认为资产负债率在40%~60%较为合理；产权比率=负债总额/所有者权益总额×100%，该比率越低，表明公司长期偿债能力越强。

营运能力分析

应收账款周转率：应收账款周转率=营业收入/平均应收账款余额，反映公司应收账款的周转速度，周转率越高，表明公司应收账款管理效率越高。

存货周转率：存货周转率=营业成本/平均存货余额，体现公司存货的周转情况，周转率越高，说明公司存货管理水平越好。

总资产周转率：总资产周转率=营业收入/平均资产总额，用于衡量公司总资产的运营效率，周转率越高，表明公司资产运营效率越高。

盈利能力分析

……

步骤 02 继续在输入框中输入提示词，让天工 AI 根据以上内容进行财务分析，相关的提示词和回复内容如下。

> 请根据上面的模板生成一份公司财务报表分析的具体案例。

一、案例公司基本信息

假设 XYZ 公司是一家服装生产企业。

二、偿债能力分析

1. 短期偿债能力

流动比率：

2024 年末流动资产为 800 万元，流动负债为 300 万元。

流动比率为 2.67。该比率高于 2，显示公司短期偿债能力不错，流动资产相对流动负债较为充裕。

速动比率：

存货价值为 200 万元。

速动比率为 2。速动比率达到 2，表明在不依赖存货变现的情况下，公司也有较好的短期偿债能力。

2. 长期偿债能力

资产负债率：

2024 年末负债总额为 400 万元，资产总额为 1200 万元。

资产负债率为 33.33%。此比率在 40%~60% 合理范围内，说明长期偿债压力不大。

产权比率：

所有者权益总额为 800 万元。

产权比率为 50%。这表明负债与所有者权益比例较为合理。

三、营运能力分析

……

本章小结

本章先介绍了两款 AI 数据分析工具，分别是文心一言和天工 AI；然后介绍了 AI 赋能数据运营的 5 个方面；接着介绍了使用文心一言进行数据洞察的 4 个案例；最后介绍了使用天工 AI 剖析数据的 4 个案例。本章通过多个案例帮助大家快速掌握数据分析的技巧。

课后实训

鉴于本章知识的重要性，为了帮助读者更好地掌握所学知识，下面将通过课后实训，帮助读者进行简单的知识回顾。

> **实训任务** 使用文心一言网页版分析新能源汽车行业的市场趋势，相关案例如下。

> 请针对 2024 年的中国新能源汽车行业，帮我搜集相关数据并对新能源汽车的市场发展趋势进行分析。

> **2024 年中国新能源汽车行业数据与市场发展趋势分析**
>
> 一、核心数据汇总（2024 年）
>
> 销量与渗透率
>
> 全年新能源汽车销量：预计突破 900 万辆（同比增长 30%～35%），占全球新能源汽车市场超 60%。
>
> 渗透率：新车市场渗透率 35%～40%（2023 年为 28%），部分城市（如上海、深圳）超过 50%。
>
> 出口量：预计达 120 万辆（同比增长 50%），主要流向欧洲、东南亚及中东市场。
>
> 政策与产业链
>
> 补贴政策：新能源汽车购置税减免延续至 2025 年底，但地方牌照优惠逐步退坡。
>
> 电池技术：量产车型续航普遍突破 600km，800V 高压快充、固态电池技术加速落地。
>
> 充电基建：公共充电桩超 250 万个（同比增长 30%），换电模式在出租车 / 网约车领域普及。
>
> 市场竞争格局
>
> 品牌销量：比亚迪（200 万辆＋）、特斯拉（Model 3/Y 合计超 50 万辆）、五菱宏光 MINI EV（40 万辆＋）位列前三。
>
> 新势力表现：理想、蔚来、小鹏等交付量均破 10 万辆，但亏损持续，部分品牌面临现金流压力。
>
> ……

第8章 业绩倍增：AI 优化营销推广策略

AI 技术以其强大的数据分析能力和用户行为预测能力，为新媒体营销推广提供了前所未有的机遇，这不仅能够高效地捕捉和满足用户需求，还能通过自动化工具优化推广流程，降低运营成本。本章将深入探讨 AI 在新媒体营销推广中的应用，揭示其如何助力新媒体实现更精准、更高效的用户关注度和内容传播度。

8.1 AI 营销推广工具

在当今竞争激烈的新媒体环境中，流量获取与用户留存愈发艰难，传统营销手段似乎已力不从心。而 AI 技术的迅猛发展，为营销推广带来了新机遇与变革。本节将介绍 AI 营销推广的两种常用工具。

8.1.1 通义

通义是阿里云推出的大语言模型，由通义千问更名而来，意为"通情，达义"，致力于成为人们工作、学习、生活的智能助手。该模型具备多轮对话、文案创作、逻辑推理、多模态理解、多语言支持等功能。

通义的操作页面设计简洁直观，旨在让用户能够轻松上手并高效地与 AI 模型进行交互，其页面如图 8-1 所示。

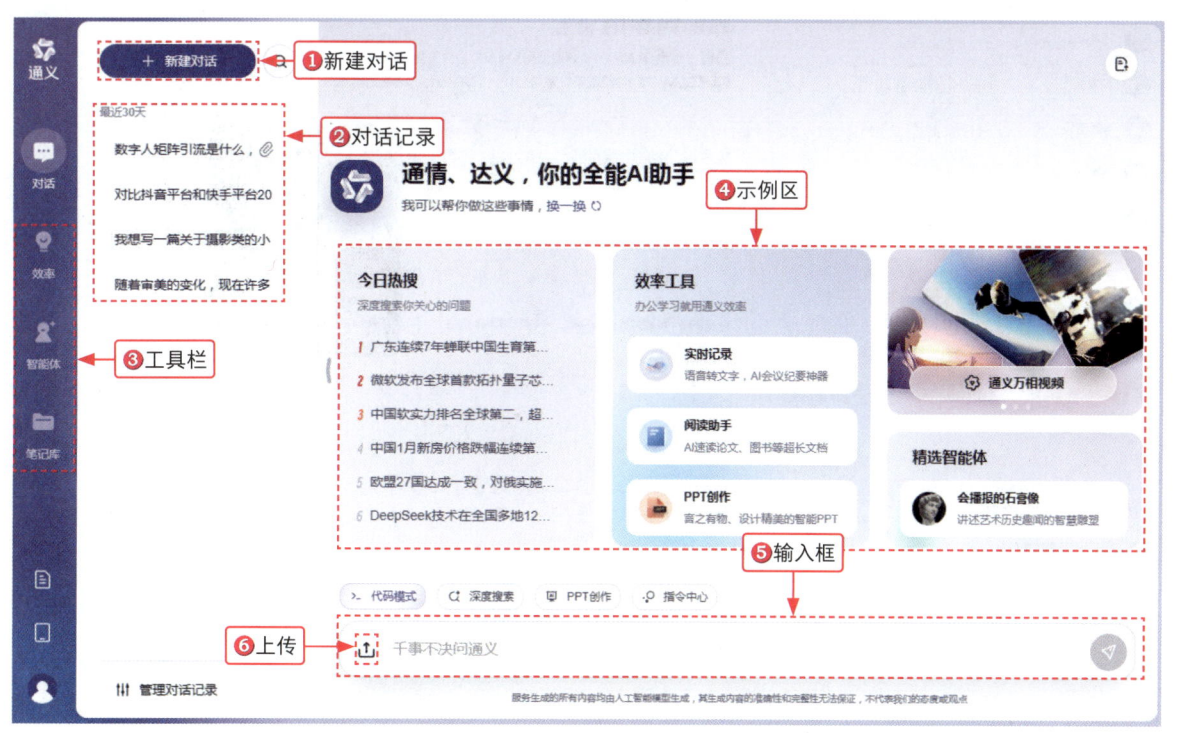

图 8-1

下面对通义网页版页面中的主要部分进行讲解。

❶ 新建对话：单击该按钮，系统会清空当前的对话界面，为用户开启一个空白的、全新的对话环境。在新对话中，用户可以提出任何问题、请求帮助或开展新的讨论话题。

❷ 对话记录：该列表主要方便用户回顾和管理以往的对话记录，用户无须重新输入问题，就能查看之前的答案或继续之前的讨论。

❸ 工具栏：其中包括效率、智能体和笔记库 3 种工具，单击相应的按钮，即可进入相应的页面，使用相应的功能。

❹ 示例区：新用户可以通过浏览示例快速了解如何有效地与通义互动，学习提问的技巧，掌握如何精准提问以获得最佳答案。

❺ 输入框：用户可以在输入框中输入文字，向通义发起对话。

❻ 上传⬆：单击该按钮，可以上传文档或图片到通义中，包括但不限于 PDF、Word、Excel、Markdown、EPUB、MOBI、TXT、PNG 和 JPG 等格式，以便通义对这些文档内容进行分析。

8.1.2 智谱清言

智谱清言是北京智谱华章科技有限公司推出的生成式 AI 助手，它具备通用问答、创意写作及代码生成等多种能力，运营者可以用它来协助新媒体运营，进行数据分析，其页面如图 8-2 所示。

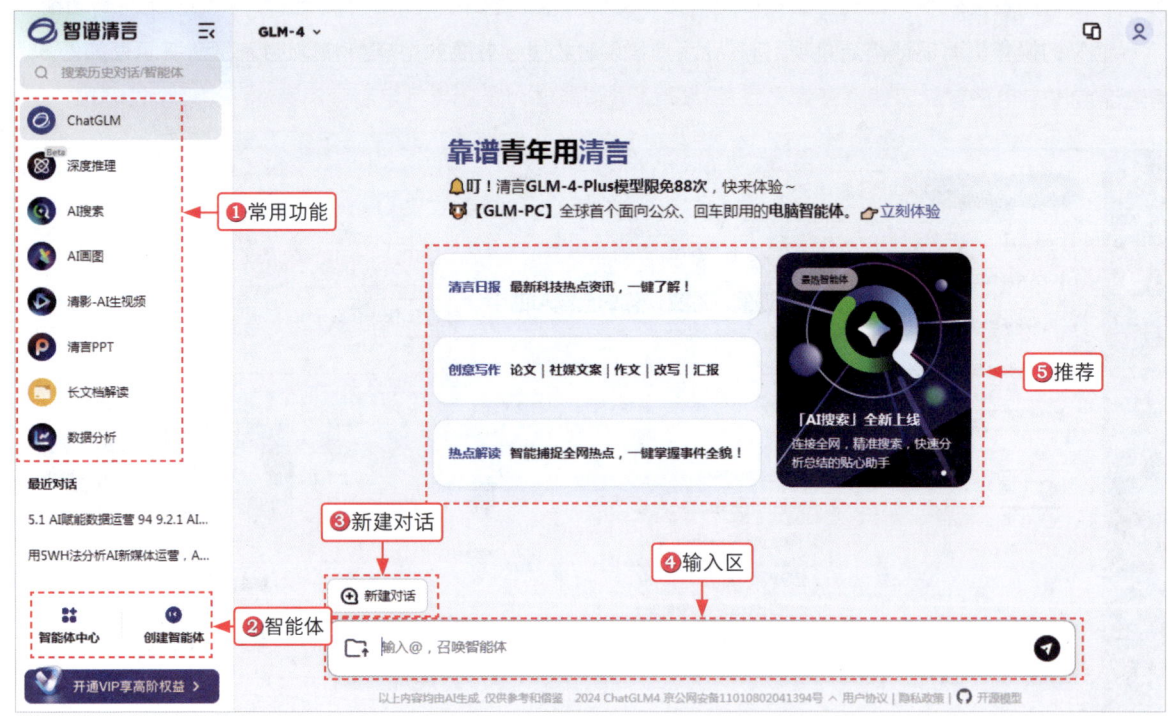

图8-2

下面对智谱清言网页版首页中的主要部分进行讲解。

❶ 常用功能：智谱清言是一个集成多种 AI 服务的平台，其左侧的导航栏中包含了平台的常用功能，如可以提供智能对话服务的"ChatGLM"功能、为用户提供更精准的搜索服务的"AI 搜索"功能、满足用户以文生图需求的"AI 画图"功能、能够进行 AI 视频创作的"清影 -AI 生视频"功能、帮助用户快速理解长篇文档的核心内容的"长文档解读"功能，以及帮助用户洞察数据背后信息的"数据分析"功能等。

❷ 智能体：在该板块中，用户可以单击"智能体中心"按钮，进入"智能体中心"页面，查看官方和其他人创建的智能体；也可以单击"创建智能体"按钮，进入相应页面，根据自己的需求定制一个智能体。

❸ 新建对话：单击该按钮，即可创建一个新的对话窗口，用户可以在此向 AI 提出新问题，以开启新的对话内容。

❹ 输入区：该区域包含"上传"按钮、输入框和"发送"按钮，其中"上传"按钮支持用户最多上传 10 个图片或文档，输入框支持用户输入想要查询的信息或提出问题，"发送"按钮则帮助用户将上传的图片或文档和输入的提示词发送给 AI，以获得相应的回复或服务。

❺ 推荐：该区域可以帮助新用户快速了解平台的功能和特色，指导他们如何使用智谱清言进行有效的互动和信息检索。推荐系统会根据用户的历史行为和偏好来展示内容，提供个性化的推荐，这有助于用户快速找到他们感兴趣的信息。

8.2　AI 营销的技巧

在当今商业竞争日益激烈的背景下，AI 以其强大的数据分析能力，为营销领域带来了前所未有的变革，通过深度学习用户行为、精准预测市场趋势，AI 营销能够为企业量身定制营销策略，实现个性化推广与高效转化。

掌握 AI 营销技术，不仅意味着企业能够更精准地触达目标客户，还预示着企业可以在激烈的市场竞争中抢占先机。本节将介绍关于 AI 营销的技巧。

8.2.1　AI 营销概述

在新媒体浪潮中，营销领域正经历着前所未有的变革，而 AI 营销正是这场变革中的一股强劲力量。下面介绍 AI 营销的定义、核心应用及目标。

1．定义

AI 营销是指利用先进的 AI 技术来优化营销流程、提升营销效果和增强客户体验的一种现代营销方式，它不仅重塑了传统的营销方式，还为企业带来了前所未有的营销效率和精准度。

AI 营销的核心在于将 AI 技术与市场营销策略深度融合。通过复杂的算法和先进的模型，AI 能够处理和分析海量的消费者数据，挖掘出有价值的信息和洞见，从而指导企业制定更加精准和有效的营销策略。这一过程不仅减轻了运营者的工作负担，还极大地提高了营销活动的效率和准确性。

2．核心应用

AI 营销的核心应用广泛而深入，涵盖了市场营销的多个关键环节。在消费者行为预测方面，AI 能够基于历史数据和市场趋势，预测用户的购买意向和偏好，从而帮助企业提前布局市场，抢占先机。个性化内容推荐也是 AI 营销的一大亮点。通过分析用户的浏览历史、购买记录和社交媒体互动等信息，AI 能够为用户量身定制个性化的产品推荐和营销信息，显著提升用户满意度和转化效果。

另外，自动化广告投放和智能客服也是 AI 营销的重要组成部分。自动化广告投放能够根据用户的兴趣和行为习惯，实现广告的精准投放；而智能客服则能够 24 小时不间断地为用户提供咨询服务，解决用户的问题和疑虑，增强用户黏性。

3．目标

AI 营销的目标是提高营销效率、精准度，并增强用户体验，从而促进品牌增长和用户忠诚度。通过 AI 技术的应用，企业能够更加精准地定位目标市场，制定有针对性的营销策略，提高营销活动的转化率和投资回报率。

同时，个性化的内容推荐和智能客服等服务也能够提升用户的购物体验和满意度，增强用户对品牌的认同感和忠诚度。最终，这些都将为企业的品牌增长和长期发展奠定坚实的基础。

基于用户反馈和市场数据，AI 可以帮助企业不断优化产品和服务。通过持续改进和创新，企业能够提供更具竞争力的产品和服务，满足用户的多样化需求。

8.2.2　AI 助力营销推广

在数字化与智能化深度融合的今天，运营者需要紧跟技术潮流，掌握并运用 AI 工具来提升营销效率和效果。下面是如何有效使用 AI 助力营销推广的几个关键步骤。

1．技术准备

运营者需要具备一定的 AI 基础知识，包括机器学习、自然语言处理、数据分析等核心概念和技术原理，这不仅有助于更好地理解 AI 的工作原理，还能在后续的应用中做出更明智的决策。

同时，熟悉并掌握常用的 AI 工具和平台也是必不可少的，如数据分析软件、自动化营销平台、AI 内容生成工具等。这些工具将成为运营者实施 AI 营销的重要助手。

例如，纷享销客是国内领先的连接型 CRM（客户关系管理）服务商，覆盖从营销获客、销售管理、订单回款到售后服务的全流程闭环一体化 CRM 服务。图 8-3 所示为纷享销客平台的营销管理全景图。

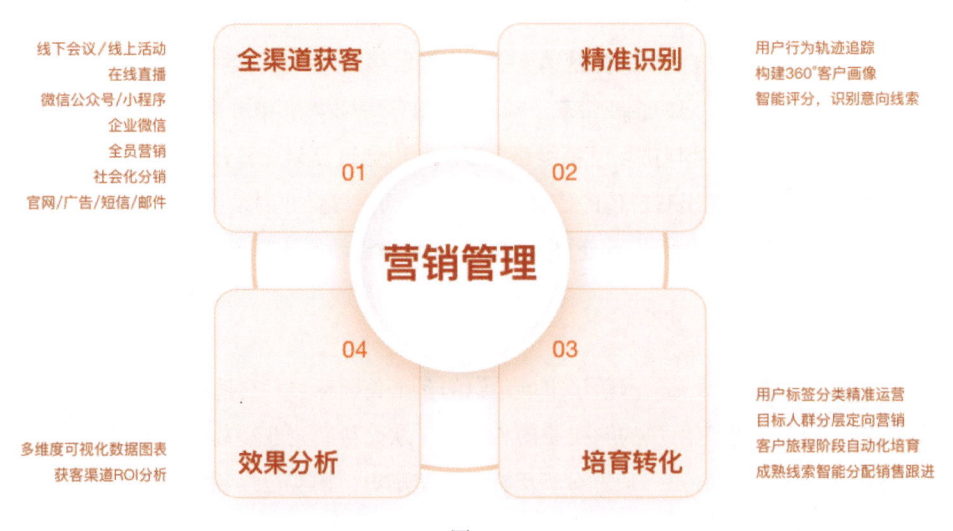

图8-3

2．数据收集与分析

数据是 AI 营销的基石，运营者需要利用 AI 工具全面收集并分析用户数据，这些数据包括但不限于用户的浏览行为、购买历史、社交媒体互动、搜索记录等。通过对这些数据的深入分析，可以构建出详尽的用户画像，了解用户的兴趣、偏好、需求及行为模式。这些洞察将为企业制定精准的营销策略提供有力支持。

例如，抖音平台推出的抖音热点宝功能，在大环境下利用短视频热点和关键词进行 AI 计算和数据分析，方便定位相关人群。图 8-4 所示为抖音热点宝对抖音平台账号进行的热度数据分析。

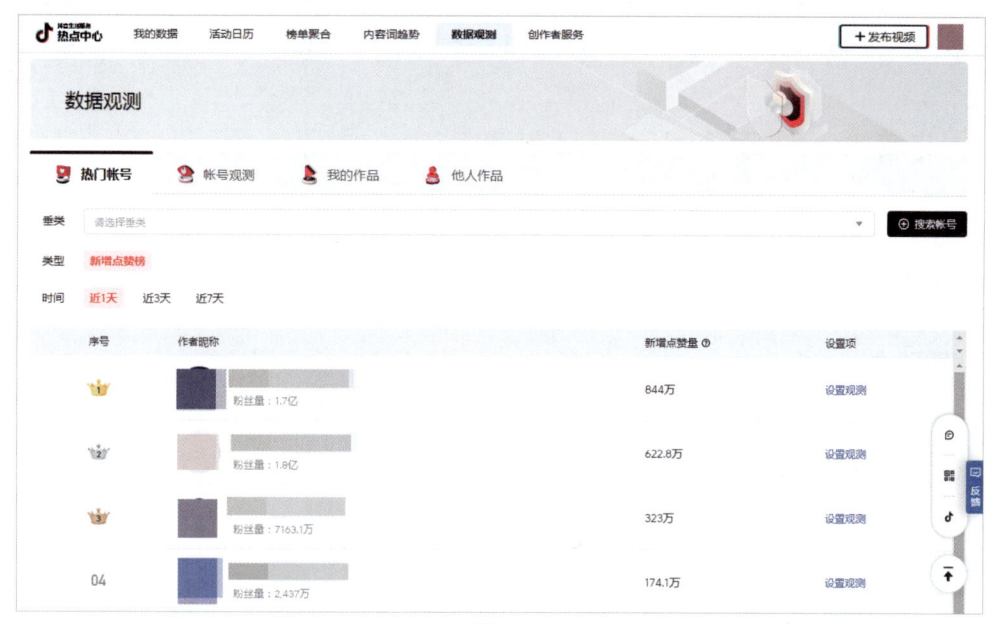

图8-4

3．策略制定

基于 AI 分析的结果，运营者可以制定出更加个性化的营销策略。例如，根据用户的购买历史和浏览行为，为他们推荐定制化的产品或服务；根据用户的地理位置和兴趣偏好，实施精准的广告投放；利用 AI 内容生成工具，快速创作出符合用户口味的内容等，这些策略不仅能够提高营销的精准度和有效性，还能增强用户的购物体验和满意度。

4．执行与监测

在执行营销策略时，AI 平台能够自动化地完成许多烦琐的任务，如广告投放、邮件推送、内容分发、社交媒体管理等。这极大地减轻了运营者的工作负担，使他们能够更专注于策略的制定和优化。

同时，AI 平台还具备实时监测功能，能够实时跟踪营销活动的进展情况，包括点击率、转化率、用户反馈等指标。这些数据将为运营者提供宝贵的反馈信息，帮助他们及时了解营销效果并调整策略。

5．优化与迭代

根据营销效果的反馈，运营者需要不断优化 AI 模型和营销策略，包括调整模型参数以提高预测的准确性、优化推荐算法以提升个性化程度、改进广告创意以提高点击率等。同时，随着市场和用户的变化，营销策略也需要不断迭代更新以适应新的形势。通过持续的优化和迭代，运营者可以不断提升 AI 营销的效果和竞争力。

8.3　AI 营销的策略

通过 AI 技术，企业能够自动化完成营销决策，通过收集并分析客户数据，在适当的时间向用户发送个性化内容，实现营销活动的最佳效率。本节将介绍 AI 营销的 4 种策略。

8.3.1　内容营销：AI 驱动创作

内容营销是指根据受众需求和品牌目标，创作具有价值的内容。AI 内容营销主要包括文案、图片、视频这 3 种形式，内容需要具有吸引力、相关性和原创性，以吸引和留住受众。

1．文案形式

AI 可以生成高质量的广告文案、社交媒体帖子、博客文章和新闻稿等，以提高内容创作效率。以下是几种常见的文案类型的介绍，如图 8-5 所示。

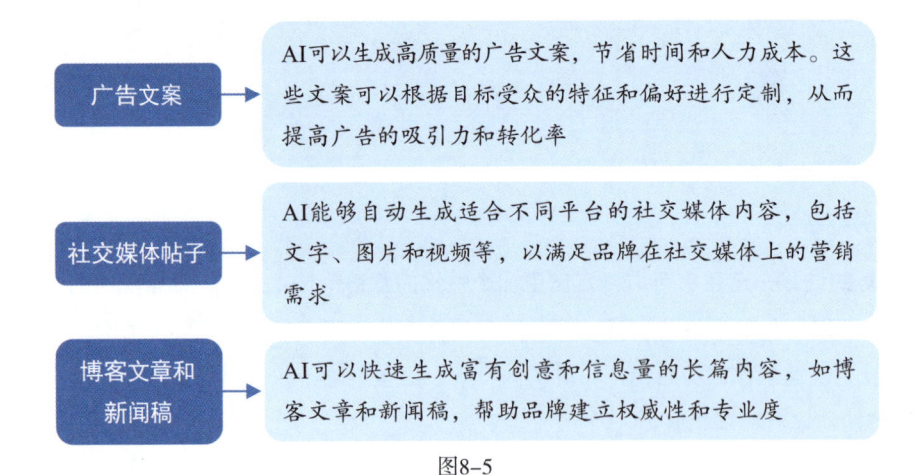

广告文案 → AI可以生成高质量的广告文案，节省时间和人力成本。这些文案可以根据目标受众的特征和偏好进行定制，从而提高广告的吸引力和转化率

社交媒体帖子 → AI能够自动生成适合不同平台的社交媒体内容，包括文字、图片和视频等，以满足品牌在社交媒体上的营销需求

博客文章和新闻稿 → AI可以快速生成富有创意和信息量的长篇内容，如博客文章和新闻稿，帮助品牌建立权威性和专业度

图8-5

运营者还可以借助各种 AI 写作工具，快速生成各种类型的营销文案。

2．图片形式

AI 可以生成品牌宣传所需的图片，提升视觉效果。这些图片可以根据品牌风格和营销目标进行定制。新媒体平台要想吸引用户的眼球，就需要有足够引人注意的视觉内容。下面以 GIF 动图和长图文为例，讲解图片在营销中的应用。

（1）GIF 动图

图片格式是多样的，包括 PNG、JPG、GIF、TIFF 等。很多新媒体运营者在选择图片格式时会采用 GIF，这种动起来的图片能够有效吸引用户的注意。

相对于静态图片，GIF 动图具有更强大的表现力。静态图片只能呈现单一瞬间的画面，而 GIF 动图则可以完整展示动作的全过程，其表现效果更出色。

（2）长图文

长图文可以使发布在新媒体平台上的图片获得更多的关注度。它将文字与图片融合在一起，用文字补充视觉信息，同时以图片强化文字表达，二者相辅相成，能够显著提升内容的传播效果和用户的阅读体验。

3．视频形式

在新媒体平台中，视频是吸引用户关注的核心内容形式之一。运营者在制作内容时，需要精准把握两类关键内容：已验证的爆款视频和潜在爆款内容，并深入分析其成功逻辑，以优化内容策略。

当前短视频领域的热门内容类型包括：才艺展示类（如舞蹈、音乐表演）、技能传授类（如教程、技巧分享）、知识科普类（如行业干货、冷知识）、生活分享类（如美食、旅行 Vlog）、娱乐搞笑类（如幽默短剧、段子）等。不同视频类型具有独特的受众偏好和传播特点，运营者需结合品牌定位及目标用户需求，选择最适合的内容形式进行精准营销，以最大化传播效果。

8.3.2 广告营销：AI 精准投放

广告营销是指企业通过广告媒体，将产品信息或服务信息传播给目标消费者，以促进销售或提升品牌知名度的过程。它通常涉及市场调研、目标受众定位、广告创意设计与制作、广告媒体选择、广告投放与监测等多个环节。广告营销的目的是通过有效的信息传播，激发消费者的购买欲望，进而实现产品或服务的销售。

AI 广告营销是广告营销领域的一种创新形式，它利用 AI 技术为广告营销带来了更高效、更精准、更个性化的解决方案。AI 广告营销的形式主要有 4 种，如图 8-6 所示。

除此之外，如果运营者要想实现 AI 广告营销，那么借助 AI 广告投放工具是必不可少的环节。AI 广告投放工具能够进行受众定位、广告创意优化、广告预算管理等，实现广告的智能匹配与精准投放。像 Albert.ai 这样的 AI 广告平台可以自动管理广告预算，优化广告投放策略；而 Persado 则可以生成更具吸引力的广告文案，提升广告点击率和转化率。

AI 在广告营销中能够助力的形式多种多样。通过精准投放、个性化推荐、自动化管理等方式，AI 能够显著提高广告的投放效率和精准度，降低人力成本，为广告主带来更高的投资回报率。

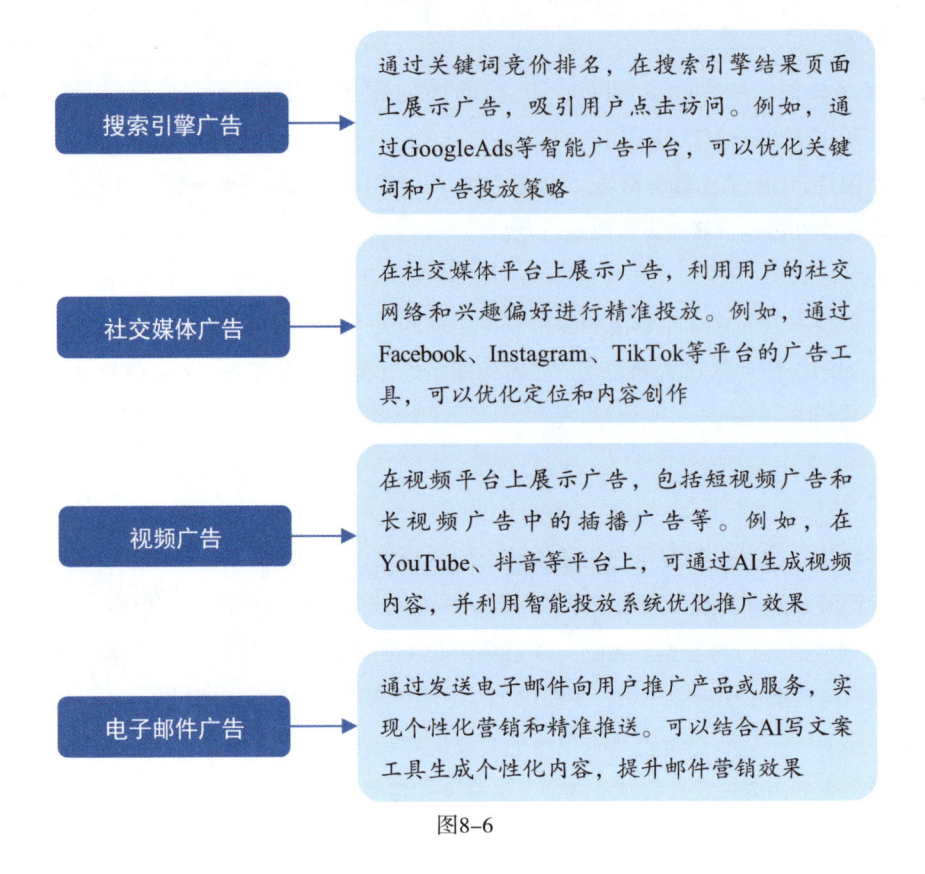

| 搜索引擎广告 | → | 通过关键词竞价排名，在搜索引擎结果页面上展示广告，吸引用户点击访问。例如，通过GoogleAds等智能广告平台，可以优化关键词和广告投放策略 |

| 社交媒体广告 | → | 在社交媒体平台上展示广告，利用用户的社交网络和兴趣偏好进行精准投放。例如，通过Facebook、Instagram、TikTok等平台的广告工具，可以优化定位和内容创作 |

| 视频广告 | → | 在视频平台上展示广告，包括短视频广告和长视频广告中的插播广告等。例如，在YouTube、抖音等平台上，可通过AI生成视频内容，并利用智能投放系统优化推广效果 |

| 电子邮件广告 | → | 通过发送电子邮件向用户推广产品或服务，实现个性化营销和精准推送。可以结合AI写文案工具生成个性化内容，提升邮件营销效果 |

图8-6

8.3.3 病毒式营销：AI洞察传播

病毒式营销是一种利用公众的积极性和人际网络，让营销信息像病毒一样传播和扩散，从而迅速扩大品牌影响力和市场份额的网络营销方法。其核心理念在于通过提供有价值的产品或服务，激发消费者的自发传播意愿，形成口碑效应，从而以较低的成本实现广泛的品牌曝光和销售增长。

在病毒式营销方面，AI可以帮助运营者明确营销目标和受众、创建有吸引力的营销内容、选择合适的传播渠道和方式，并持续监测和优化传播效果、预测市场趋势，为病毒式营销的成功提供有力的保障。

病毒式营销的实现依赖于创造极具吸引力和传播性的内容，这些内容能够激发受众的兴趣和共鸣，促使他们自发地将信息分享给亲朋好友。具体来说，运营者首先需要精准定位目标受众和营销目标，然后设计具有创意和话题性的营销内容，这些内容可以是视频、图文、游戏等形式，关键是要能够引起受众的注意和讨论。接着，通过社交媒体、短视频平台等传播渠道，将营销内容推送给目标受众，并鼓励他们进行分享和传播。在传播过程中，还需密切关注受众的反馈和传播的效果，及时调整营销策略和内容，以确保病毒式营销能够持续发酵并取得最佳效果。

AI能生成精美的新媒体图片内容，为病毒式营销提供帮助。例如，STOCKIMG.AI是一款AI驱动的图片生成工具，它利用先进的AI算法，能够根据用户的描述或提示自动生成高质量的图像和设计作品，如Logo、海报、壁纸等，适用于广告创意、社交媒体配图等场景。图8-7所示为STOCKIMG.AI的图像效果欣赏。

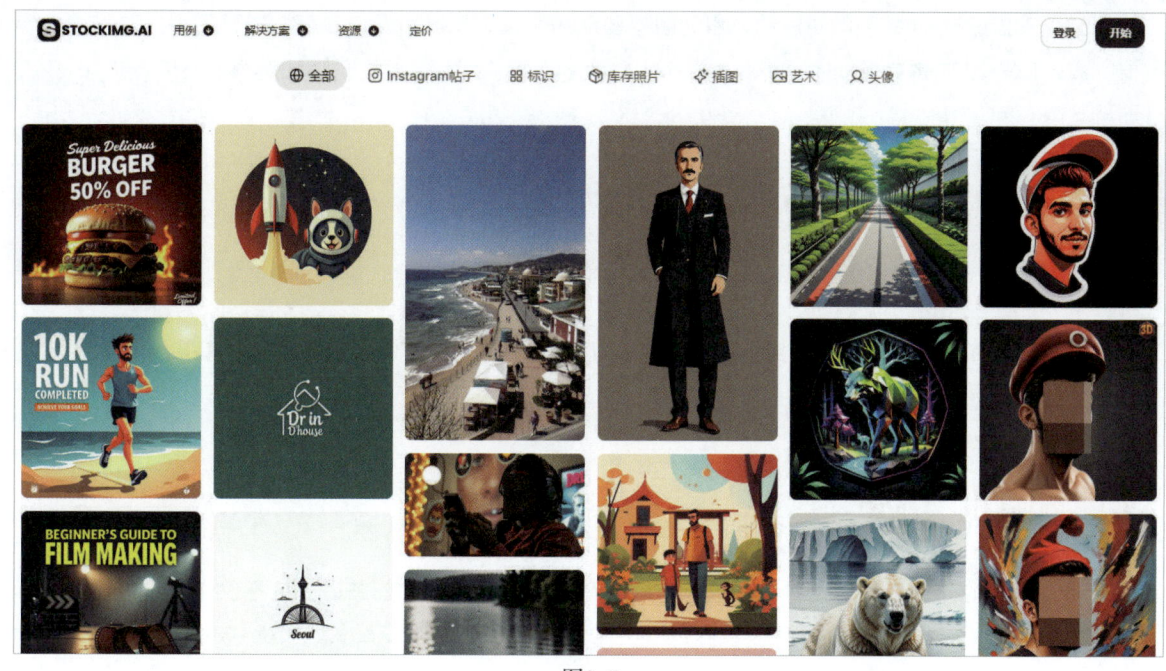

图8-7

8.3.4 事件营销：AI 把握热点

事件营销是通过策划、组织和利用具有新闻价值、社会影响及名人效应的人物或事件，吸引媒体、社会团体和消费者的兴趣与关注，以提高企业或产品的知名度、美誉度，树立良好品牌形象，并最终促成产品或服务销售目的的方式。

虽然 AI 无法直接策划或执行一个完整的事件营销活动（如组织活动、邀请嘉宾等），但可以在多个环节发挥重要作用，如图 8-8 所示。

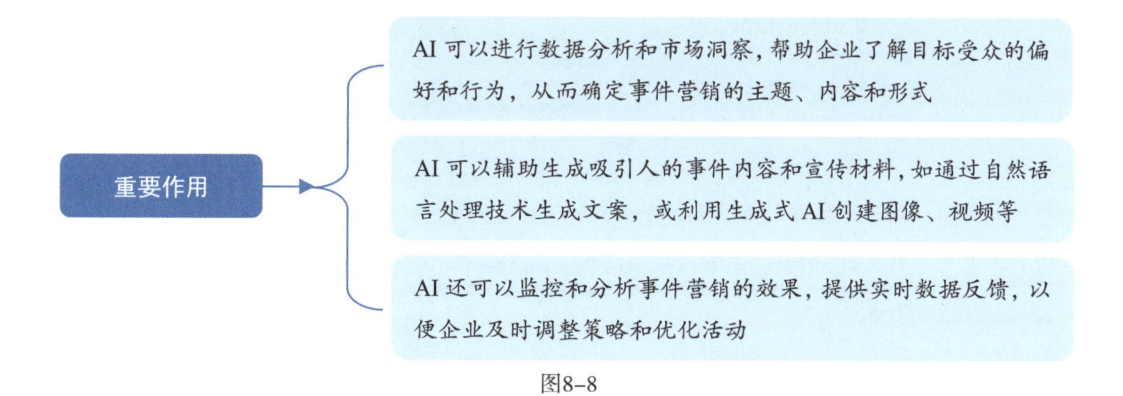

重要作用：

- AI 可以进行数据分析和市场洞察，帮助企业了解目标受众的偏好和行为，从而确定事件营销的主题、内容和形式
- AI 可以辅助生成吸引人的事件内容和宣传材料，如通过自然语言处理技术生成文案，或利用生成式 AI 创建图像、视频等
- AI 还可以监控和分析事件营销的效果，提供实时数据反馈，以便企业及时调整策略和优化活动

图8-8

总的来说，AI 在事件营销中的应用主要集中在数据分析、内容生成和效果评估等环节，新媒体运营者可以通过 AI 的数据分析能力和创意生成能力来优化整个营销流程。AI 可以通过自动化内容生成、个性化内容推送和活动流程自动化等方式增强事件营销的效果。例如，AI 能够快速生成创意概念、文案、视觉内容，并根据用户画像实现个性化推送，还能协助规划活动日程、设计互动环节，甚至在活动结束后快速收集和分析反馈。

例如，天猫通过 AI 共创年画活动，借助明星联动和个性定制吸引用户参与，提升了用户对品牌的忠诚度；康师傅的 AI 写春联活动通过生成带有个人形象的海报，增强了社交价值和用户参与度。

8.4 通义，营销方案定制案例

如今，新媒体已成为个人及品牌传播声音的重要渠道，而 AI 在新媒体营销方面具有广阔的应用前景和潜力。本节将以通义网页版为例，介绍 4 个 AI 应用案例。

8.4.1 制订市场营销计划

在当今激烈的商业竞争中，制订有效的市场营销计划是企业成功的关键，这不仅需要深入了解目标市场和消费者需求，还需要具备创新的策略和高效的执行力。使用通义等 AI 工具，运营者可以更加快速且精确地制订出符合市场需求的营销计划，相关操作如下。

步骤 01 登录并进入通义的对话页面，❶在输入框中输入提示词；❷单击 按钮，如图 8-9 所示。

图8-9

步骤 02 执行操作后，即可发送提示词，让通义生成相应的结果，相关提示词及回复内容如下。

> 我作为市场营销部的经理，需要为公司新出的一款智能恒温器制订一份市场营销计划，请从目标用户分析、营销策略制定、营销手段、计划方案执行、费用预算及效果预测等方面入手，以确保营销活动的有效性和针对性。

> **智能恒温器市场营销计划**
>
> 一、目标用户分析
>
> 用户画像：明确目标用户的年龄、性别、收入水平、家庭结构、居住环境和消费习惯等特征。
>
> 用户需求：了解目标用户对智能恒温器的功能需求（如远程控制、节能省电、智能联动等）和购买动机（如提高生活品质、节能减排等）。
>
> 用户痛点：识别目标用户在使用传统恒温器时可能遇到的痛点，如操作不便、能耗高、温度控制不准确等。
>
> 二、营销策略制定
>
> 市场定位：根据竞品分析和目标用户需求，确定智能恒温器的市场定位，如高端智能家居品牌、节能环保型智能恒温器等。
>
> 产品策略：突出产品的独特卖点，如智能控制、节能省电、易于安装和使用等，并不断优化产品设计和功能。
>
> 价格策略：根据市场定位和目标用户的支付能力，制定合理的价格体系，如高端市场采用高价策略，中低端市场采用高性价比策略。
>
> 渠道策略：选择线上线下相结合的销售渠道，如电商平台、家居卖场、智能家居体验店等，确保产品能够顺畅地触达目标用户。
>
> 促销策略：制定多样化的促销活动，如新品发布会、限时折扣、赠品促销、积分兑换等，吸引用户购买。
>
> 三、营销手段
>
> 广告宣传：利用电视、广播、报纸、网络等广告渠道进行产品宣传，提高产品的知名度和曝光率。
>
> 社交媒体营销：通过微博、微信、抖音等社交媒体平台发布产品信息、用户评价和互动活动，吸引用户关注和参与。
>
> ……

8.4.2 提供营销策略建议

营销策略建议旨在帮助企业在竞争激烈的市场环境中实现销售和品牌目标。在瞬息万变的新媒体环境中，运营者需要不断地调整营销策略，以保持竞争力，使用通义可以帮助运营者获得实时且精准的营销建议。

通义能够根据市场趋势、消费者行为数据及竞争对手动态，提供定制化的营销策略建议。无论是产品定位、目标客户分析，还是社交媒体营销内容的优化，通义都能提供数据驱动的解决方案，有效提高产品的市场占有率和用户满意度，相关案例如下。

> 公司新研发了一款助眠香薰，主要针对睡眠质量差的老人及经常熬夜的上班族，请研究这两类用户的行为特征和需求，并根据营销目标提出相应的营销策略建议。

> 针对睡眠质量差的老人及经常熬夜的上班族，先需要分析他们的行为特征，然后才能提出有效的营销策略建议。

一、用户行为特征分析

1. 睡眠质量差的老人

生理变化：随着年龄的增长，老年人的神经细胞减少，脑动脉硬化程度加重，这些生理变化容易导致睡眠障碍。

健康意识：老年人对健康问题更为关注，更倾向于选择自然、温和且无副作用的助眠产品。

生活规律：多数老年人生活规律，但失眠可能打乱他们的作息，导致白天精神不振。

信息获取：老年人可能更依赖传统媒体和口碑来获取产品信息。

2. 经常熬夜的上班族

工作压力：工作压力大，生活节奏快，导致他们经常需要熬夜加班。

健康需求：虽然他们年轻，但长期熬夜也让他们意识到健康的重要性，对助眠产品有需求。

消费习惯：这类人群更习惯于线上购物，喜欢通过社交媒体、电商平台等了解产品信息。

个性化需求：他们可能更倾向于选择符合自己喜好和个性的香薰产品。

二、营销策略建议

1. 产品定位与宣传

强调天然成分：针对老年人对健康问题的关注，宣传产品采用天然植物精油，如薰衣草、洋甘菊等，具有舒缓、放松的功效。

突出助眠效果：针对两类用户的失眠问题，重点宣传产品的助眠效果，可以通过用户评价、专家推荐等方式来证明。

……

8.4.3 生成活动策划方案

在当今竞争激烈的市场环境中，策划有效的营销活动对于吸引客户、提升品牌知名度至关重要。使用通义可以帮助营销者更加高效地制定出创新且有针对性的营销策略。

通义能够根据市场趋势、目标受众特征及品牌定位，生成详细的活动策划方案，从活动主题、宣传渠道到执行细节，提供全方位的建议。使用通义生成活动策划方案，不仅能够加速策划过程，还能确保营销活动更加贴合市场需求，从而提高活动的成功率和影响力，相关案例如下。

> 假如你是一家电子科技公司策划部的总监，针对公司新研发的智能投影仪，请生成一份新品上市发布会的活动策划方案。要求：方案需涵盖活动目的、目标受众、预算策划、活动内容、风险评估等内容。

智能投影仪新品上市发布会活动策划方案

一、活动目的

品牌提升：通过新品发布会，增强公司品牌在智能投影领域的知名度和影响力。

产品展示：全面展示智能投影仪的创新功能与技术优势，吸引潜在客户和行业关注。

市场渗透：促进新产品快速进入市场，提高市场占有率，加速销售转化。

媒体曝光：利用发布会平台，增加媒体曝光度，为产品后续推广奠定良好的舆论基础。

用户互动：建立与目标消费者的直接联系，收集用户反馈，优化后续产品和服务。

二、目标受众

科技爱好者与极客：对最新科技产品充满好奇，是早期采用者。

家庭娱乐爱好者：追求高品质家庭观影体验的用户。

商业与教育行业客户：需要高效展示解决方案的企业、学校等机构。

行业权威发声者：科技、影音、教育等领域的媒体记者与意见领袖。

现有及潜在客户：已对公司其他产品有兴趣或使用过公司产品的用户。

三、预算策划

……

8.4.4 进行 4P 营销分析

在市场营销中，4P［产品（Product）、价格（Price）、渠道（Place）、促销（Promotion）］营销分析是制定有效营销策略的基础。使用通义可以帮助企业更高效地完成 4P 营销分析，确保每一项决策都基于深入的市场洞察来制定，相关案例如下。

> 针对当前市场环境下的多功能蓝牙音箱进行 4P（产品、价格、渠道、推广）营销分析。

针对当前市场环境下的多功能蓝牙音箱进行 4P（产品、价格、渠道、推广）营销分析，我们可以从以下几个方面进行全面且贴近现实的探讨。

一、产品（Product）

多功能蓝牙音箱作为现代音频设备的重要组成部分，其核心在于"多功能"与"高音质"。产品应具备以下特点。

高音质：采用先进的音频处理技术，确保音质清晰、饱满，满足消费者对高品质音效的追求。

便携性：产品设计轻巧便携，方便用户在不同场景下使用，如户外、旅行、家庭聚会等。

多功能性：集成智能语音助手、自适应音效、防水防尘等功能，提升用户体验。例如，智能语音助手可以让用户通过语音指令控制音箱，实现播放音乐、查询天气、设定闹钟等操作。

互联互通：支持蓝牙、无线网络等多种连接方式，轻松连接手机、平板电脑、智能家居等设备，实现音频的无缝传输和控制。

二、价格（Price）

价格策略应根据产品定位、目标消费群体及市场竞争情况来制定。

中高端市场：针对追求高品质音效和设计的消费者，推出价格较高的旗舰产品，强调品牌价值和独特卖点。

中低端市场：针对注重性价比的消费者，提供价格适中、功能齐全的产品，满足大众需求。

促销活动：通过限时折扣、满减优惠、赠品等方式吸引消费者购买，提升销量和市场份额。

三、渠道（Place）

线上线下渠道相结合，拓宽销售渠道，提高市场覆盖率。

……

8.5 智谱清言，营销策略生成案例

AI 通过深度学习分析海量数据，可以洞察消费者行为，快速定制个性化策略，确保营销活动紧跟市场趋势，最大化投资回报率。本节将以智谱清言网页版为例，介绍 4 个 AI 应用案例。

8.5.1 生成产品推广计划

在现代市场竞争中，有效的品牌推广是企业成功的关键，使用智谱清言可以帮助运营者更快速且精准地制订出全面的品牌推广方案。智谱清言能够根据品牌特性、目标市场及消费者行为分析，生成涵盖多种渠道和策略的推广计划，相关操作如下。

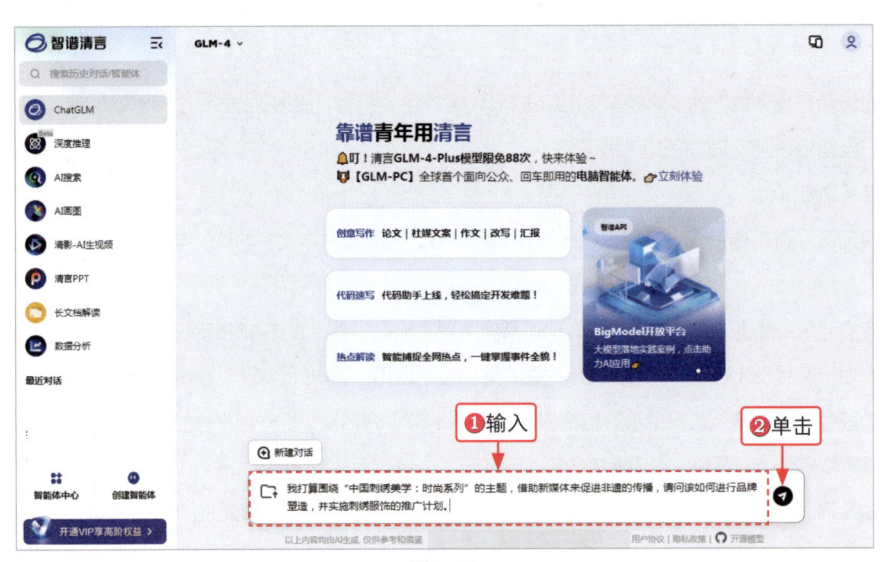

步骤 01 登录并进入智谱清言的对话页面，❶在输入框中输入提示词；❷单击 ➤ 按钮，如图 8-10 所示。

图8-10

步骤 02 执行操作后，即可发送提示词，让智谱清言生成相应的结果，相关提示词及回复内容如下。

> 我打算围绕"中国刺绣美学：时尚系列"的主题，借助新媒体来促进非遗的传播，请问该如何进行品牌塑造，并实施刺绣服饰的推广计划。

> 围绕"中国刺绣美学：时尚系列"主题，借助新媒体推广非遗，以下是品牌塑造和刺绣服饰推广计划的建议。
>
> 一、品牌塑造
>
> 确立品牌定位
>
> 突出中国刺绣的传统美学与现代时尚相结合的特点，定位为中高端时尚品牌。

强调手工刺绣的独特价值，打造高品质、个性化的品牌形象。
设计品牌形象
设计具有中国传统元素的标志，体现刺绣文化的内涵。
确定品牌色彩、字体等视觉元素，形成统一的视觉识别系统。
品牌故事挖掘
挖掘中国刺绣的历史渊源、技艺传承等故事，提升品牌的文化底蕴。
创作一系列品牌故事，通过新媒体平台进行传播，增强品牌认同感。
联名合作
与知名设计师、艺术家、时尚品牌等进行跨界合作，提升品牌知名度。
二、推广计划实施
新媒体矩阵搭建
利用微信公众号、微博、抖音、小红书等平台，构建品牌新媒体矩阵。
……

8.5.2 撰写大促活动邮件

大促活动邮件是吸引客户关注、提升销量的重要方式，使用智谱清言可以帮助运营者更高效地撰写具有吸引力的大促活动邮件。智谱清言能够根据活动的主题、目标受众的偏好及市场趋势，生成内容丰富、语言生动的邮件文本，相关案例如下。

> 假如你是一名销售经理，你需要给开通了高级会员的用户发送一封关于"高级会员尊享端午节大促活动"的邮件，邮件内容需涵盖活动的产品介绍、优惠力度。要求：信息明了、态度礼貌、语言有吸引力。

> **主题：【端午安康，尊享特惠】——高级会员专享端午节大促盛宴！**
>
> 尊敬的[用户名]先生/女士，
>
> 您好！
>
> 值此粽香四溢、龙舟竞渡的端午佳节来临之际，我谨代表[公司名称]团队，向您致以最诚挚的节日问候！感谢您一直以来对我们坚定不移的支持与厚爱，您的满意是我们不断前行的最大动力。
>
> 为了回馈您作为我们尊贵的高级会员，我们精心筹备了一场专属的"高级会员尊享端午节大促活动"，旨在为您带来一场前所未有的购物盛宴，让这份传统佳节的温馨与喜悦，伴随着精选好物，送到您的手中。
>
> 【活动亮点产品介绍】
>
> 限量版端午礼盒：内含精选上等糯米粽、醇香茶叶及精美手工香囊，每一份都是对传统文化的致敬与传承，让您在品味中感受节日的韵味。
>
> 智能健康好物：精选智能手环、空气净化器，结合现代科技与传统养生理念，为您和家人的健康保驾护航。
>
> 家居美学精选：端午特惠，包括手工编织的艾草挂饰、复古风陶瓷餐具套装，为您的居家生活增添一抹节日的气息与雅致。

> 【优惠力度空前】
> 专享折扣：所有参与活动的商品，高级会员均可享受 8 折优惠，部分热销商品更有低至 7 折的超值惊喜！
> ……

8.5.3　提供广告投放策略

广告投放策略的主要作用是精准定位目标受众，通过选择合适的广告渠道、制定吸引人的广告内容及优化投放时机，有效提升品牌知名度、激发消费者兴趣并促进购买行为，从而实现营销目标最大化，同时控制广告成本，提高投资回报率。

在数字营销时代，精准的广告投放策略是吸引目标客户、提升品牌影响力的关键，使用智谱清言可以帮助运营者更有效地制订广告投放计划。智谱清言能够识别并预测消费者的兴趣偏好、购买意向及实时需求，根据目标受众的特征、市场趋势及竞争对手分析，提供定制化的广告投放策略，相关案例如下。

> 一个专门研究面膜的护肤品品牌，现在为了扩大新品美白淡斑面膜的曝光度，请制定一份合理的广告投放策略，需包含品牌理念、目标受众分析、广告创意呈现及产品卖点等。

> **广告投放策略：专注于美白淡斑面膜的新品推广**
>
> 一、品牌理念
>
> 品牌名称：雪肌纯皙（示例）
>
> 品牌理念：雪肌纯皙致力于探索自然与科技的完美融合，为每一位追求肌肤纯净之美的人士提供高效、安全、温和的护肤解决方案。我们相信，真正的美源自肌肤深处的健康与平衡。因此，我们的每一款产品都经过精心研发，旨在唤醒肌肤的自然活力，焕发由内而外的光彩。
>
> 二、目标受众分析
>
> 年龄层：25～45 岁，关注肌肤保养，特别是对面部色斑、肤色不均等问题有改善需求的消费者。
>
> 兴趣偏好：注重生活品质，偏好天然成分，关注护肤成分，乐于尝试新品并分享护肤心得。
>
> 消费习惯：倾向于在线上购物平台浏览并购买护肤品，易受社交媒体、网红推荐影响。
>
> 三、广告创意呈现
>
> 主题定位："雪肌焕变，纯皙无痕"——探索美白淡斑之旅
>
> 创意方案：
>
> 短视频广告：
>
> 场景一：清晨，女主角在柔和的阳光下醒来，镜头聚焦于她略带瑕疵但充满期待的脸庞。
>
> 场景二：使用雪肌纯皙美白淡斑面膜的过程，通过慢动作展示面膜贴合肌肤的细节，强调天然成分。
>
> ……

8.5.4 创作广告插播文案

广告插播文案是指在电视节目、广播、视频、网络直播等媒介中,用于插播广告时所使用的话语或文本。广告插播文案的目的是在短时间内吸引受众的注意力,传递广告信息,并激发受众的兴趣或购买欲望。

智谱清言能够为用户创作出富有创意、引人入胜的广告插播文案,让品牌信息在众多信息中脱颖而出,吸引目标受众的注意力,相关案例如下。

> 👤 假如我是一位小有名气的穿搭博主,除了试穿服装,还会分享一些好看又精致的家居好物。现在有一家智能手环品牌想要与我达成合作,希望我在账号中融入他们的品牌广告。请帮我生成一段广告插播文案,广告文案要与前文的穿搭故事自然衔接,过渡语需巧妙设计,比如介绍智能手环的功能,以及搭配什么样的服装可以彰显潮流与个性。

> 🔵 **穿搭故事**
>
> 在这个充满活力的春日,我选了一件剪裁得体的白色西装,搭配一条高腰阔腿裤,既保留了职场的干练,又不失女性的柔美。手腕上轻轻绕上一串细巧的手链,每一个细节都透露着我对精致生活的不懈追求。走在街头,我仿佛与这座城市融为一体,每一步都散发着自信与从容。
>
> **巧妙过渡**
>
> 而说到细节,不得不提我最近迷上的一款配饰,它不仅是配饰,还是科技与时尚的完美结合——××智能手环。想象一下,当你身着这套简约而不失格调的装扮,手腕上的这款智能手环,以其独特的设计语言,为你的整体造型增添了一抹未来感,让你在人群中瞬间脱颖而出。
>
> **广告插播文案**
>
> ××智能手环,不仅是一款记录健康的智能设备,还是个性与潮流的象征。它的外观设计简约而不失时尚感,流线型的表带,搭配高清触控屏,无论是搭配休闲装还是正装,都能轻松驾驭,彰显你的独特品位。更重要的是,它拥有全面的健康监测功能。从心率监测到睡眠分析,从运动记录到久坐提醒,它都能精准捕捉你的每一次心跳,守护你的每一次呼吸。
>
> 而说到搭配,我认为××智能手环与简约风格的服装相得益彰。就像我今天这套白色西装,搭配上手环的科技蓝屏幕,既保留了职场的正式感,又不失时尚与活力。无论是在办公室忙碌,还是在咖啡馆小憩,它都能成为你穿搭中的点睛之笔,让你在举手投足间尽显自信与魅力。
>
> ……

本章小结

本章先介绍了两种 AI 营销推广工具,分别是通义和智谱清言;然后探讨了 AI 营销的技巧与策略,其中包括内容营销、广告营销、病毒式营销和事件营销等策略;接着介绍了使用通义定制营销方案的 4 个案例;最后介绍了使用智谱清言生成营销策略的 4 个案例。本章通过多个案例帮助大家快速掌握营销推广的技巧。

课后实训

鉴于本章知识的重要性，为了帮助读者更好地掌握所学知识，下面将通过课后实训，帮助读者进行简单的知识回顾。

实训任务 请运用通义为一场促销活动设计 10 条营销活动标语，相关案例如下。

> 请为一场促销活动设计 10 条营销活动标语。要求：突出高清相机的产品特点、技术亮点，激发消费者的购买欲望，对每条标语进行解释说明。

1. "高清视界，一镜掌握——让每个瞬间生动如初！"

    解释：此标语强调高清相机能够捕捉生活中的每一个细节，使回忆如同初见般鲜活。通过"一镜掌握"，传达出产品易于操作、功能全面的特点，激发消费者记录美好瞬间的欲望。

2. "微光亦璀璨，夜拍新境界——高清夜视，点亮夜的美！"

    解释：突出相机在低光环境下的卓越表现，即使是微弱的光线也能拍摄出清晰、明亮的照片，打破夜间拍摄的局限，吸引喜欢夜间摄影或追求高质量夜景照片的消费者。

3. "细节决定成败，高清见证奇迹——每一个像素，皆为真实！"

    解释：强调高清相机的高分辨率能力，能够精准捕捉并还原每一个细节，让消费者相信通过这款相机记录下来的每个瞬间都是真实且震撼的。

4. "从晨曦到夜幕，动态捕捉无死角——高速连拍，定格瞬间精彩！"

    解释：突出相机的高速连拍功能，适合捕捉快速移动的对象或连续动作，让消费者能够不错过任何精彩的瞬间，适合运动摄影爱好者。

第 9 章 多元变现：AI 新媒体运营的机遇

在新媒体迅猛发展的今天，商业变现已成为运营者关注的核心话题。从平台补贴到电商带货，再到知识付费等方法，新媒体为运营者提供了丰富的收入来源。本章将探讨新媒体的多元变现模式、AI 助力新媒体变现的路径及案例，为新媒体运营者打开新的财富大门。

9.1 多元变现模式

随着新媒体的蓬勃发展，运营者们不再仅仅是内容的传播者，更是商业价值的创造者。同时，AI技术的崛起也为内容创作与变现带来了前所未有的机遇。AI技术的突飞猛进不仅改变了内容创作的方式，还为副业收入的增长开辟了新路径。

传统的内容创作模式已经逐渐无法满足市场对创新和效率的渴望。在这一背景下，本节将探讨4个创新的变现模式，旨在帮助大家把握AI时代的脉搏，发掘新的盈利机会，从而在副业的征途上取得成功。

9.1.1 AI内容分发，一键发布到多平台

AI技术的进步极大地推动了智能推荐算法的发展，这些算法能够根据用户的兴趣、偏好和行为习惯来推荐个性化的内容，这不仅提升了用户满意度，还为平台带来了可观的商业价值。同时，这也为我们提供了新的商业机会，即通过创建AI内容分发平台来实现盈利。

AI技术能够分析用户数据，包括浏览历史、搜索记录和互动行为，从而精准推送用户感兴趣的内容，这种个性化推荐机制大幅提高了内容的点击率和用户黏性。通过AI内容分发平台，运营者可以吸引广告主，并利用平台的流量和用户数据来吸引广告投放，从而获得广告收入。此外，平台还可以提供增值服务，如付费订阅、定制化内容推送等，为运营者提供更多价值。

例如，智媒通是一款AI新媒体运营工具，它支持一键发布到多个热门的新媒体平台，为运营者提供了"自动化发布"的功能，帮助运营者快速进行多平台内容同步，扩大内容的传播效果，实现跨渠道用户触达与流量聚合，从而助力运营者打造爆款IP。图9-1所示为智媒通的"自动化发布"功能页面。

图9-1

9.1.2　AI 内容编辑，提升写作质量和效率

AI 技术的不断进步为内容创作和编辑领域带来了革命性的变化，不仅提升了内容生产的质量和效率，还降低了成本。通过 AI 编辑技术，我们可以提供一系列增值服务来实现副业变现，包括但不限于内容优化、语音编辑和自动化校对。

AI 编辑工具能够自动检测和纠正文本中的语法错误、拼写错误和标点使用不当等问题，确保内容的专业性和准确性。同时，AI 还能够提供文本优化和风格调整的建议，使内容更加贴近目标受众的偏好。此外，利用 AI 语音合成技术，我们可以为客户提供专业的配音服务。AI 合成的声音几乎与真人无异，可以用于制作视频旁白、有声读物、广告配音等，满足不同场景的需求。

例如，Effidit 是一款集成了 AI 技术的智能写作辅助工具，它通过自然语言处理和深度学习算法，提供实时的写作建议、文本校对和风格优化等服务。无论是日常写作、学术研究还是专业文档撰写，Effidit 都能显著提升写作效率和文本质量。

下面介绍使用 Effidit 编辑内容的操作方法。

步骤 01　进入 Effidit 官网，单击"在线体验"按钮，如图 9-2 所示。

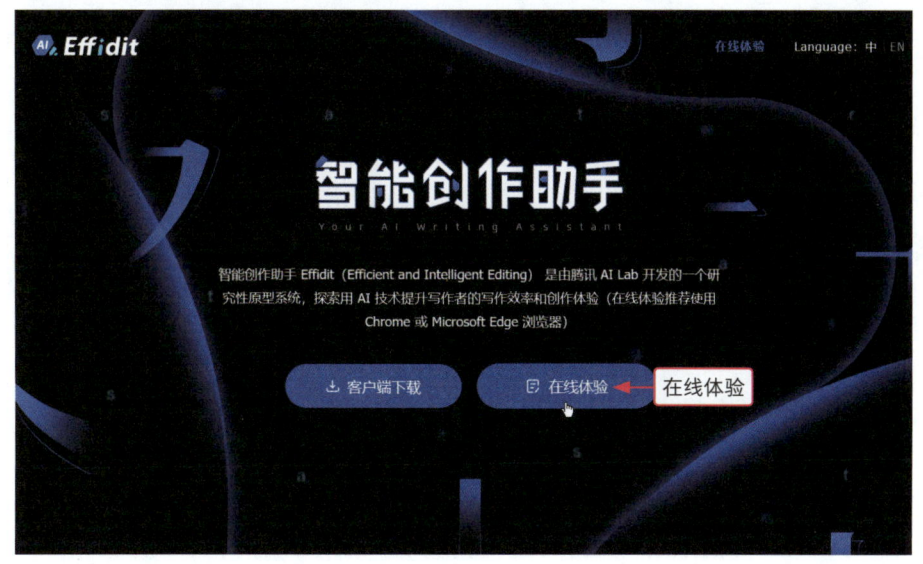

图9-2

步骤 02　执行操作后，进入 Effidit 的工具页面，在左侧输入框中输入相应的文本内容，默认使用的是"智能纠错"模式，系统会自动检测文本中的错别字及拼写错误，并给出修改建议，有效地处理替换、插入和删除等类型的错误，如图 9-3 所示。

步骤 03　切换至"文本补全"模式，用户只需给定句子前缀，系统即可智能生成逻辑通顺且完整的句子，补全结果中包含检索结果（网络素材）及生成结果（智能生成），如图 9-4 所示。

步骤 04　❶切换至"文本润色"模式；❷输入相应的文本内容；❸单击"开始改写"按钮，如图 9-5 所示。

步骤 05　执行操作后，AI 在保留文本语义的同时，能够智能改写文本内容，以另外一种形式重新表达原句语义，增强文本的多样性，效果如图 9-6 所示。

图9-3

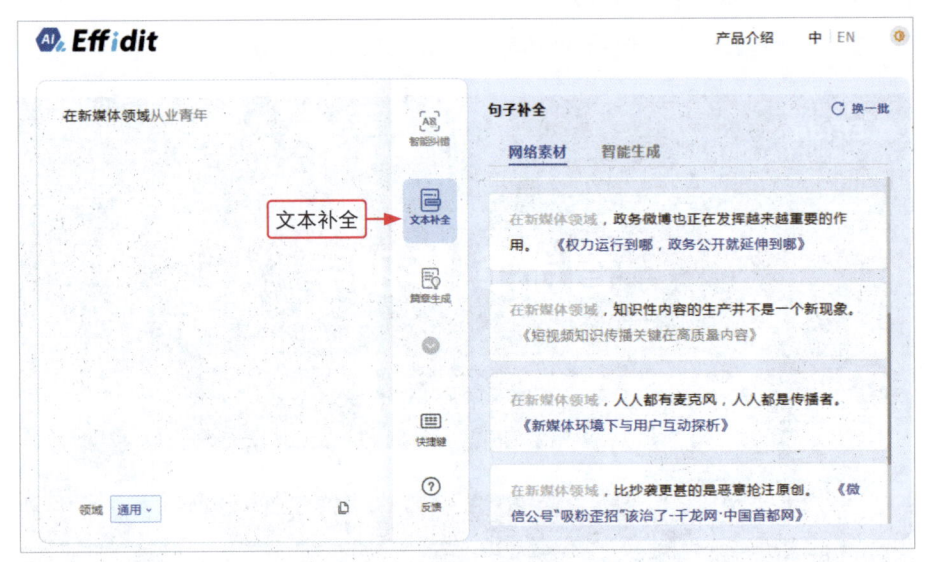

图9-4

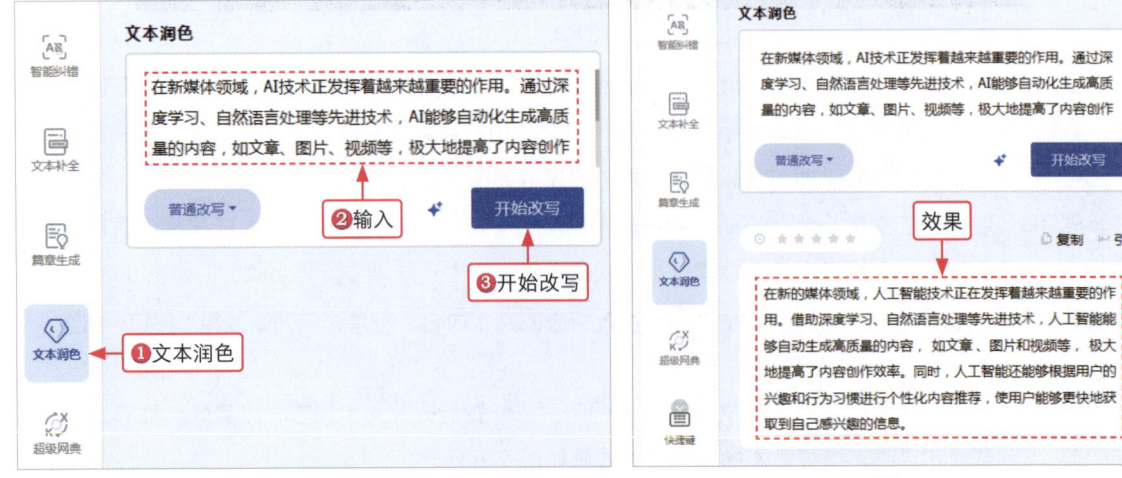

图9-5

图9-6

总之，AI 编辑技术可以大幅度减少人工编辑的时间，降低内容生产的人力成本。我们可以利用这一优势，提供快速、高质量的内容编辑服务，并收取相应的费用。随着 AI 技术的持续发展，未来的 AI 编辑工具将更加智能化和个性化，它将能够更好地理解用户的意图和风格，提供更加精准的编辑建议。这将为我们提供更多的商业机会，推动内容创作行业的创新和发展。

9.1.3　AI 内容定制，独一无二

随着大众对个性化内容的需求日益增长，AI 能够提供更加个性化和精准的内容定制服务。通过 AI，我们可以分析用户数据，理解其偏好，并据此生成并出售独一无二的内容产品，从而实现副业变现。

AI 技术使得内容定制不再局限于传统的模板和形式，而是可以根据每个用户的独特需求进行个性化创作。这不仅提升了用户体验，还为我们的副业开辟了新的收入来源。AI 可以提供从个性化视频制作到定制文章、专属音乐创作等一系列服务，同时其数据分析能力能够确保内容与用户的个人品位和兴趣紧密相连。

例如，通义万相是阿里云推出的 AI 绘画创作大模型，该模型可辅助用户进行图片创作，实现高度可控和自由的图像生成效果。通义万相的功能丰富多样，主要包括文本生成图像、相似图像生成、图像风格迁移及视频生成等。图 9-7 所示为通义万相的功能页面。

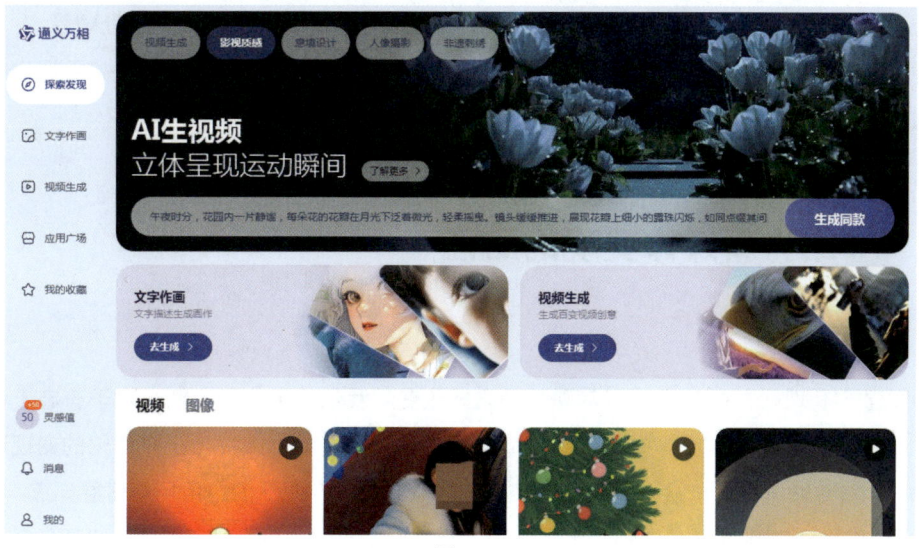

图9-7

9.1.4　AI 技术服务，灵活增收

AI 技术服务相关的副业变现路径多种多样，可以根据个人的技能和市场需求选择合适的平台和方法。例如，利用 AI 技术，可以为需求简单、成本敏感的商单提供服务，也可以在小红书、拼多多、淘宝等平台上寻找合作机会。

再如，在商业化平台上出售专门为 AI 设计的提示词。PromptBase 是一个专门为 DALL·E、Midjourney、Stable Diffusion 和 ChatGPT 等 AI 模型提供优质提示词的在线市场，如图 9-8 所示。我们可以在 PromptBase

上购买或出售提示词，平台会提供官方验证，以提高交易的可靠性。

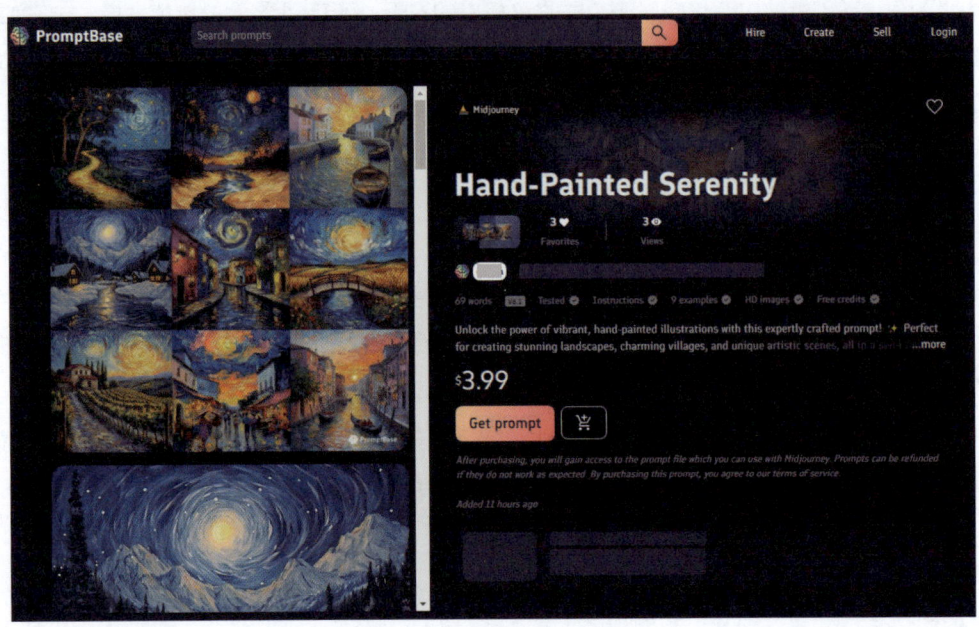

图9-8

随着 AI 技术的快速发展，各行各业对 AI 技术服务的需求日益增长。企业需要 AI 技术服务来提升效率、降低成本、增强产品竞争力，个人也可能需要 AI 技术服务来进行数据分析、自动化处理等。

如果你拥有专业的 AI 技术知识和实践经验，可以为市场提供定制化的解决方案。根据你的专业水平和提供的服务复杂度，可以设定相应的服务价格，从而增加你的副业收益。

9.2　AI 助力新媒体变现的路径

在当今的数字化时代，AI 技术正以其独特的方式改变着我们的工作和生活。对于有志于通过副业实现盈利的人而言，AI 提供了前所未有的机遇。AI 技术的快速发展为个人提供了多样化的变现途径，从自动化内容创作到智能数据分析，从个性化推荐系统到虚拟助手服务，AI 的应用场景日益丰富。

本节将介绍 10 种利用 AI 技术实现新媒体变现的路径，无论你是想寻找新的收入来源，还是希望提升现有业务的效率，AI 都提供了无限的可能性。

9.2.1　实现自动化运营

AI 技术的快速发展为企业自动化提供了无限可能，从数据分类到预测分析，AI 正成为企业运营不可或缺的一部分。

在当今的商业环境中，AI 技术已成为推动企业自动化的关键力量。通过利用机器学习算法，企业能够对大量数据进行分类、预测和推荐，从而提高效率、降低成本并增强决策的准确性。

AI 技术可以自动分析数据、识别模式、精准分类，这对于处理客户信息、市场数据和运营日志等尤为关键。通过这些方式，企业能够快速识别重要信息，做出更明智的业务决策。

AI 的另一个重要应用是预测分析，机器学习模型能够基于历史数据预测未来趋势，这在金融、销售和库存管理等领域尤为重要。准确的预测能够帮助企业规避风险，抓住市场机会。在电子商务和新媒体内容分发平台，AI 的推荐系统还可以通过分析用户行为，提供个性化的推荐，增强用户体验，提高转化率。

例如，UiPath 是一款领先的 RPA（Robotic Process Automation，机器人流程自动化）工具，它通过模拟人类用户执行任务，帮助企业自动化处理各种重复性工作，如图 9-9 所示。UiPath 结合了 AI 技术，使得自动化流程更加智能和灵活，可以自动化完成人力资源、财务会计、客户服务等部门的任务，从而释放员工的潜力，专注于更有创造性和战略性的工作。

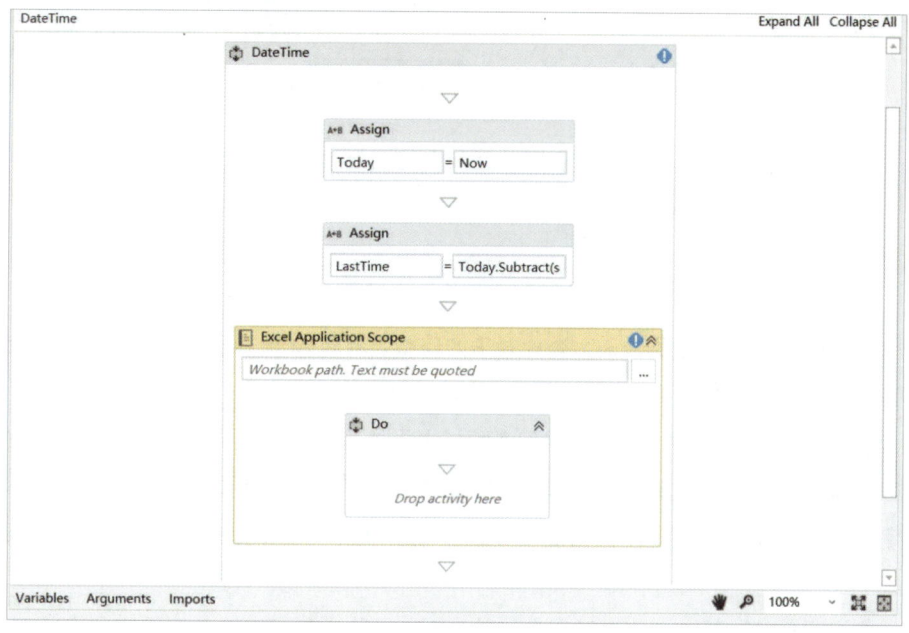

图9-9

通过 AI 技术，企业可以实现流程自动化，提升运营效率，而提供这些服务的个人和公司则可以在这一过程中获得可观的收益。

9.2.2 开发 AI 应用程序

在数字化转型的浪潮中，AI 应用程序的开发已成为创新和盈利的热点。开发者可以利用 AI 技术解决实际问题，满足市场和客户的特定需求，从而开拓收入来源。通过开发 AI 应用程序，开发者可以将自己的技术专长转化为商业价值，同时为用户带来便利和创新体验。

例如，TensorFlow 是 Google 开发的开源机器学习框架，它提供了广泛的工具和库，支持开发者构建和训练自己的 AI 模型，相关示例如图 9-10 所示。TensorFlow 的灵活性和强大功能使其成为开发 AI 应用程序的理想选择，无论是语音识别、图像处理还是复杂数据分析，它都能轻松完成任务。

随着 AI 技术的进步和企业对自动化需求的增加，AI 应用程序的市场需求量巨大。开发者可以通过销售或订阅模式向客户收费，如果应用程序具有独特的功能和较高的用户满意度，盈利潜力将非常可观。

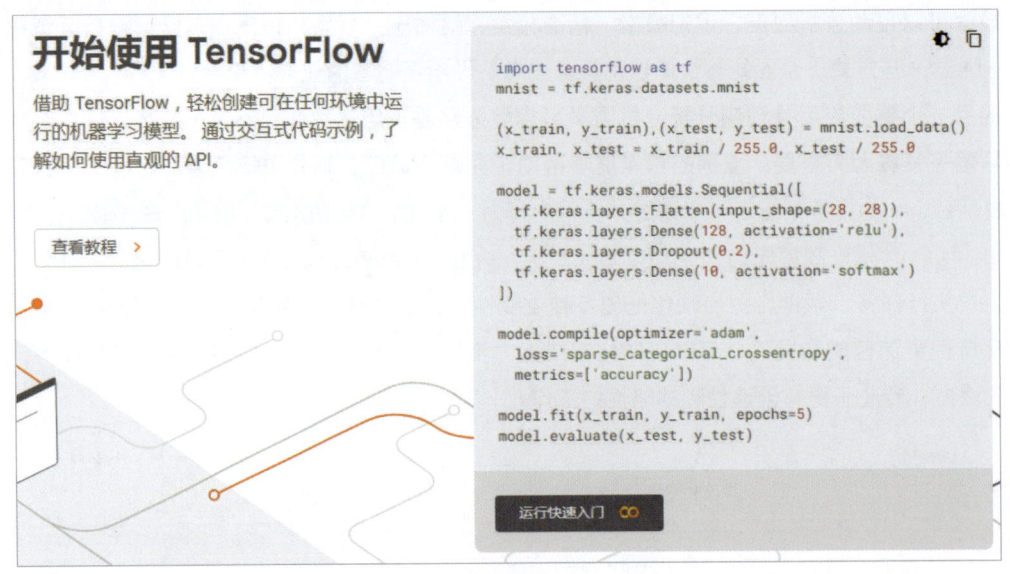

图9-10

9.2.3 提供AI咨询服务

在AI技术日益渗透各个行业的今天，企业对于如何有效利用AI提升业务效能、优化运营流程的需求日益增长，因此提供专业的AI咨询服务已成为一种高价值的商业活动。

在企业AI项目的实施过程中，可能会遇到各种技术挑战。AI咨询服务可以提供专业的技术支持，帮助企业解决数据科学、机器学习模型开发、系统集成等问题。AI咨询师可以根据企业的具体需求和行业特点，提供定制化的AI战略规划服务，包括帮助企业识别AI技术应用的机会、设计实施路线图及选择合适的技术栈。

另外，AI咨询服务可以帮助企业进行成本效益分析、风险预测和市场趋势研究，确保AI项目与企业的长期目标一致。

例如，IBM Watson是一个强大的AI平台，提供了一系列工具和服务，可以帮助AI咨询师为客户提供端到端的解决方案。IBM Watson的自然语言处理和机器学习服务可以支持构建智能聊天机器人、分析客户情感、自动化业务流程等。

凭借深入的AI领域知识和丰富的行业经验，AI咨询师可以为客户提供宝贵的战略指导和技术支持，从而推动企业的智能化转型。

9.2.4 参与AI平台竞赛

参与AI竞赛是展示技术实力、积累实战经验并建立个人品牌的绝佳途径。AI领域的竞赛不仅为技术爱好者提供了展示才华的舞台，还为参赛者带来了赢得奖金、荣誉和职业机会的可能性。通过参与这些活动，可以向潜在客户证明自己的专业能力，并逐步构建自己的技术声誉。

AI竞赛通常涉及前沿技术和复杂问题解决，参与其中可以锻炼自己的技术能力，并通过实践提升项目管理和团队协作经验。许多AI竞赛提供丰厚的奖金，除了经济上的激励，获奖还能为简历增添亮点，提高在业界的知名度。通过在竞赛中取得优异成绩，可以在专业社群中建立自己的品牌，吸引更多客户和机会。

例如，文心一格平台经常会举办各种 AI 绘画大赛活动，为大家提供了一个展示创意和 AI 技术结合的舞台，如图 9-11 所示。

图9-11

再如，可灵 AI 专注于提供高质量视频内容生成服务，其中的"活动专区"是一个集中展示和举办各类 AI 创作大赛及活动的区域，如图 9-12 所示。

图9-12

用户可以在这里找到最新的活动信息、参赛指南、奖项设置及获奖作品展示等。该专区旨在为用户提供一个交流创意、展示才华的平台，并推动 AI 技术的普及和发展。参与者有机会获得京东卡、灵感值及可灵 AI 单月黄金会员等奖品。

9.2.5 教授 AI 定制课程

随着 AI 技术的普及，大众对于 AI 知识和技能的需求日益增长。通过教授 AI 课程和提供相应的 AI 培训服务，我们不仅可以帮助他人提升 AI 技能，还可以在这个过程中获得收入。

171

利用在线教育平台，我们可以开设 AI 相关课程，涵盖从基础知识到高级技能的各个层次，为那些无法参加现场课程的学习者提供便利。

另外，我们也可以在本地社区组织 AI 课程和工作坊，为学习者提供更个性化的学习体验，这种方法也有助于建立本地网络和社区支持。

如果你对教学充满热情，并且具备良好的沟通技巧，教授 AI 课程可以成为你的副业。这不仅能够影响他人，还能够在教学过程中进一步提升自己的技能。

例如，千聊是一个在线学习平台，提供了包括 AI 在内的各种课程。利用该平台的广泛受众和教育资源，我们可以创建并销售自己的 AI 课程。千聊提供的课程制作和发布工具，使得创建高质量在线课程变得更加容易。图 9-13 所示为千聊平台上的付费 AI 摄影课程。

图9-13

通过教授 AI 课程和培训，我们不仅能够分享自己的知识，还能够在教育领域实现盈利，同时促进 AI 技术的发展和普及。

9.2.6　投放 AI 商业广告

商业广告是很多运营者的主要获利途径。运营者通过将自己的私域流量出租给个人、平台或品牌商家，让他们在自己的新媒体账号、文章或朋友圈中投放广告，从而收取一定的"流量租金"。

商业广告变现的关键在于流量，而流量的关键就在于引流和增强用户黏性。在新媒体平台上，商业广告变现模式是指在原生新媒体内容的基础上，平台会利用 AI 算法模型来精准匹配与内容相关的广告。

商业广告变现适合拥有大流量的新媒体账号，这些账号不仅拥有足够多的粉丝关注，而且他们发布的新媒体内容也能够吸引大量用户观看、点赞和转发。例如，微信广告变现适合有一定粉丝基础的运营者，以及开通了"流量主"功能的公众号。运营者通过在平台指定位置打广告来收取一定的费用。图 9-14 所示为微信公众号中投放的相关流量广告。

图9-14

想要做流量广告，运营者要先开通微信公众号的"流量主"功能，可以进入微信公众号后台，在左侧的导航栏中选择"收入变现"选项，然后选择"流量主"选项，如图 9-15 所示。

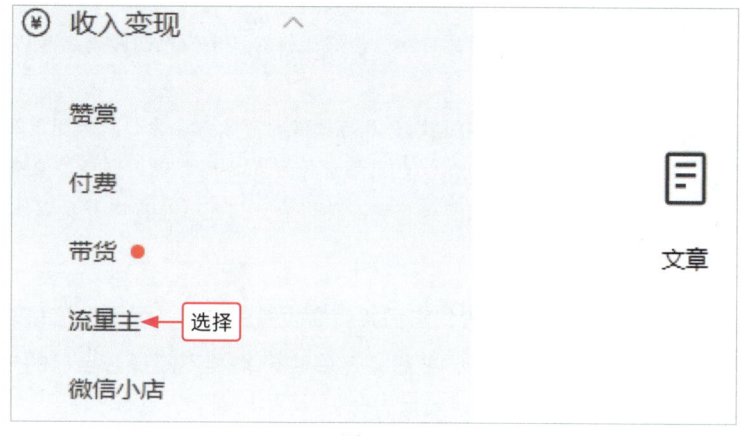

图9-15

执行操作后，进入"流量主"功能页面，如图 9-16 所示。符合条件的运营者单击"开通流量主"按钮，即可开通该功能。对于想要通过商业广告进行盈利的运营者，首先要做的就是把自己的用户关注量提上去，这样才能获得更多收益。

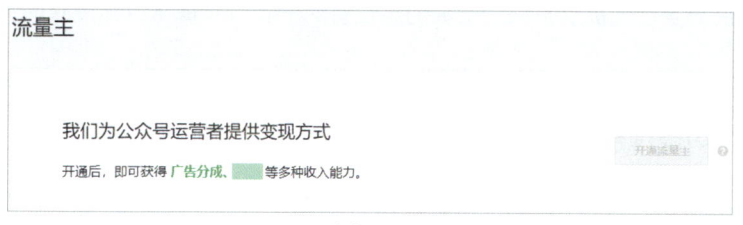

图9-16

9.2.7　打造爆款 IP

在互联网和新媒体领域中，IP 更多地被理解为具有独特魅力和广泛影响力的品牌形象、内容创作或人物形象。它可以是一个故事、一个角色、一个符号、一个设计理念，或者是任何具有独特性和吸引力的文化产品。

新媒体爆款 IP 是指在新媒体平台上，通过高质量的内容创作和独特的个人魅力，迅速积累大量粉丝，并产生广泛影响力的品牌或个人。它通常具有以下关键特征，如图9-17所示。

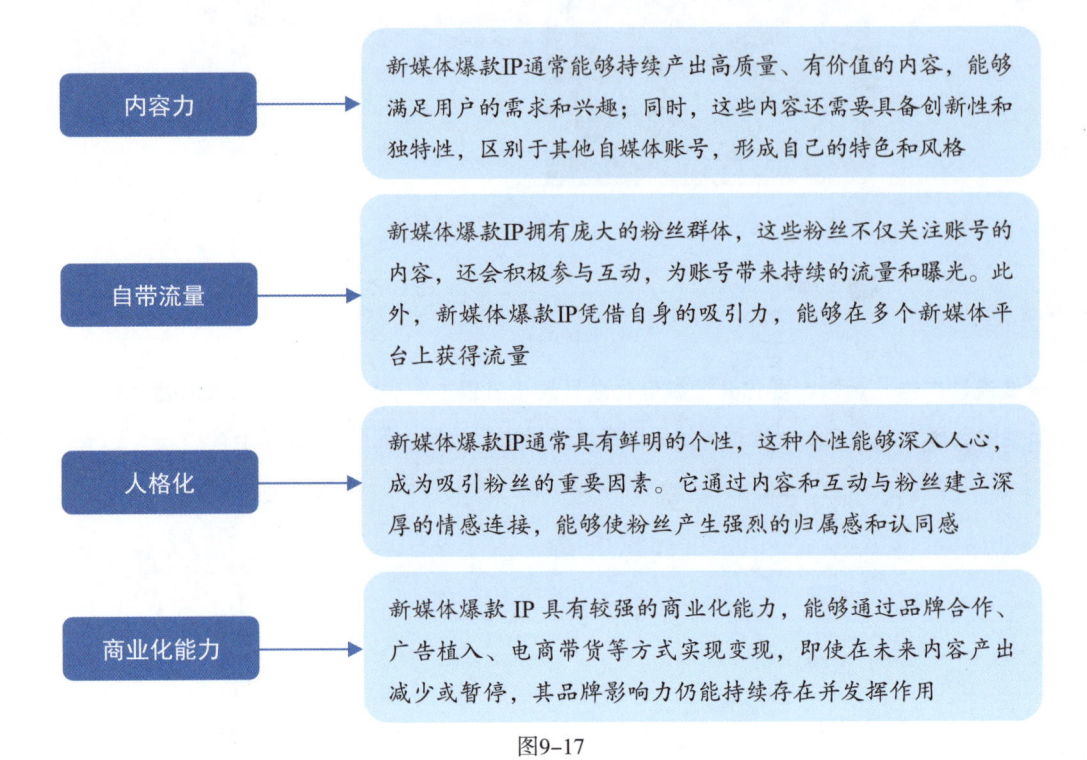

内容力	新媒体爆款IP通常能够持续产出高质量、有价值的内容，能够满足用户的需求和兴趣；同时，这些内容还需要具备创新性和独特性，区别于其他自媒体账号，形成自己的特色和风格
自带流量	新媒体爆款IP拥有庞大的粉丝群体，这些粉丝不仅关注账号的内容，还会积极参与互动，为账号带来持续的流量和曝光。此外，新媒体爆款IP凭借自身的吸引力，能够在多个新媒体平台上获得流量
人格化	新媒体爆款IP通常具有鲜明的个性，这种个性能够深入人心，成为吸引粉丝的重要因素。它通过内容和互动与粉丝建立深厚的情感连接，能够使粉丝产生强烈的归属感和认同感
商业化能力	新媒体爆款IP具有较强的商业化能力，能够通过品牌合作、广告植入、电商带货等方式实现变现，即使在未来内容产出减少或暂停，其品牌影响力仍能持续存在并发挥作用

图9-17

新媒体爆款 IP 是新媒体领域中的佼佼者，它们凭借高质量的内容、强大的流量、鲜明的人格化及良好的商业化能力脱颖而出。对于运营者来说，要想打造爆款 IP 需要不断提升自己的内容创作能力、加强与粉丝的互动和连接，以及探索更多的商业化变现方式。

新媒体运营者要打造爆款 IP 并实现商用变现，可以遵循以下策略。

1．明确 IP 定位

首先要明确 IP 的定位，包括其核心价值、独特卖点和目标受众。通过深入了解目标受众的需求、兴趣和消费习惯，为 IP 内容创作提供方向。精准的定位有助于吸引并保持目标受众的关注度，为后续的商用变现奠定基础。

2．构建高质量内容体系

内容是 IP 的核心竞争力。要打造爆款 IP，必须注重内容的质量和创意。通过持续产出有价值、有深度、有创意的内容，吸引并留住观众。同时，要注重内容的多样性和更新频率，以满足不同受众的需求和保持观众的新鲜感。

3．塑造独特品牌形象

品牌形象是 IP 的重要组成部分。通过塑造独特的品牌形象，包括角色设计、视觉风格、语言风格等，可以使 IP 在众多竞争者中脱颖而出。独特的品牌形象有助于增强观众的认知度和记忆点，提高 IP 的知名度和影响力。

4．多渠道推广与互动

利用社交媒体、短视频平台等多种渠道进行推广，扩大 IP 的曝光度和影响力。同时，要积极与观众互动，回应评论和反馈，增强观众的参与感和归属感。通过多渠道推广和互动，吸引更多的粉丝和关注度，为商用变现创造更多机会。

5．合作与联动

与其他知名品牌、IP 或 KOL（Key Opinion Leader，关键意见领袖）进行合作，共同策划活动或内容，实现资源共享和优势互补。通过合作与联动，可以扩大 IP 的受众群体和市场空间，提高知名度和影响力。同时，也可以借助合作伙伴的资源和渠道，为商用变现提供更多可能性。

6．实现商用变现

当 IP 具备一定的知名度和粉丝基础后，可以通过多种方式实现商用变现。例如，与广告主合作进行品牌推广、开发衍生品销售、提供会员订阅服务等。同时，也可以考虑举办线下活动、开展电商业务等方式，进一步拓展商用变现的空间。

7．持续优化与创新

最后，要持续优化和创新 IP 的内容和运营策略。通过数据分析、用户反馈等方式，了解观众的需求和变化，及时调整内容和运营策略。同时，也要不断探索新的变现模式和内容形式，以保持 IP 的活力和竞争力。

9.2.8　开通知识付费业务

知识付费是运营者在新媒体平台上用来获取盈利的一种方式，即运营者在平台上推送一篇文章，订阅者需要支付一定的费用，才能阅读该文章。这种变现模式还能帮助运营者发现忠实粉丝。

运营者如果要实施知识付费变现模式，就必须确保推送的内容有价值，不然就会失去粉丝的信任。因此，知识付费变现模式比较适合那些有图文、视频和音频等原创能力的运营者。

以微信公众号为例，运营者可以开通付费图文功能，注意付费内容必须为原创文章，且不支持转载、赞赏和插入广告。运营者可以利用 AI 技术快速获取热点，了解用户感兴趣的内容，创作出高质量、有深度的原创文章。图 9-18 所示为一个微信公众号付费阅读文章示例。

图9-18

注意，用户支付的金额有一定的结算账期和渠道抽成，而且支付渠道不同，账期和抽成也不同。

9.2.9 建立品牌合作

对于新媒体运营者来说，与品牌建立合作关系是一种有效的变现方式。通过合作，新媒体运营者可以利用自己的影响力、受众基础和内容创作能力，为品牌提供曝光、推广和用户互动等服务，从而获取经济回报。这种变现方式通常包含以下几种形式，如图9-19所示。

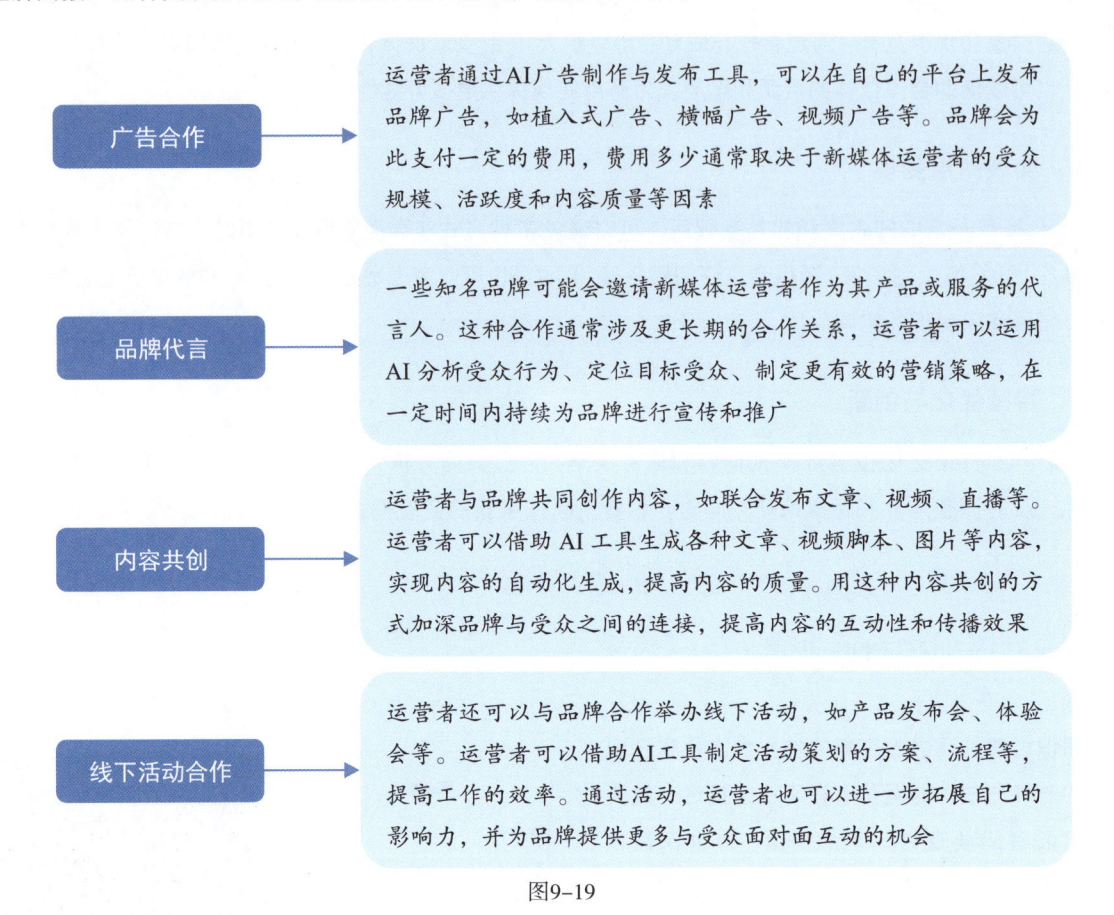

广告合作 → 运营者通过AI广告制作与发布工具，可以在自己的平台上发布品牌广告，如植入式广告、横幅广告、视频广告等。品牌会为此支付一定的费用，费用多少通常取决于新媒体运营者的受众规模、活跃度和内容质量等因素

品牌代言 → 一些知名品牌可能会邀请新媒体运营者作为其产品或服务的代言人。这种合作通常涉及更长期的合作关系，运营者可以运用AI分析受众行为、定位目标受众、制定更有效的营销策略，在一定时间内持续为品牌进行宣传和推广

内容共创 → 运营者与品牌共同创作内容，如联合发布文章、视频、直播等。运营者可以借助AI工具生成各种文章、视频脚本、图片等内容，实现内容的自动化生成，提高内容的质量。用这种内容共创的方式加深品牌与受众之间的连接，提高内容的互动性和传播效果

线下活动合作 → 运营者还可以与品牌合作举办线下活动，如产品发布会、体验会等。运营者可以借助AI工具制定活动策划的方案、流程等，提高工作的效率。通过活动，运营者也可以进一步拓展自己的影响力，并为品牌提供更多与受众面对面互动的机会

图9-19

需要注意的是，与品牌建立合作并实现变现需要新媒体运营者具备一定的专业素养和谈判技巧。要了解市场需求、品牌需求和自身定位，以便在与品牌合作时能够提出合理的合作方案和报价。同时，新媒体运营者还需要注重与品牌的沟通和协作，确保合作过程的顺利进行和合作效果的最大化。

总之，与品牌建立合作对于新媒体运营者来说是一种有效的变现方式。通过合理的合作策略和专业的执行能力，新媒体运营者可以实现经济收益的提升和自身影响力的扩大。

9.2.10 实现电商卖货

电商卖货是指通过新媒体平台来卖各种产品。运营者可以通过在新媒体账号上发布文章、图片、短视频等形式来吸引用户的点击与阅读，从而获得流量。然后将这些流量引到平台或者产品店铺内，进而

促成产品的交易。

为了更快吸引用户购买产品，仅仅依赖优质的新媒体内容是远远不够的，我们还需要确保产品本身能够吸引用户的目光和兴趣。因此，运营者可以巧妙地利用 AI 技术生成既有趣又引人注目的产品标题，同时结合精美的产品图片，共同构建出一个引人入胜的产品展示，以激发用户的购买欲望。

例如，微信非常适合沉淀各个电商平台上获得的流量，给电商商家、实体店老板和品牌企业提供了销售渠道，拓宽了产品的销售范围。同时，微信公众号为广大商家用户提供了信息管理、客户管理等功能，让客户管理变得更简单，交流性、互动性也变得更强，在极大程度上增加了客户的黏度。

运营者可以利用"微信小店"或者第三方插件来建立自己的微信电商页面。运营者在微信中搭建自己的电商平台，不仅能有效扩展微信公众号的业务边界，还能创造更多的收益。

9.3 AI 助力新媒体变现的案例

为了让大家更好地掌握 AI 变现方法，本节主要向大家介绍几种具体的 AI 变现案例，帮助新媒体运营者实现商业变现。

9.3.1 AI 做头像壁纸号变现

在新媒体的浪潮中，AI 技术的应用为头像壁纸号的运营提供了新的思路和变现途径。随着 AI 绘画技术的兴起，创作个性化头像壁纸变得更加简便，它无须复杂的手工绘制，仅通过 AI 软件即可生成，这大大降低了入行门槛。

头像壁纸号作为自媒体领域的一个细分市场，因其低成本、易操作的特性，成为热门的自媒体运营项目。人们对个性化头像和壁纸的需求始终存在，这使得头像壁纸号成为一个长期且稳定的运营选项。

通过 AI 绘画工具，我们可以根据用户的需求，快速生成各种风格的头像、壁纸、艺术照、卡通形象等，这种服务不仅满足了用户的个性化需求，还能够为我们的副业带来可观的收入。运营者可以将 AI 生成的个性化头像、壁纸发布到新媒体平台上进行引流。图 9-20 所示为 AI 生成的头像示例，图 9-21 所示为 AI 生成的壁纸示例。

AI 头像壁纸号的变现模式如下。

（1）私人定制服务：当头像壁纸号所呈现的内容极具魅力与独特性时，部分用户可能会产生定制个性化头像的需求。为了满足这一需求，运营者可以在平台上展示私人定制服务，或通过

图9-20

微信、闲鱼、淘宝等渠道接收订单。根据用户需求，提供个性化的头像设计。根据服务的深度和质量差异，我们采用分级定价策略，以实现更高的商业价值。

图9-21

（2）知识付费与教学课程：对于那些对 AI 绘画技术感兴趣的用户，运营者可以提供知识付费服务，包括提供提示词、资料包，或通过视频教程和陪跑训练营等形式进行教学。这不仅能够帮助他人学习 AI 绘画技能，还能够为运营者带来额外收入，并扩大影响力。

（3）平台挂载与广告收益：通过将头像壁纸号挂载在用户基数大、流量丰富的平台上，可以吸引更多的用户关注和使用。例如，利用小程序作为平台，通过评论区或主页引导用户搜索特定小程序并输入口令来下载高清原图，也可以使用小程序来制作 AI 头像效果，相关示例如图 9-22 所示。

图9-22

用户在下载高清原图的过程中会观看广告，这能够带来广告收益。虽然单次收益不高，但通过增加账号数量和提高作品流量，可以大幅提升总体收益。

9.3.2 AI 做小说推广号变现

写作工具已成为小说推广号变现的利器，能高效创作各类营销文案、书评推文和自媒体内容，帮助运营者快速产出优质素材。通过接单定制小说推广软文、短视频脚本、书单推荐等，创作者可利用 AI 技术提升写作效率，根据项目难度和客户预算灵活定价。这种模式不仅能增加稿费收入，还能积累行业资源，打造个人品牌，通过电商平台和社交媒体系列账号持续引流接单，实现稳定变现。

例如，运营者想要运营一个小说推文账号，利用 AI 生成小说文案。以 Kimi 为例，具体操作如下。

步骤 01　在浏览器中搜索并打开 Kimi 的官方网站，进入首页，单击页面左侧的"Kimi+"按钮❀，如图 9-23 所示。

图9-23

步骤 02　执行操作后，即可进入"Kimi+"页面，选择"官方推荐"选项区下面的"爆款网文生成器"选项，如图 9-24 所示。

图9-24

步骤 03　执行操作后，跳转至"和爆款网文生成器的会话"页面，❶在下方的输入框中输入提示词；❷单击▷按钮，如图9-25所示，发送提示词。

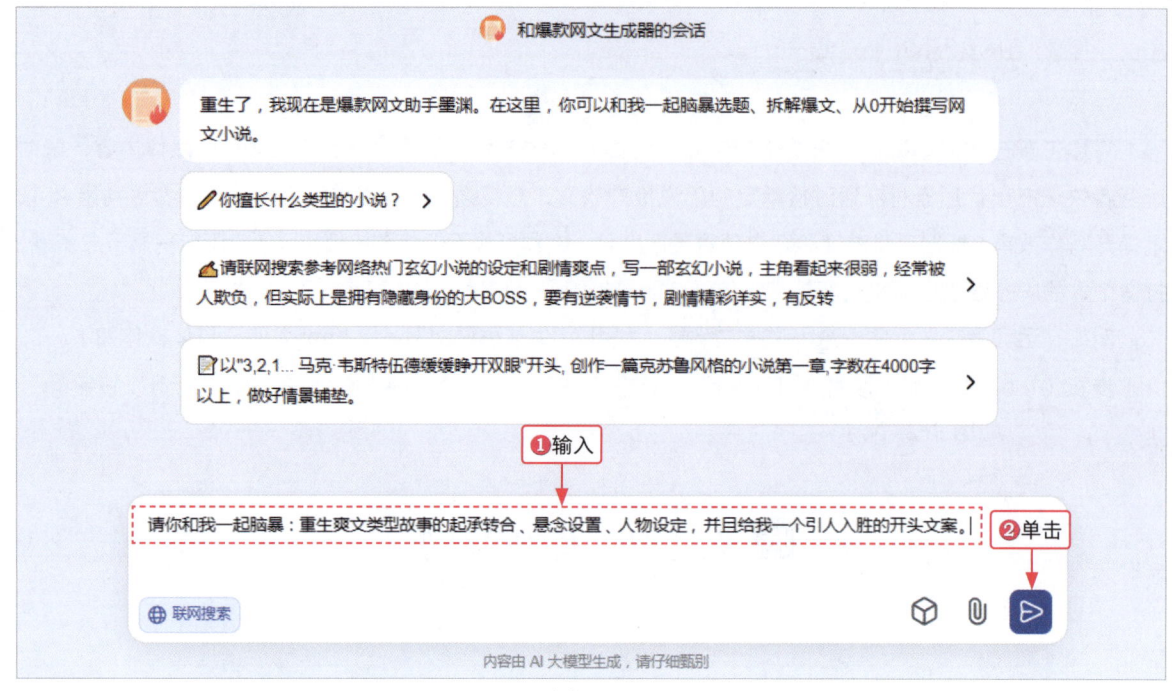

图9-25

步骤 04　执行操作后，即可获得相应的回复，相关提示词和回复内容如下。

> 请你和我一起脑暴：重生爽文类型故事的起承转合、悬念设置、人物设定，并且给我一个引人入胜的开头文案。

> 好的，我们可以从以下几个方面来脑暴重生爽文的起承转合、悬念设置和人物设定，并且创作一个引人入胜的开头文案。
>
> **一、起承转合**
>
> 1.起：主角在现代社会遭遇挫折或不幸，如事业失败、爱情受挫、被朋友背叛等，然后意外重生回到过去某个关键节点。例如，主角重生到十年前自己刚进入职场的时期，或者回到高中时代。
>
> 2.承：主角利用重生的知识和经验，开始改变自己的命运轨迹。比如在职场上避开雷区，抓住机遇；在学业上努力提升成绩，改变未来走向。同时，主角也会遇到一些旧识，与他们产生新的互动，展现重生带来的优势和改变。
>
> 3.转：随着剧情发展，主角发现重生的世界并非完全按照记忆中的轨迹发展，出现了新的变数和危机。比如原本以为会顺利发展的事业，却遭遇了新的竞争对手；或者发现身边有人隐藏着不为人知的秘密，这些秘密可能会对主角产生重大影响。
>
> 4.合：主角凭借自己的智慧和重生的优势，解决新的危机，实现自己的目标，收获事业成功、爱情美满和友情深厚等成果，同时也为后续可能的新挑战埋下伏笔。
>
> **二、悬念设置**
>
> ……

9.3.3　AI 做付费专栏运营变现

在知识经济的背景下，AI 技术正成为付费专栏运营的强大助力。在知识付费领域，AI 技术的应用为运营者提供了多样化的变现途径。无论是通过卖课程、提供专业服务，还是运营知识社区，AI 都能发挥其独特价值。将个人学习过程转化为可付费订阅的专栏内容的相关方法如下。

（1）个人学习内容的订阅服务：将学习内容进行结构化处理，提供文章、视频教程等，供忙碌人士高效学习。例如，公众号上推出的付费专栏具有体量轻、交付快、操作简便的特点，运营者可以围绕一个具体项目或主题，快速切入，尝试付费内容的创作与交付。

（2）一对一咨询服务：利用专业知识提供定制化咨询服务，图 9-26 所示为一对一咨询服务示例，图 9-27 所示为付费消息通知。例如，通过建立付费或免费的交流群，运营者可以与用户进行更直接的互动。在付费的交流群中可以提供指导服务并收取一定的费用；在免费的交流群中可以提供独家的学习资料和资源，从而提升交流群的吸引力。

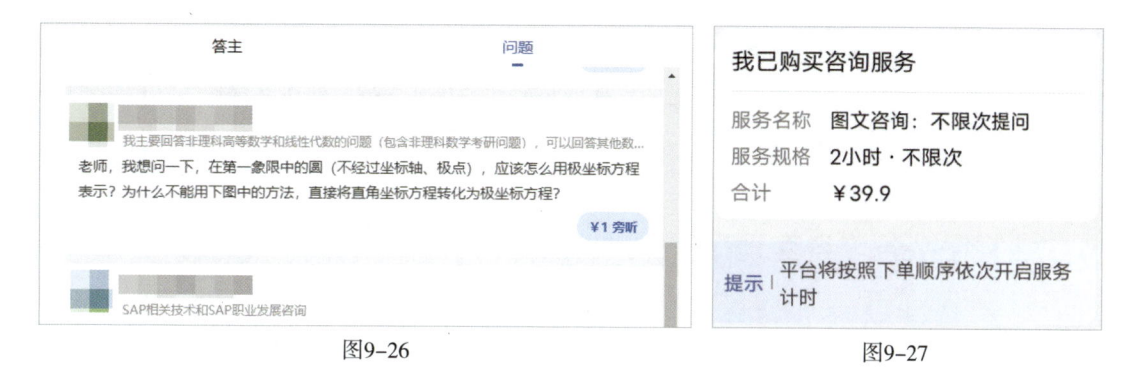

图9-26　　　　　　　　　　图9-27

（3）独家资源的付费访问：设置付费门槛，让用户获取原创研究报告、案例分析等资源，通过全网渠道的推广，吸引更多用户访问并转化为付费订阅者。

例如，运营者可以汇总网络上与 AI 相关的有价值信息，整理成文档，并在百度文库等平台上进行传播。在百度文库的首页，❶单击"上传文档"按钮；❷在弹出的列表框中选择"上传至文库创作中心"选项，如图 9-28 所示，即可上传文档，实现内容变现。图 9-29 所示为付费阅读文档示例。

图9-28

图9-29

（4）构建付费社区：创建主题社区，提供资源共享、交流平台，并定期更新学习内容。例如，知识星球作为一个知识共享平台，运营者可以借鉴其他成功的知识星球案例，结合自身特色，打造个性化的知识社区。

9.3.4 AI 写微头条内容变现

AI 模型通过大数据分析和机器学习技术，可以预测新媒体的关键指标，如阅读量、点赞数、评论数、分享量等。这些预测基于历史数据和用户行为模式，能够帮助新媒体运营者提前规划内容策略和推广计划。

相对于其他内容产品而言，微头条的互动性更强，它可以随时随地把运营者身边发生的新鲜事分享给用户，完成与他们的互动，而且这些分享是不占用头条号的正常发文篇数的。因此，运营者可以利用微头条产品功能来吸引用户关注，增强用户黏性，为成功实现自媒体变现提供更好的粉丝基础。

在内容创作领域，AI 技术正逐渐成为提升创作效率和增加收益的重要工具。特别是对于微头条这类短内容平台，AI 的应用为运营者开辟了新的盈利途径。

微头条作为一种快速传播信息的方式，虽然受到广泛关注，但其收益潜力相对有限。为了实现收益最大化，运营者可以利用 AI 技术将微头条内容扩展成深度原创文章，从而在今日头条等平台上获得更可观的收益，相关收益截图如图 9-30 所示。

除了将微头条转化为文章，运营者还可以探索将内容改编成视频，实现多渠道变现。这样，一篇微头条内容就能在文章、视频等多个自媒体平台上获得收益，最大化内容的价值。

AI 技术在写作中不仅用于自动生成文本，还用于协助运营者快速捕捉热点、改写和续写内容。通过 AI 工具，运营者可以在短时间内生成高质量的原创文章，大幅提升写作效率。

运营者还可以利用 AI 工具快速识别并挖掘社会热点话题，挑选出互动率高的文章进行改写。AI 工具能够从热门文章中提取关键句子，并续写出有情感冲突和丰富情节的故事。AI 技术还能够对文章进行润色，使其更加生动、接地气。通过 AI 的辅助，即使是新手运营者也能快速提升文章质量，使其作品更具吸引力和感染力。

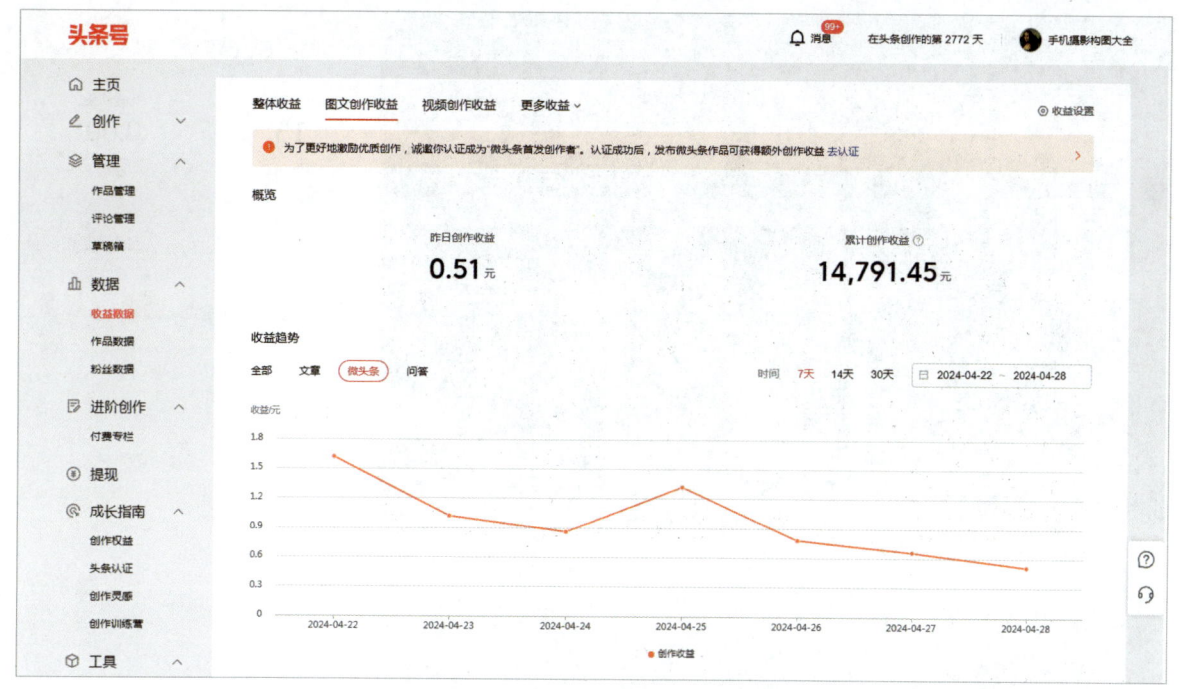

图9-30

除了微头条，运营者精心创作的原创文章还可以在多个自媒体平台同步发布，如百家号、大鱼号等，每个平台都可能为运营者带来收益。此外，使用AI工具将文章转换为视频内容，还能在视频平台上获得额外的流量和收益。

9.3.5　AI接平台任务变现

在数字化浪潮的推动下，依托互联网平台完成任务并获得收益已成为广受欢迎的创收方式。悬赏任务平台作为连接任务发布者和接受者的重要桥梁，为运营者提供了便捷的创收机会，使得个人能够在线上完成各种任务并获得相应奖励。

对于新手而言，悬赏任务平台提供了一个低门槛的副业选择。运营者每天只需投入少量的时间和精力，即可获得稳定收入。下面是一些热门的线上兼职接单方式，它们为AI运营者提供了广泛的任务机会。

（1）拆书稿：将书中内容拆解为多篇文章，AI工具（如ChatGPT）可辅助快速完成，投稿平台有语人读书、十点读书、静雅书院等。

（2）调查问卷：无门槛任务，完成网上问卷即可获得报酬。

（3）百度知道合伙人：回答问题即可获得报酬，如图9-31所示。AI生成的答案经过润色后提交，通过率更高。

（4）云客服：阿里巴巴和蚂蚁云客服提供兼职岗位，工作时间灵活。

AI技能在悬赏任务平台中，不仅提高了任务完成的效率，还为运营者带来了更多的收益。例如，AI工具可以辅助完成写作、设计等创意任务，大幅缩短工作时间，提升工作效率。

需要注意的是，在选择悬赏任务平台时，运营者需要考虑平台的正规性和任务的可靠性。同时，也要注意规避可能的风险，如信息安全、资金安全等。

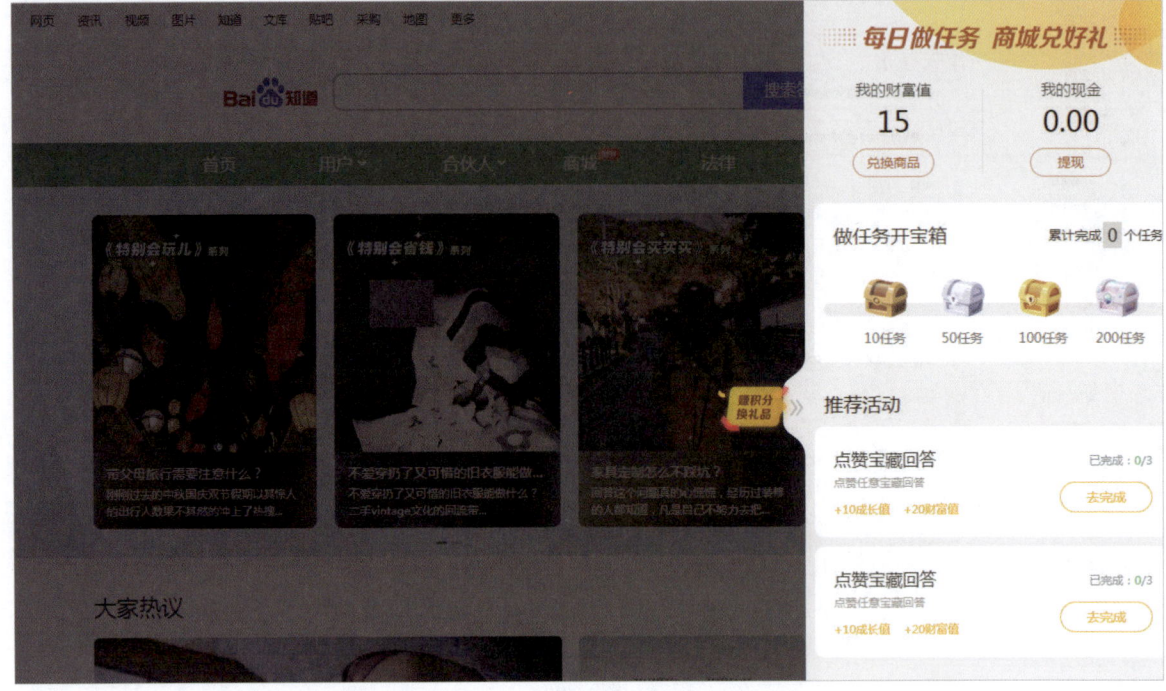

图9-31

9.3.6 出售AI绘画作品变现

随着AI技术的发展，AI绘画服务已经成为一股新兴的创业潮流。AI绘画技术使得运营者能够快速生成质量不错的作品，这些作品不仅满足了市场对个性化和创新设计的需求，还可以通过出售作品来为运营者提供新的收入来源。

通过在各大新媒体平台上展示作品，运营者可以吸引潜在用户的注意力，并建立自己的粉丝群体。例如，一位AI绘画爱好者通过在小红书上发布和出售作品，不仅粉丝数量大幅增加，还接到了多个约稿订单，如图9-32所示。

除了出售作品，运营者还可以通过AI绘画定制服务创收，操作方法如下。

（1）接受定制委托：根据用户的需求和喜好，提供个性化的AI绘画服务。无论是卡通形象、亲子头像还是情侣头像，AI都能轻松应对。

（2）定价策略：合理的定价是吸引用户的关键。根据作品的复杂度和创作时间，定价可以在50～99元，甚至更高。同时，也可以提供一些亲民的活动价格，如6.6元或9.9元，以吸引更多的用户关注运营者的账号。

（3）引流策略：在小红书等平台上提供免费的前3张作品，可以有效地吸引潜在用户，之后可以提供更高价位的定制服务。

（4）沟通与服务：在接单前，建立一套标准的操作流程，让用户提供必要的信息，以减少沟通成本。同时，对于复杂的定制需求，除了使用Stable Diffusion等AI绘画工具，还需要利用Photoshop等软件进行后期处理。

图9-32

9.3.7　AI 直播带货变现

　　AI 技术在小红书直播中的应用，为我们提供了一种新的副业变现途径。通过 AI 直播间挂购物车带货，我们可以在直播过程中推荐商品，从而赚取佣金。

　　下面是 AI 直播的商业潜力分析。

　　（1）商品推荐与销售：AI 技术可以在直播中使用数字人为用户推荐相关商品或服务，如快销品、零食、日用百货等，创造更多销售机会。

　　（2）合作与佣金：AI 数字人直播平台可以与小红书平台合作，通过直播宣传商品，引导用户购买，从而获得商家支付的佣金或提成。

　　（3）提升用户体验：使用虚拟主播能够自动回复用户提问，及时答疑解惑，显著增强互动性与观看体验。

　　通过 AI 直播带货实现变现的步骤如下。

　　（1）选择合作商家：与小红书平台或品牌商家建立合作关系，选择适合直播的商品。

　　（2）策划直播内容：围绕合作商品策划直播，确保内容既有吸引力又能够展示商品特点。

　　（3）互动与推广：在直播中使用 AI 技术与用户互动，推广商品，解答用户疑问。

　　（4）推出福利活动：适时推出福利活动，如限时折扣、优惠券等，吸引用户购买。

　　（5）分析反馈：收集用户反馈，分析商品销售情况，优化后续直播策略。

　　AI 直播带货为我们开辟了新的变现模式。在 AI 直播技术的帮助下，我们可以更高效地推广商品，提升用户体验，从而获得更多的副业收入。

除此之外，运营者还可以利用 AI 技术制作虚拟主播进行直播带货，这样既节省时间成本又节省人力成本。

例如，一知智能数字人是由杭州一知智能科技有限公司推出的一款创新产品，一知智能的数字人技术，为直播行业带来了创新的个性化解决方案，不仅提供了数字人的风格化形象和声音定制，还实现了直播场景的品牌化，使其能够适应多种商业应用场景，相关示例如图 9-33 所示。

图9-33

本章小结

本章先介绍了多元变现模式在 AI 助力新媒体领域的具体应用，包括内容分发、编辑、定制及技术服务等；然后介绍了 AI 如何助力新媒体实现变现的路径，如自动化运营、开发 AI 应用程序、提供 AI 咨询服务等 10 种路径；最后通过多个实际案例，如 AI 做头像壁纸号、小说推广号、付费专栏运营等，展示了 AI 在新媒体变现中的具体应用。

课后习题

鉴于本章知识的重要性，为了帮助读者更好地掌握所学知识，下面将通过课后习题，帮助读者进行简单的知识回顾。

问题 1：新媒体运营的多元变现模式有哪些？

答案 1：

（1）AI 内容分发：通过 AI 内容分发平台，运营者可以吸引广告主，并利用平台的流量和用户数据来吸引广告投放，从而获得广告收入。

（2）AI 内容编辑：通过 AI 编辑技术，我们可以提供一系列增值服务来实现副业变现，包括但不限于内容优化、语音编辑和自动化校对。

（3）AI 内容定制：通过 AI，我们可以分析用户数据，理解其偏好，并据此生成并出售独一无二的内容产品，从而实现副业变现。

（4）AI 技术服务：AI 技术服务相关的副业变现路径多种多样，可以根据个人的技能和市场需求选择合适的平台和方法。

问题 2：AI 助力新媒体变现的路径有哪些？

答案 2：AI 助力新媒体变现的路径主要有以下 10 种。

（1）实现自动化运营；（2）开发 AI 应用程序；（3）提供 AI 咨询服务；（4）参与 AI 平台竞赛；（5）教授 AI 定制课程；（6）投放 AI 商业广告；（7）打造爆款 IP；（8）开通知识付费业务；（9）建立品牌合作；（10）实现电商卖货。